修齐治平

札记

于立志———编著

图书在版编目（CIP）数据

修齐治平札记 / 于立志编著. — 北京：中国民主法制出版社, 2023.1
ISBN 978-7-5162-3009-1

Ⅰ.①修… Ⅱ.①于… Ⅲ.①中国共产党—干部—道德修养—学习参考资料 Ⅳ.①D262.3

中国版本图书馆CIP数据核字（2022）第223578号

图书出品人：刘海涛
出版统筹：石　松
责任编辑：张佳彬　高文鹏　刘险涛

书　　名 /	修齐治平札记
作　　者 /	于立志　编著

出版·发行 / 中国民主法制出版社
地址 / 北京市丰台区右安门外玉林里7号（100069）
电话 /（010）63055259（总编室）　63058068　63057714（营销中心）
传真 /（010）63055259
http : // www.npcpub.com
E-mail / mzfz@npcpub.com
经销 / 新华书店
开本 / 16开　690mm×980mm
印张 / 15.5　**字数** / 185千字
版本 / 2023年3月第1版　2023年3月第1次印刷
印刷 / 北京中科印刷有限公司

书号 / ISBN 978-7-5162-3009-1
定价 / 49.80元
出版声明 / 版权所有，侵权必究。

（如有缺页或倒装，本社负责退换）

目 录 CONTENTS

上篇　内圣：修身齐家论

导航平台
修身以安百姓	002
孔子的道德观	006
修身立德胜贵金	010
知耻：做人之底线	016
富有特色的慎独观	021
汝能自律贵于金	024
骄慢不是风骨	027
自省：修身之良方	031
常临"第四面明镜"	034
且看风雨故人来	037
可贵的家国情怀	040
家庭是人生的温馨港湾	044
百善孝为先	047
理政必先齐家	053
惟俭可以助廉	055
贪恋女色误前程	058
感恩：不可磨灭的良知	060

经典故事	东方常驻圣贤风	064
	《论语》六经播故园	068
	从容谋略敢屠龙	073
	林则徐：齐家的表率	077
历史镜鉴	帝辛败亡奢靡始	079
	霍光致祸鉴古今	081

下篇 外王：治国平天下论

导航平台	治国以民为本	086
	固本安邦须惠民	090
	坚守人民至上	092
	治国尤须用贤才	094
	天将降大任于斯人	098
	识人荐贤济苍生	103
	善用智囊的智慧	106
	战略思维致胜局	110
	墨守成规不如审时度势	116
	决策之基：调查研究	120
	忠诚履职成功路	126
	治国尤须赏罚并重	130
	让忠言不再逆耳	133
	秉政尤须纳诤言	137

	谨防小人须镜鉴	144
	贪婪往往惹祸端	150
	戒奢靡倡节俭	154
	官商交往守住底线	160
	理政从来真诚始	163
	丙吉问牛不问人	167
	居高应有畏惧心	171
	平流无石须兢慎	174
	常怀远虑 居安思危	177
	接受监督莫特殊	180
	拒绝阿谀奉承	184
	把握适度乃赢家	187
	须知忍让可图谋	191
	以宽厚之心待人	193
	屈辱毁誉皆泰然	197
	修齐治平须读史	201
	增强本领靠学习	205
经典故事	美哉禹功与天齐	211
	平扫六合成一统	215
	萧何恭谨貌万金	220
	试看子卿持节处	225
	论到边功是美人	227

	龙图笑比黄河清	230
	冰心玉壶于成龙	233
历史镜鉴	闯王何以亡也忽	236
	乾隆晚年荒于理政	238

内圣：修身齐家论

上篇

📍 导航平台 >>

修身以安百姓

何谓"修身"？就是指修养身心。中国古代思想家认为，做好自身的道德修养功夫之后，推己及人，"修己以安百姓"，把修养推及齐家、治国、平天下的高度，强调"垂范"和"教化"的作用。如果"身"不"修"，怎么会使老百姓心安呢？于是要"修己"，要让老百姓有亲近感。老百姓心里没有安全感，天下是不可能安定的。

修身立德是为了健全自己的人格，为治国、平天下的伟业准备条件，修身立德才能堪当治平大任。"修身"讲的是个人修养，既有内求，又有外显。修身不只是个人的事，还是家国情怀的统一。《礼记·大学》中说："物格而后知至，知至而后意诚，意诚而后心正，心正而后身修，身修而后家齐，家齐而后国治，国治而后天下平。"这一由己到家到国再到天下的递进阶次，将个人与家国天下统一起来，是传统士人"修齐治平"的人生理想。

上篇
内圣：修身齐家论

社会和谐、天下大治的根本是个体的修身。圣贤有言："欲齐其家者，先修其身。"孔子的"修齐治平"之道主张君子先治自身，后治家、国（邦），最终达到治"天下"的目标。这样由小到大，由近及远，层层递进，次第分明。在"修齐治平"中，"修身"最为重要，是齐家、治国、平天下的基本功，是齐家、治国、平天下的前提条件。"修身"包括品格修养（即修德）、知识积累（即学养）和运用知识的能力（即才干）。

孔子在阐述修齐治平之道时，强调先有修心治身的美德，才有经世治国的政德。《礼记·大学》中说："身修而后家齐，家齐而后国治，国治而后天下平。自天子以至于庶人，壹是皆以修身为本。"注重自身修养，然后才能管理好自己的家庭；管理好自己的家庭，然后才能治理好自己的国家；治理好自己的国家，然后才能使整个天下太平。因此，自天子到老百姓，一律要以修身作为人生之本，都应该从修身这个基本功做起。齐家、治国、平天下则是修身的最终目的。

修身不是孤立的个人的事情，而是与家庭、国家之命运紧密关联的社会行为。孔子曾说："修己以安百姓。"如果修身没做好，就做不好齐家、治国、平天下。孔子把天子列入修身者的行列，不主张把天子当作神来崇拜；天子系国家盛衰兴亡于一身，他的个人修养和素质比其他任何人的都重要；老百姓也要以修身为本，人人都要加强自身修养。

《孟子·离娄上》曰："人有恒言，皆曰：'天下国家。'天下之本在国，国之本在家，家之本在身。"孟子继承了孔子的修己思想。王安石《洪范传》云："修其心，治其身，而后可以为政于天下。"要先修心治身，充实德行，然后才能理政治国平天下。朱熹有言："《大学》一书，皆以修身为本。"（《朱子语类·大学一·纲领》）修身为本，重在修德。

修齐治平札记

一个国家能不能实现社会稳定、民风淳朴,在很大程度上取决于为政者的道德是否高尚,为政能否清廉。因此,治国必先治吏,治吏必先治本,治本必先修身,修身重在修德。孔子有个很重要的主张:"为政以德。"就是要求执政者以德施政,以德待民,以德治国。当为政者把外部的道德准则转换成国民的内在和自觉的道德需要时,才能构筑起坚固的多重防线。树立道德的根本,莫过于正心。心正而后才能身正,身正而后身边的人才能正,身边的人正而后官员才能正,官员正而后国家才能正,国家正而后天下才能正。

孔子认为修身与学识、才干同样重要,主张"文"和"质"并重,不可偏废。他说:"文质彬彬,然后君子。"(《论语·雍也》)"文"即知识(含礼)、才干,"质"亦即"德"。孔子认为,只有"文"和"质"搭配均适(或曰兼备),才可称作"君子"。"君子"一词最早出现于西周初年。"君"的初始含义为"位尊而治民者"。孔子将君子描述为"有德之人",而将之塑造成一个承载道德理想、躬行道德规范、可供人效仿的人格典范。君子均为忠良、耿直、胸怀坦荡、光明磊落的正派人物。孔子从"文"和"质"两个方面对"君子"作出的界定,具有重要的理论价值。

如果当官不修身,没有德,乃是人生最大的"败笔"。子贡问孔子,为什么君子以玉为贵、以珉为贱?孔子说:"虽有珉之雕雕,不若玉之章章。"(《荀子·法行》)美石虽然光彩焕发,但不如玉透明洁净,其寓意是外表美不如内地纯洁。《易经·象传》中说:"'不恒其德',无所容也。"人不能永远保持高尚的道德,就无法立身于世间。没有好的道德修养做基础,虚伪欺诈,人格低下,缺少礼仪,不讲诚信,浑身江湖习气,即使当了官,官品、官风也不会正,从政肯定要跌跤。句句警世恒言,

上篇
内圣：修身齐家论

长久地鸣响于历史的回音壁：做人可以一生不仕，为官不可一日无德。

孟子强调人的天赋善性也需要后天的培育，提出了"人皆可以为尧舜"的命题。在这里，他并不认为人人都一定能成为尧舜那样的人，而是人人都有成为尧舜那样的圣人的可能。即使长着尧舜的面目，拥有尧舜的姓，也不一定能成为尧舜。只有像尧舜一样行事，才能成为尧舜。唐太宗认为，君之道，必先存百姓。他说："若耽嗜滋味，玩悦声色，所欲既多，所损亦大，既妨政事，又扰生民。"（《贞观政要·君道》）唐代罗隐《两同书·贵贱第一》有言："盖不患无位，而患德之不修也；不忧其贱，而忧道之不笃也。"

"民惟邦本，本固邦宁。"王阳明基层治理思想的哲学起点是"亲民"。他认为，为政一方需有"天地万物为一体"的仁爱之心，将自己对父兄血亲的"亲亲之爱"推广到黎民百姓身上，将黎民百姓的喜怒哀乐作为自己的喜怒哀乐，为百姓兴利除弊，实现仁政。治国理政的核心在于增进民生福祉。在平定南赣时，王阳明通过疏通盐法和征收商税，为盐商和民众带来了实际利益，缓解了民困，维护了地方社会稳定。

修身是不断检验自己的身心，用高尚的道德情操来祛除思想中的杂质，来端正自我道德品质的过程。而与自身最密切相关的就是家。孟子说："天下之本在国，国之本在家，家之本在身。"（《孟子·离娄上》）曾国藩的修身齐家思想，是中华优秀传统文化中浓墨重彩的一笔，是一笔值得后人继承的精神财富与文化遗产。他在仕途上的步步升迁，与其严于修身律己，注重德行修养，推崇儒家礼制有着密不可分的关系。曾国藩在《谕纪泽纪鸿》中说："余生平略涉儒先之书，见圣贤教人修身，千言万语，而要以不忮不求为重。"

周恩来以身作则，甘做人民公仆，严格治家。周家逐渐形成了"十条家规",是周恩来高尚人格的写照,展现了共产党人的亲情观。一、晚辈不准丢下工作专程来看望他,只能在出差顺路时来看看;二、来者一律住国务院招待所;三、一律到食堂排队买饭菜,有工作的自己买饭菜票,没工作的由总理代付伙食费;四、看戏以家属身份买票入场,不得用招待券;五、不许请客送礼;六、不许动用公家的汽车;七、凡个人生活上能做的事,不要别人代办;八、生活要艰苦朴素;九、在任何场合都不要说出与总理的关系,不要炫耀自己;十、不谋私利,不搞特殊化。周恩来多次表示:"我的任何亲属来北京都不派车。"他的八婶母从淮安老家两次来京,也没有派车接过。

民生是人民幸福之基、社会和谐之本。关注和改善民生,让全体人民共享发展成果,事关群众福祉和社会和谐稳定。党员干部要坚持人民至上,不与民争利,永葆共产党人的本色。"修己以安百姓"当引为座右铭,铭记于内心,笃志于言行。党员干部清正廉洁,为人民谋幸福,人民就拥戴你,你那"官位"才坐得安稳。党员干部贪赃枉法,搞团团伙伙,脱离群众,部属就必多阿谀逢迎之徒、狼贪鼠窃之辈,你的交椅很难坐得安稳。

孔子的道德观

从政重官德是中华传统文化的重要内容。孔子提出"为政以德"的思想,讲求德政、德治、德行、德礼。古代的官德资源丰富,思想精华不少,精神珍品颇多。概言之,一方面是以德修身、修身正己,另一方面是以德施政、善待民众。《孟子·公孙丑上》主张"以德服人"。《庄子·天下》强调"以德为本"。

上篇
内圣：修身齐家论

自人猿相揖别后，在人类社会早期，氏族、部落、部落联盟的首领，都是德高望重之人。人们称轩辕黄帝、尧舜禹汤等有权有位又有最高道德的代表人物为"圣人"。距今2500多年前，有一位人生坎坷多难、无权无位却又不屈不挠的人，被人们赞为"圣人"：他，就是孔子。子贡说"仁且智，夫人既圣矣"，这是对"圣人"这一概念的经典表述。

孔子（前551—前479），名丘，字仲尼，春秋鲁国（今山东曲阜）人。鲁国是周朝初年周公的封地，是当时公认的文化中心。孔子小时候受这种文化的熏陶，懂得了许多礼仪。孔子三十岁时，向平民子弟讲授诗书礼乐等方面的知识。他把救世为民视为最高的理想追求，不为荣华富贵所动摇。孔子艰辛地奔波了一辈子，常常被困、挨饿。壮心不已修竹简，埋首却成大圣贤。孔子的道德观，包括许多关于从政之德的经典论述，是中国传统文化之精华。《论语》记载了孔子的言行。其思想内容、思维方式、价值取向和行为准则，融入了中华民族的血液，丰富了官德文化。

作为中华文化的代表人物，孔子极力提倡仁、义、礼、智、信。孔子的德性思想以"仁"为中心。孔子关于"仁"的表述在《论语》中有一百多处。如"仁者爱人""巧言令色，鲜矣仁"（花言巧语，嬉皮笑脸，是缺少仁德的）。孔子将"仁"视为人的最高道德境界，把"仁"看得比生命还重要。诗歌《子在川上》写道："你的'仁者，爱人'，化作我们性格中的温柔、敦厚。你的'己所不欲，勿施于人'，在物欲横流的沧海里，成为轻轻荡漾的人性的方舟。"[1]

孔子要求仁者爱人，热爱社会、周围所有的人，对人宽容厚道，尊

---

[1] 李松涛、刘万石：《神州魂》，辽宁教育出版社1996年版，第7页。

敬他人，人与人之间要互相爱，这是"仁"的核心内容，是作为德行的"仁"之具体体现。孔子创立了以"仁"为核心的道德学说，以深邃的思想、仁爱的情怀，第一个唱出了"让世界充满爱"。郭沫若认为，"仁"字"不必是孔子所创造，但他特别强调了它是事实"[1]。孔子也是一个很善良的人，富有同情心，乐于助人，待人真诚、宽厚。"己所不欲，勿施于人""君子成人之美，不成人之恶""躬自厚而薄责于人"等，都是他的做人准则。他的学生们也深受他的影响。

孔子强调"忠恕"之道，"忠恕"既是为人处世、实现"仁"的德行，也是达仁之方。"忠"字是从正面对"仁者爱人"的引申和发挥。"忠"，就是尽心，对人忠心，竭尽其心，亦即全心全意为人着想，强调对事对家人对朋友，能够尽自己最大的努力，把自己该做的事情做好。孔子提倡"与人忠"，反对"为人谋而不忠"。在人际交往和领导活动中，"忠"就是以忠实、诚信的态度对待人，以恪尽职守的态度处理事。所谓"恕"，就是将心比心、推己及人，用自己的心意去推想别人的心意。孔子说："己欲立而立人，己欲达而达人。"（《论语·雍也》）多站在别人的立场思考问题，充分尊重他人的想法和诉求，把自我得失与他人得失联系起来。"己所不欲，勿施于人"，意思是自己不愿意做的事情不要强加给别人去做，即充分尊重他人的意愿。

孔子进一步提出"为政以德"的治国主张，就是要求执政者以德施政，以德待民，以德治国。"诗书非药能医病，道德无根可树人。"孔子希望为政者以仁义之心待民。他说"苛政猛于虎"。他在《论语·为政》中说："为政以德，譬如北辰，居其所而众星拱之。"以道德原则来治理，

---

[1] 郭沫若：《十批判书》，人民出版社2012年版，第66页。

上篇
内圣：修身齐家论

就像北斗星处在一定方位上，众星都围绕它运行。他要求为政者为人正直，主持公平、正义，以身作则，"政者，正也"。"其身正，不令而行；其身不正，虽令不从。"他要求为政者先义后利，"君子喻于义"，不义之财君莫取，谋取物质利益不能放弃操守的底线。为物欲私利而出卖灵魂、丧失人格是为人所不齿的。孔子主张以德治为主，法治为辅。他认为礼是仁的外在表现，是重要规范，必须制定以礼为总称的典章制度和行为规范，引导人们懂礼、守法，社会方可维持稳定。

孔子创立了以"仁"为核心的道德学说，他自己也是一个很善良的人，富有同情心，乐于助人，待人真诚、宽厚。孔子自述了他从青少年直至老年，从年少时就树立了远大志向，始终努力修身进德，经过了几十年的磨炼，每隔一段时间就有一个飞跃和提高，进而达到了修养的较高境界。

孔子的修身之道，即为孔子所倡导的内圣之道，实质就是用社会伦理道德规范进行自我改造，提高自身道德素质和道德境界。有一次，颜回跟孔子到北方的农山游玩，同子路、子贡辩论着个人的志愿。颜回说："我愿意遇见一个贤明的君王，帮他处理一切政事，教化做父亲的教育子女有情义，做母亲的要慈爱，做哥哥的要友爱，做弟弟的要恭谨，做儿子的要孝顺，并用礼乐去化导人民……"孔子听了他的一番话，很佩服地说："颜回的道德是何等美满啊！"

《论语·季氏》中记载了孔子一段话：君子要经常考虑九件事：看东西时要考虑是否看明白了，听事情时想一想是否听清楚了，待人接物时考虑自己的脸色是否温和，对别人的态度是否恭敬，说话时考虑自己的心里是否忠诚，办事时在心里检讨是否敬业认真，遇到疑难时考虑如何向别人请教，发怒时想一想可能产生什么不良后果，遇到财利时想一想自己是否符合义的准则。

　　孔子是世界十大思想家之首，是世界四大圣哲之一，令世人高山仰止。孔子的道德观传之久远，深深地影响了一代又一代人，在当代社会中仍然有其独特价值，并不会随着岁月的流逝而过时，更不会成为历史长河中的流沙。领导者应适应时代的需要，从孔子的道德观中汲取养分，予以扬弃，把政德建设向纵深推进，把政德修养提高到一个新水平。

修身立德胜贵金

　　"德"是个永恒的话题。中国是礼义之邦，道德传统源远流长。五千多年来，中华民族的血管里一直奔涌着道德的血液。道德的范围包含善、仁、义、礼、智、信、忠、诚、实、良等方面，体现了不同的社会需求和时代精神。从古至今，高尚的道德为世人所推崇。

　　舜帝首倡伦理道德，可谓中华民族伦理道德之始祖。秦代黄石公在《素书·本德宗道章》中说："安莫安于忍辱，先莫先于修德。"孔子曾表示他所忧虑的有四件事：为政之德不培养，学问不讲习，听到应当做的事却不能亲身赴之，有缺点的却不能改正。（德之不修，学之不讲，闻义不能徙，不善不能改，是吾忧也。）其中"德之不修"居于首位，因为德必修而后成，必须培养，才能有德。

　　西汉刘向在《说苑·臣术》中谈到为官之道，把所有的官员分为十二类，即"六正六邪"，"六邪"之首乃"安官贪禄，营于私家不务公事"，此为庸臣。手握权力却为政平庸，饱食终日、无所事事者有之，高高在上、脱离群众者有之，罔顾民生、只图私利者有之。这些"窃禄

上篇
内圣：修身齐家论

人"却心安理得、优哉游哉地"窃"下去。

张伯行尊崇南宋理学家朱熹，日夜诵读其《近思录》等书，得出内外兼修的感悟，做到了心术正乎内，威仪正乎外，不敢有丝毫懈怠。由此，私塾老师赞其有儒者气象。张伯行曾任福建和江苏巡抚，官至礼部尚书，历官二十余年。清康熙四十八年（1709），张伯行奉旨调任江苏巡抚，上任不带家眷，日用饮食从不奢侈。面对官吏臣民送礼，他或婉言谢绝，或拒之门外，拜谒者仍然络绎不绝。于是他写一则如诗如歌的檄文《禁止馈送檄》，张贴于门外："一丝一粒，我之名节""取一文，我为人不值一文……"康熙评点他为"天下清官第一"。

德高的人，出言忠诚守信，行仁义之举而面无夸耀之色，通情达理而语言谦和，信守原则，自强不息。一个人处处为他人着想，处世遵循道义，谦恭有礼，很讲信用，别人就会从内心喜欢你，对你有一种崇敬之意。为政者都应把仁、义、礼、智、信等美德扎根于心里，付诸言行。为政者只有品行端正，具有道德感召力，才能以德服众、以德聚人，真正获得人民群众长久的信任和拥戴。身不修则德不立，人可以通过自觉的努力完善自身。良好道德的养成是一个循序渐进的过程，必须遵循道德养成规律，从一点一滴做起，日积月累，长期坚持。

共产党人不患无位而患德之不修，不患位之不尊而患德之不崇。《周易·系辞下》中说有三个基本错误不能犯，即"德薄而位尊，智小而谋大，力小而任重"。德是放在第一位的，足见立德之重要性。党员干部的政德修养，是党性所需、职责所系、群众所盼。"守身如执玉，积德胜贵金。"马克思和恩格斯指出，共产主义者是"大公无私的人"。俄国最早的马克思主义者普列汉诺夫在为恩格斯的《路德维希·费尔巴哈和德国古典哲学的终结》俄译本所写的序言和注释中指出："道德总是以或多或少的自我牺牲为前提。"[1]哲学家康德说，世上有两样东西最使他惊奇和敬畏，那就是头上的星空和心中的道德律。刘少奇在《论共产党员的修养》中说，"共产党员应该具有人类最伟大、最高尚的一切美德"[2]，"必须下苦工夫，郑重其事地去进行自我修养"[3]。因此，党员干部要自觉培养高尚的品德，升华自己的思想境界，只有把加强政德修养、陶冶道德情操作为终生追求，追求至善至美的人生境界，认真地做事、干净地做官，才能留下好的声名（形象），才能产生吸引力、亲和力和凝聚力，赢得群众支持，带领群众前进，才能引领社会道德风尚提升。

政德体现着党员干部的世界观、权力观和事业观，是良好心态的源泉，是驾驭智谋之主宰，是事业成功的首因。"民无德不立，政无德不威。"一个政德高尚的人，自可以威光照人，神采慑人。"德薄而位尊"则"不胜其任"，很少有不遭遇灾祸的。因此，党员干部一定要把常修为政之德放在做人的首位，作为一生永恒的课题来坚守。

高度自觉的修养是决定每个人所能够达到的人生境界的标尺，是人生最可宝贵的财富，是保证从事的事业取得胜利的基石。孔子要求为政者自身德行端正、执政清廉，在此基础上，下达的政令百姓才会信服，进而心服跟随。"政者，正也。子帅以正，孰敢不正？"（《论语·颜渊》）"其身正，不令而行；其身不正，虽令不从。"（《论语·子路》）党员干部的政德不是遗传的、天生就有的，也不是自然生成的，而是通过后天的修养、品德教育而逐步形成的。当了干部不等于品德过了关，职务高不等于境界就高。有的人千方百计攀高枝，千辛万苦抱大腿，削尖

---

[1] 《普列汉诺夫哲学著作选集》第一卷，生活·读书·新知三联书店1959年版，第551页。
[2] 刘少奇：《论共产党员的修养》，人民出版社2018年版，第64页。
[3] 刘少奇：《论共产党员的修养》，人民出版社2018年版，第22页。

上篇
内圣：修身齐家论

脑袋进圈子，有的甚至丧失人格和尊严，甘当门客与"家臣"，得逞于一时，但靠山甚至可能成为危险的"火山"，有的因此摔得很惨。党员干部一定要把自律自强，立德、修德、践德作为一生的功课。

政德修养是自我修养的重要组成部分。加强党员干部党性修养和作风养成是政德的核心内容。党员干部品德高尚的力量是不可估量的。为官刚正，道德优良，才能赢得人民群众的真心信服与支持，社会才能风气淳朴，国家才能安定有序。德高的人，出言忠诚守信，充满仁义之举而面无夸耀之色，通情达理而语言谦和，信守原则，自强不息。意大利诗人但丁说："道德常常能够填补智慧的缺陷，而智慧却永远难以填补道德的缺陷。"人不能保持高尚的道德，就无法立身于世间。

手中有权力，就会面临各种各样的诱惑、陷阱和"围猎"。贪图权力，不及时修养心性，以致德不配位，则很容易腐化堕落。思想道德的影响力是持久而深远的。反腐倡廉建设要从思想道德修养这个基础抓起，不断夯实思想道德基础、筑牢拒腐防变的思想道德防线；反腐倡廉抓源头，从思想观点上、道德品行上、人格魅力上立身，方能成就人生价值。党员干部一定要把加强道德修养作为安身立命、为官做人的一个重点。

常修为政之德，必须慎独、慎微、慎欲、慎权。"独"是一种失去监督的特殊环境，让人以为无人知晓而心存侥幸。一个人在公开场合受到监督，能够检点约束自己的言行；在独处无人监督时，容易放纵自己，在隐蔽的地方暴露出不道德行为。所谓"慎独"，就是一个人独处时也能做到谨慎不苟。慎独，是我国古代儒家倡导的一种修养方法，也是一种道德境界。"君子检身，常若有过"是习近平总书记对党员干部"慎独慎微"的具体要求。

君子在任何时候都不能和道德分离，否则就不是真正有道德的人。

修齐治平札记

君子要时刻检点自己的行为，警惕有什么不妥的言行而自己没有看到，害怕别人对自己有什么意见而自己没有听到。从不为人所知的地方可以看出人的修养，从微小的事情上也可以显露出一个人的人品。《礼记·中庸》云："莫见乎隐，莫显乎微，故君子慎其独也。"郑玄注，慎独者，"慎其闲居之所为"。也就是说，一个人在独处的情况下，在纪律和道德舆论管不到的地方，即使没有他人在场，不会被人发现，也能对自己的行为加以约束，没有不检点的行为。表里内外，粗精隐显，无不慎之，不越雷池。我们应在别人看不到、听不到的情况下，也能做到一丝不苟，洁身自好，不自欺欺人，决不同党"分心眼"，决不搞阳奉阴违，决不去干坏事。

常修为政之德，应乐于见贤思齐，向榜样学习。周恩来堪称政德修养的典范。有一次，由于他的汽车驰入中南海时车速较快，警卫战士小韩没有看清规定的汽车出入信号，就挥起指挥旗拦住了汽车。但当小韩看到周恩来在车内向他微笑致意时，顿时不知所措，竟忘了向总理立正敬礼。周恩来看到了小韩紧张的神态，所以一下车就给警卫处领导打电话，请他转达对小韩的歉意，并热情地赞扬小韩坚持原则的负责精神。

学习老一辈革命家和焦裕禄、孔繁森、杨善洲等优秀共产党人崇高的思想、高尚的政德情操和感人的事迹，对于党员干部增强政德修养大有益处。近年来，一支光辉的精神火炬在神州大地闪闪夺目，燃遍全国。当代雷锋郭明义的先进事迹和崇高品德，是雷锋精神的接力传承，是社会主义核心价值观的生动诠释。向郭明义学习，就要学习他保持高尚的道德情操，矢志不渝地追求真善美；就要学习他"善小而为"的道德品格，坚持从点滴做起，脚踏实地在岗位上作贡献，为社会送温暖，自觉做社会主义道德规范的实践者。

上篇
内圣：修身齐家论

郭明义是党的第十八届、十九届中央候补委员，兼任中华全国总工会副主席。他的事迹令人敬佩和感动。1990年以来，为了让其他同志改善住房条件，郭明义先后三次主动放弃分房的机会；一家三口人长期住在市郊20世纪80年代中期所建一户40平方米的单室住房。房子与20多年前相比，没什么改变，还是水泥地、白灰墙、木质门窗。上大学的女儿放假回来，还得住在不到4平方米的门厅里。

2009年10月，矿上组织干部职工到井冈山参观学习。临行时，妻子给郭明义带了1000元。回来那天，郭明义从兜里掏出一个红色小盒放在妻子手中，打开一看，竟是一枚钻戒。妻子仔细一问，郭明义实话实说了，这钻戒是在小摊上用28元买来的，其余的钱都捐给希望工程了。该拿的钱他分文不取，还经常拿出自己的钱帮助别人，几乎把家里能捐的都捐了。有人问他为什么这么做，他回答："有的人吃龙虾是享受，我帮助别人就是享受。"郭明义说："为社会多做一些力所能及的事，觉得自己被群众所信赖、被社会所需要，我就会感到很充实、很快乐、很幸福。"我们要学习郭明义，践行雷锋精神。

常修治国、治政之德，还应从反面教材特别是从违纪违法的典型腐败分子身上吸取教训。"德，国家之基也"，"德惟治，否德乱"，古人的话意味深长。道德薄弱治不好国家，做不好事业。现在许多因腐败问题倒下去的官员，刚开始都是因为在一些小事情上放松了对自己德行的要求，忽视了自身修养，最终抵挡不住金钱、美色的诱惑，自觉或不自觉地走向了腐化堕落。"道自微而生，祸自微而成。"小节并非无害，小节岂可随便，小节不可无度。在小节上过不了关，很难在大节上过得硬。小节失守，大节不保。一些人为什么会陷入人生败局？不都是从小节上被打开缺口吗？"小节不保，终累大德"。今天收取一个红包而心安理得，明天收取两瓶茅台酒觉得不算个啥，把所谓"轻微违纪"视为小事、小节，经过一步步的渐变，面对"朋友""小兄弟"三番五次的美意，深情款款的馈赠，就会授人以柄，让人牵着鼻子走，导致可怕的质变。取小利，败大德，丢官职，毁一生……

看到别人被金钱、美色腐蚀了灵魂，变得贪图享受，意志萎靡，就应当成一面镜子，检查一下自己有没有同样的行为。看到别人犯了错误，应反思一下自己有没有犯同样错误的苗头，从别人所犯错误中吸取教训，及时防范，使自己不犯或少犯错误，珍惜党组织和群众给予的荣誉，方能清廉走人生。党员干部是群众的一杆杆旗帜，切莫轻视自己的德行，努力做德高理正、以德服人的好干部。

知耻：做人之底线

"耻"在《辞海》中有三层意思：第一指羞愧之心，第二指可耻的事情，第三指侮辱。"耻"的基本义项是"耻感"。清俭、正直、死难、谦退、忠节、强谏、义烈、悔过、让功、拒贿都属于知耻；奢侈、邪佞、专恣、妒贤、徇私、贪污、耽溺、残酷、狎昵、辱命都斥为无耻。可见，耻感是一种心理情感，是人的道德情感系统中的一个基元。如果为政者淡化"耻感"，没有羞耻之心，就会干出丑恶之事，背离党的事业，带来不良影响。奥斯特洛夫斯基说过："只为自己活着，这是耻辱。"一语道出了知耻的根本。

我国传统文化始终把"知耻"当作做人的底线和自我修养的起点。许多有识之士对"耻"有经典的论述。明确地用"知耻"一词的是孔子。孔子关于"知耻观"的阐述，提醒世人要有荣辱意识，主要集中于

上篇
内圣：修身齐家论

《论语》之中。《论语》共二十篇四百九十二章，一万余字，"耻"字出现了十七次，均为孔子直接论耻。如，子曰，"行己有耻"（《论语·子路》），在孔子看来，一个人要有耻感，亦即行事做人要知耻，不违背社会伦理道德。孔子说："君子耻其言而过其行。"（《论语·宪问》）君子以言行不一为耻。

《论语》中有三篇论及"巧言令色"。这四个字译成白话，即总是说别人爱听的话，总是一副讨人喜欢的表情，这种人是缺乏美德的。在《论语·学而》中，孔子将巧言令色放在了仁的对立面："巧言令色，鲜矣仁。"朱熹在《论语集注》中解释，"巧，好。令，善也。好其言，善其色，致饰于外，务以悦人"[1]。由此观之，"巧言令色"的基本表现是擅长拍马逢迎，本质是无原则的自私自利。"巧言、令色、足恭，左丘明耻之，丘亦耻之。"（《论语·公冶长》）对于拥有花言巧语、伪善面貌、表里不一的人，孔子与左丘明都认为可耻。

一个人知道和承认自己的过错，需要很大的勇气。中国文化受儒家的影响，比较强调羞耻心。人的行为达不到行为标准，就会内心不安，觉得羞耻，不好意思。《孟子·公孙丑上》中说："羞恶之心，义之端也。"一个人有了羞耻心，就知道什么事该做，什么事不该做，人生的路何去何从。知错、认错然后改错，他就是强者。孔子将知耻和勇敢联系在一起，认为"知耻近乎勇"。一个人知道羞耻了，就接近勇敢了。说的是人知道羞耻并勇于改过是一种值得推崇、夸耀的品质。这是孔子对知耻改过之人的赞赏。儒家把"好学近乎知，力行近乎仁，知耻近乎勇"并列，描述知（智）、仁、勇三达德。一个有羞耻心的人，自能改过向

---

[1] 朱熹：《四书章句集注·论语集注》，中华书局1983年版，第48页。

上，自能敦品励行，自能崇德向善。《论语·为政》："子曰：'见义不为，无勇也'。"可见，孔子把义放在了一个很高的位置，认为见义不为是可耻的行为。

知耻能使人奋发图强，有时还能改变个人命运。三国东吴鄱阳太守周鲂的儿子周处年轻时凶暴强悍，放荡不羁，时常在乡野天地之间纵马驰骋，被百姓视为一害，与山中猛虎、水中蛟龙并称"三害"。周处觉得受到了羞辱，于是他扬言要去灭虎杀蛟，可回来之后才发现乡亲们欢天喜地地庆祝"三害"皆灭。周处自觉羞赧，痛改前非，发愤图强，拜文学家陆机、陆云为师，终于才兼文武，得到朝廷的重用，任东吴东观左丞等职。

孟子认为，"知耻"是人之所以为人的底线和不可跨越的道德标准。《孟子·尽心上》记载，孟子说："人不可以无耻，无耻之耻，无耻矣。"孟子认为，一个人不可以没有羞耻心，不知道羞耻的那种羞耻，那真是彻底的无耻了。如果没有廉耻感，就会肆无忌惮，任意妄为，对社会秩序有较大的破坏力。从不知羞耻到知道羞耻，也就可以免于耻辱了。孟子还指出，不知羞耻就是不义，没有同情心就是不仁，不懂得恭敬、辞让就是非礼，不懂得是非就是不智。孟子描述大丈夫有三个标准，"富贵不能淫，贫贱不能移，威武不能屈"，这既是做人的气节，也是荣辱观的昭示。

汉末三国时期的名士华歆，是一位值得赞誉的重臣。汉灵帝时，他被举为孝廉，后受朝廷征召，先后任尚书郎、尚书令，直至曹丕即位，拜华歆相国，封安乐乡侯。华歆为官生涯，有所作为，且一生清廉，被誉为"清修疾恶，有识有义"。

《三国志》载，华歆曾在孙策麾下为官，孙策死后，朝廷命其进京

上篇
内圣：修身齐家论

赴任。他的亲朋好友及昔日同僚得知后，或赠书画古董，或送金银财宝。华歆当面不便回还，却在财物上暗中做了标记，以备原物归主。临行时，他将收受的数百金财物全部摆了出来，对送行者说："我这次远行孤零零一人，本是无罪之身；但怀藏璧玉便有被劫、被杀的风险，望大家为我想一个万全之策。"众人面面相觑，只得各自领回原来的赠礼，并对他的高风亮节表示由衷佩服。

知耻是人的一种内在的价值认知，有了知耻的约束，就会出于自爱而抑恶扬善。管仲有言："国有四维……一曰礼，二曰义，三曰廉，四曰耻。""四维张则君令行。""四维不张，国乃灭亡。"（《管子·牧民》）"礼、义、廉、耻"四字是治国的四大纲要，如果没有了它，这个国家就要灭亡。一个人有了羞耻心，就不会去做那些不该做的事，就会崇尚廉洁，崇尚文明，追求真善美，远离耻辱，在诱惑面前心不动，在利益冲突关头能自重。

知耻是人之为人最基本的要求。人最大的病痛在于听不到和听不进批评自己的意见，最大的耻辱就是不知羞耻。南宋大儒朱熹认为："人须是有廉耻。""耻便是羞恶之心。人有耻，则能有所不为。"（《朱子语类·学七·力行》）一个人知耻、有耻感，才能自保人格尊严，明善恶、知荣辱，不想、不做假丑恶的事，则能有所不为。可见，知耻是人存在的基础，没有耻辱心就没有独立的价值人格。党员干部能否知耻，反映其为政品格优劣，关系国家和民族大义。

无数仁人志士在廉耻文化的感召下，有所为，有所不为。伯夷、叔齐饿死不食周粟，越王勾践在败给吴王夫差后卧薪尝胆，苏秦"锥刺股"，陶渊明不为五斗米折腰，耻感既是节气与大义，也是"知耻而近乎勇"的进取精神。

人必须有道德底线，这个底线常常以是否感到羞耻为标尺。知耻是一个人遵从内心的道德指引，自觉向人生目标和更高境界奋斗，可以带来好的后果。孔子所说的"知耻近乎勇"，人可以通过知耻达到勇敢的境界。顾炎武在《日知录》中说："盖不廉则无所不取，不耻则无所不为。人而如此，则祸败乱亡亦无所不至。"人只有对自己的言行有羞耻之心，才能约束自己的言行，有所为有所不为。

羞耻感就是个体违背道德或感到个人无能时，基于一定的是非观、善恶观、荣辱观而产生的一种自觉的指向自我的痛苦心理体验。羞耻感是一种道德自觉，表现为极端难堪，见不得人。朱熹说："人有耻，则能有所不为。"一个人有了羞耻心，就是认识到了行为的界限、底线，什么可以做、什么不能做，清清楚楚，有所为，有所不为，而不是只从欲望驱使。腐败分子走上违法犯罪的道路，大都是从道德品质上出问题开始的。道德品质上出问题，又往往是从廉耻观念缺失开始的。这些腐败分子有一个共同的心理特征：不把贪污腐败看作是一种可耻的行为。

坚持问题导向，检视发现自身不足，做到知耻而后勇。岳麓书院有一副对联的上联是"是非审之于己，毁誉听之于人，得失安之于数，陟岳麓峰头，朗月清风，太极悠然可会"，明确提出了自我剖析、自我审视的为人原则。"明者远见于未萌，而知者避危于无形"（司马相如：《谏猎书》），真正的君子会居安思危，常常反思自己，防微杜渐，防患于未然。党员干部要时常放下身段、停下脚步，总结成败得失、经验教训，净化自己的心灵。

上篇
内圣：修身齐家论

富有特色的慎独观

慎独对个人有着极高的要求，能否保持本心而不被外物影响是衡量一个人能否做到慎独的重要标志。《礼记·大学》中说："诚于中，形于外，故君子必慎其独也。"即使独自一人的时候，处在隐微幽暗之地，没有人看见、无人监督，也要保持清醒的头脑，用"慎独"二字严格约束自己，不做不道德的事、违反原则的事，高度警惕每一个念头、每一种行为，防微杜渐，自耻自爱，把握住自己，不可掉以轻心。

曾国藩尽管只活到六十岁，却能用三十年的时间"慎独"修身。曾国藩告诫子孙说："慎独则心安。""慎独"意味着无论何时、何地、何种境况，都能严格要求自己，守法守规，言行一致，不愧于心。曾国藩说道："人无一内愧之事，则天君泰然，此心常快足宽平，是人生第一自强之道，第一寻乐之方，守身之先务也。"[1]

曾国藩进行慎独的重要手段之一是坚持写日记，反思自己一天的言行，对修身的不足予以检讨。道光二十二年（1842）中秋节，他在日记中记述了这样一件事：昨晚，我做了一个梦，见有个好朋友得了一笔额外财产，自己竟见钱眼开，想据为己有。早晨惊醒后，觉得自己很可耻，于是痛加自责一番，说自己的好利之心竟如此严重，居然连做梦都存有此心，这是何等的龌龊啊！第二天中午到老朋友家吃饭，听说另一个朋友最近做生意也发了一笔横财，于是羡慕之心又起。回来后，便在日记里自责，早晨刚批判了自己，中午竟又犯了同样的错误，我这个人真是

---

[1]〔清〕曾国藩：《曾国藩家书》，李金水编译，江西美术出版社2018年版，第300页。

下流至极！他在1842年10月27日的日记中写道："'静'字功夫要紧。大程夫子是三代后圣人，亦是'静'字功夫足。王文成亦是'静'字有功夫，所以他能不动心。"[1]

中外许多思想家都重视慎独这一修养的重要方法。慎独是一种道德修养，可使心胸安泰。曾国藩三十二岁那年，为了反思贪欲、改过自新，给自己订了个日课册，名曰《过隙集》。每日一念一事，皆写之于册，以便触目可治。凡日间过恶，身过、心过、口过，皆记出，天天写《过隙集》，终生不间断，从而树立了为官从政的标杆。

坚持慎独，去除哗众取宠之心，有人在场和无人在场一个样，不容许任何邪恶的念头萌发，不要以为别人不知道就去做坏事。宋朝陆九渊说："慎独即不自欺。"（《陆九渊集·语录上》）慎独就是不自欺欺人。宋代叶适说："慎独为入德之方。"（叶适：《习学记言序目·礼记》）慎独是达到道德境界的方法和途径。

实践慎独的修养方法，能锻炼人们在道德修养方面的自我主宰精神，真正使道德修养成为为我的而不是为人的，从而达到更高的道德境界。马克思主义价值观认为，从一定意义上说，慎独的方法是有积极意义的。因为时刻严格要求自己，人前人后一个样，经常反省、检查自己的缺点、错误，对自己做不留情面的剖析，是一种自我监督，是在坚定的信念和良心前提下的自我道德约束，对于不断提高、升华自己的价值观，具有重要作用。

静坐时的"向心用力"是"慎独"的一种。"夜深人静，独坐观心，始知妄穷而真独露"（《菜根谭》），这是古代修炼者静坐的体会。一个

---

[1]《曾国藩全书》，云南人民出版社2011年版，第95页。

上篇
内圣：修身齐家论

人在白天可能没时间面对自我，或者没有勇气面对自我。夜深人静，一个人独自静坐、独自面对自我时，生命中丑陋的东西、心理世界中羞于被他人知道的东西，统统涌现出来，那时可能会对自我有更清醒的认识。想到终于能认识和直面自己的缺点，而不再千方百计遮掩，不免获得一丝安慰，想到自己日后还有可能在别人面前遮掩自己，不禁感到惭愧。曾国藩在家书中多次提到静坐，他认为静坐可以让身心饱满，达到使自己心里安稳、治愈疾病的效果。曾国藩认为君子"积诚为慎"，小人"积妄生肆""能慎独，则内省不疚，可以对天地质鬼神"。只有克制欲望，保持理智，才能获得高尚的道德品质，才能达到修身的效果。

在任何情况下，即使单独一个人，也要恪守政德操守。政德修养来不得半点虚假，不欺人，不欺己，使自己的行为无论何时何地都符合道德原则和规范的要求，从而做到孔子所说的"从心所欲不逾矩"。习近平同志说："党员干部要'慎独'。党员干部特别是领导干部手中往往掌握一定的权力，不仅要主动接受组织、制度的监督，而且还要不断加强自律，做到台上台下一个样，人前人后一个样，尤其是在私底下、无人时、细微处，更要如履薄冰、如临深渊，始终不放纵、不越轨、不逾矩。"[1]慎独是检验从政道德的试金石。在八小时之内，应自觉接受党政组织的监督，表里如一，言行一致；在个人独立工作、无人监督、有做各种坏事的可能的时候，应做到慎独，不做任何坏事，做一个真正具有自律精神的政德高尚者。

在远离组织、生活场合和无人监督的时候，没有了外界的压力，没有他人的目光，最见其修养。要依然能够做到不放纵、不越轨、不逾矩。

---

[1] 习近平：《之江新语》，浙江人民出版社2007年版，第272页。

要落细落小，注重细节小事，谨防积少成多、积沙成塔，小恶酿成大祸。慎独、慎微、慎始，关键在于谨防"独一处"放纵欲，谨防"第一次"开口子。私底下、无人时、细微处，是最能检验党性的试金石。如果我们每个同志，在"没人看见""无人监督"时，也同有人看见、有人监督时一样，用正确的思想、高尚的灵魂和坚贞的信念来约束自己，时时刻刻都能自爱、知耻、自控，仍能慎其行而不逾规，以党的利益为重，坚持党的原则，那么，自身的思想政治素质就能提高一个层次，修养水平就达到了高度自觉的程度。我们自身及所在的单位就会刹住不正之风和减少腐败行为。

党员干部更应该有慎独意识，用慎独精神来自觉加强自身修养。在别人看不到、听不到的情况下，在任何环境、任何时候都能做到独善其身，坚持道德节操，不因无人监督而恣意妄为，不该由自己行使的权力决不能行使，真正以共产党员和党的干部的身份和形象去对待周围发生的一切，做到慎独，不辱使命。慎独是不容易做到的，需要有较高的思想素质和道德水平，需要苦练"慎独功"，经过长期艰苦的自我锻炼，要有顽强的持之以恒的精神。

汝能自律贵于金

杨震是东汉名臣，淡泊名利。他出任东莱太守时，路过昌邑。曾受杨震举荐的昌邑令王密，夜晚拜访杨震，并送上十斤黄金，杨震拒收。王密说收下吧，没人知道。杨震说，你知我知天知地知，怎么说无人知道？王密羞愧而回。十斤黄金就是操守的重量，杨震因此被人们称为"四知太守"。杨震用这"四知"来拷问自己的良知，不该拿的不拿，不

上篇

内圣：修身齐家论

该收的不收，慎独之下理所当然地拒金于门外。"震畏四知"的历史典故盖源于此，而慎独自省没有达到自觉境界的人，断不能做到这一点。

亲朋故旧劝他趁在位的时候多置办一些产业，杨震笑道："使后世称为清白吏子孙，以此遗之，不亦厚乎！"在杨震的教导下，其子杨秉，官至太尉，因刚直不阿被免官，在"家至贫寒，并日而食"的情况下，仍能做到"故吏以钱百万赠之，闭门不受"。杨家世世代代都能坚守家风，为世人所敬重。

曹植自幼天资聪颖。曹操读了曹植十几岁时写的文章，竟怀疑是由他人代笔，因而甚为宠爱。曹操曾多次想立曹植为太子，继承自己的事业，然而曹植恃才傲物、放纵任性、饮酒不节。尤为严重的是，建安二十二年（217），他趁曹操离邺外出之机，违反禁令，私开司马门，行驰御街之中。曹操看到曹植如此放荡，以为他不堪大业，就任命曹丕当了太子。

建安二十四年（219），曹仁被关羽包围，军情紧急。曹操任曹植为中郎将，兼征虏将军，派他去救曹仁。曹植却酩酊大醉，无法去接受任命，曹操只好改派别人，从此曹植失去了宠爱。

黄初元年（220），太子之争的胜利者曹丕代汉做了皇帝，从此，曹植便开始了自己悲惨的命运：朋友被杀，封地屡迁，一贬再贬，整天生活在曹丕鹰犬的监视之下。明帝曹叡继位后，他虽上疏数次以求任用，均被置之不理。曹植四十一岁时，终因困顿苦闷、抑郁成疾而英年早逝。

明朝《水东日记》之中有件逸事，说将军山云被派往广西任总兵，其听说当地送礼受贿盛行，便问老吏郑牢："我亦可贪否？"郑牢答："大人初到，如一洁新白袍，有一沾污，如白袍点墨，终不可湔也。"山云又问："若是不收礼当地人不高兴怎么办？"郑牢则回："朝廷严惩贪官,要杀头你不怕,反倒怕这些人不高兴?"山云深以为然,在镇守广西十年间,坚持廉洁操守不变而成了一代清官。

如果一个人不能自律自治,则一切美好的理想,均属奢谈;一切完满的计划与周密的设施,亦将流于形式。人不能自律,必多偷懒,遇艰难困苦时,会多方设法逃避其责任。为官者不应为官而官,更不应为升官不择手段,全身心沉迷于其中。迷恋于权势,热衷于升迁,而迷失于道德,丧失了人格。达则兼善天下,实现抱负;穷则独善其身,流连林泉。如果不注意节制自己而目中无人,趋炎附势,排斥异己,必然会遭到人们的反感乃至唾弃。

某日早朝,一大臣发现宋仁宗赵祯脸色难看,问何故。宋仁宗道:"我不太舒服"。大臣想当然地以为,这肯定是昨晚贪图美色用力过猛了,就婉劝皇上别那么玩命。宋仁宗哈哈一笑:"哪有此事!我是昨晚处理政务直到深夜,肚子好饿,很想吃羊肉,但没有现成的,就忍了一宿。"大臣们众口一词:"何不传御膳房?"仁宗道:"我当时考虑,老祖宗的法度中,也没有夜供烧羊的先例啊!朕如果一开口,御厨就会夜夜宰杀,一年下来得几百只羊,为了朕一碗饮食而开此恶例,就会造成滥杀和浪费,因此肚子再饿也只能忍住。"

经得起诱惑,不贪不占,立身纯正,守拙自乐,"临之以患难而能不变,邀之以宠利而能不回",才能坦然舒然,不断升华人生境界。不应热衷于升迁、为升职不择手段,工作多做一些不要觉得吃亏,待遇稍差一点不要感到委屈,党员干部要为党和人民的事业勇挑重担,以个人的辛劳换取人民的富裕,不向党讨价还价,不能搞所谓等价交换,更不能把权力商品化,搞权钱交易。

随波逐流、趋利媚俗、放纵自己,就会混淆是非,走上邪路,使国

上篇
内圣：修身齐家论

家陷入"政怠宦成，人亡政息"的历史周期率。面对"生活圈""交友圈""娱乐圈"的种种诱惑，要保持理性和明智，耐住寂寞、甘于清廉，摒弃奴颜、看人平视、待人平等、对人平和，保持心灵上的纯洁和精神上的愉悦，快乐工作、快乐生活、宠辱不惊、去留无意。当为集体、为别人办了好事时，不要索取图报；当赞扬之声不绝于耳时，要防止忽视自律；当认为职务到头时，谨防对一切都持无所谓的态度；当临近离退休时，谨防有捞一把的想法。约束自己，严格自制、自律，不可能一蹴而就，也不可能一劳永逸，没有休止符，只有进行曲。

今天的"治国平天下"，需要有堪当历史重任的高素质干部队伍。要把党的宗旨铭记于心，付诸于行，端正感情趋向、思想投向、奋斗方向。要想到祖国的命运和集体的利益，忠诚于党的事业。要脱离低级趣味，摆脱名缰利锁，倍加珍重人格，倍加珍爱声誉，倍加珍惜形象，永葆自己的精神家园不受污染，始终保持共产党人的本色，达到人生的最高境界。

骄慢不是风骨

力戒骄傲是做人、为政成功的要义。有些人能经受住艰苦环境的磨炼，却在一片恭维声中吃了败仗。总以为自己最有才能，自我炫耀、自我吹嘘、自我标榜、自夸其功——骄傲，是一个人意志脆弱的表现，是政治上不成熟的标志。实践证明，浮必骄、骄必狂，必将消弭进取精神，涣散继续奋斗的斗志，丧失良好的人际关系。

昔日吴王夫差为成就霸业屡战屡胜，因骄致横，听不进忠臣伍子胥的进谏，滥用兵力攻打强盛的齐国，终于亡于越王勾践之手。东晋史学家习凿齿说了一段发人深思的话："昔齐桓一矜其攻而叛者九国，曹操暂自骄伐而天下三分。皆勤之于数十年之内，而弃之于俯仰之倾，岂不惜乎！"

《战国策》载，魏文侯太子击在路上碰见文侯的老师田子方，于是下车拜见。田子方不还礼，击很不高兴："不知是富贵者可以对人骄傲，还是贫贱者可以对人骄傲？"田子方说："国君和大夫骄傲，会失去政权和俸禄，而贫贱者骄傲，还会失去什么呢？"其实贫贱者也是不能骄傲的。人如果骄恣、矜伐，衰败也就会到来了。

君子泰而不骄，小人骄而不泰。孔子这句话是说，君子心情安定，宠辱不惊，处之泰然，不受外部环境的影响，而小人在事情顺畅时傲慢，不顺畅就懊丧。《尚书·毕命》说："骄淫矜侉，将由恶终。"这是贤相傅说告诫高宗的话。《说范·谈丛》中说："贵不与骄期，骄自来；骄不与亡期，亡自至。"骄横、狂妄、傲慢、矜持、自夸是失败的前奏曲，必将以坏结果而结束。

以学识骄傲，以功劳骄傲，以门第骄傲，以美貌骄傲，以富有骄傲，以强壮骄傲，以跟随者、保护者、家人、亲朋、子嗣众多而骄傲，这七种东西常被人们当作骄傲的"资本"，自认为比别人"优越"。骄傲的背后隐藏着什么呢？一言以蔽之，没有看清楚自己是谁，与盲目有关，和偏颇有关，同虚张声势有关。

天不言自高，地不言自厚。山不炫耀它的高度，并不影响它耸立云端；海不张扬它的深度，并不影响它容纳百川。一个骄慢的人，常常觉得自己比别人高明。曾国藩对弟妹们关爱备至，不仅勉励弟弟们用功读书，还教导他们如何做人，可谓用心良苦。曾国藩十分反对子弟们因身处官宦之家而有骄矜之气，常常叮嘱他们不要"骄惰"，不可"傲气"

上篇
内圣：修身齐家论

凌人、招摇过市，恃势干预地方事务。他说："谚云'富家子弟多骄，贵家子弟多傲'，非必锦衣玉食，动手打人，而后谓之骄傲也。但使志得意满、毫无畏忌，开口议论人短长，即是极骄极傲耳……望弟常常孟省，并戒子侄也。"[1]曾国藩有言，不可误认简傲为风骨。所谓风骨，指的是内心自立自强、对外无所求，说的不是傲慢。"风骨者，内足自立，外无所求之谓，非傲慢之谓也。"[2]对外无所索求，这是很好的品行。无求者有风骨，能谦和待人，说话口气和婉、诚恳。即使自己地位很高、能力很强、才智过人，也懂得谦让尊重他人，养成良好的品德。

不少知识渊博的专家学者、资历深厚的党员干部，言谈举止很谦虚，常常不耻下问，请教别人。他们遇到工作中的难题，不忘请教下属、请教群众，实践着"从群众中来，到群众中去"的工作方法。而那些被讥为"半桶水"的人，却常常表现得傲气十足、自以为是、唯我独尊、逞强专横，使人避而远之，不屑为伍。一些人得到提拔，官升脾气长，自以为了不起，其共同点就是高估了自己，低估了周围的群众，低估了外在因素。"良贾深藏若虚，君子盛德，容貌若愚"，要虚心听取来自各方面的意见，包括逆耳忠告之言。

在不同的场合、不同的时间、不同的氛围，用不同的方式传达谦虚，能给人留下良好印象。有一年"八一节"，贺龙参加了兴县文艺晚会。一位少年朗诵一首诗："我要讲一个英雄的故事，这个故事就是南昌起义，这个英雄就是贺老总！"贺老总对这位少年亲切地说："南昌起义主要领导人是周恩来副主席，还有朱德、刘伯承、聂荣臻同志，那时我还不是共产党员呢，能算什么英雄？不过你的朗诵挺有感情，回去好好改改，

---

[1] 《曾国藩家书》，吉林出版集团有限责任公司2010年版，第274页。
[2] 《曾国藩书信》，中国致公出版社2011年版，第199页。

再朗诵，下一次我一定来听。"

　　黄钟大吕不敲不响，低劣的陶盆瓦釜发出的声音喧嚣刺耳。水满则必溢，月盈则必缺。过于展露才智显扬自己，乃是缺乏睿智和见识的表现。有的人在沟通中不善于与人交流，往往锋芒太露，为了"我"而争来争去，结果生出一些烦恼。一个以自我为中心的人，大言不惭、吹嘘自我，让人感到浅薄，不受欢迎，难以与人深交，会导致"自我孤立"。

　　有学问、有才干的人，少露锋芒实乃明智之举。最擅长辩论的人看起来像不善言辞，最聪明的人看起来像个笨拙的人，有智慧、有谋略之人往往貌似糊涂、形如木讷。实际上，他们有沉稳蕴慧的平和，对大喜大悲从容不惊；他们身上没有失败，只有忍耐，没有懈怠，只有沉默。孔子说："虽有国士之力，不能自举其身。"（《荀子·子道》）要把成绩作为历史的一页掀过去，而今迈步从头越，经常以请教的口吻向别人学习，补齐自己的"短板"，让今天比昨天做得更好，防止"功成者堕，名成者亏"。对下不是趾高气扬、颐指气使，而是平视，这是一种"低头"。

　　永葆"傲骨"，也要学会"低头"，做一个虚怀若谷的领导者。捕捉中庸之道的精义，乐于把自己当作泥土，而不把自己视为珍珠。饱满的谷穗总是低着头，成熟的苹果总是红着脸。当有人在牛顿面前赞誉他比前辈们更有远见时，牛顿却非常谦虚地回答："那是因为我站在巨人的肩膀上。"要降低身段、俯下身子，以小学生的姿态，虚怀若谷、真心实意地向群众学习请教，倾听群众呼声，态度真诚，开诚布公，推心置腹。要多揽过，少争功，出了差错多检查自己的责任，把"我"摆在前面；有了成绩多看别人做的工作，多说一个"我们"。这是领导者终身受益的美德，这样会不断积累经验与能力，厚积薄发，取得成功。

上篇
内圣：修身齐家论

自省：修身之良方

自省是从思想和行动等方面去审视自己是否遵从道义原则。《周易·大象》中有"修省进德"的表述。《易经》中要求"君子以恐惧修省"（《周易·震卦》）。孔子提出了内自省的方法，要求他的学生"见贤思齐焉，见不贤而内自省也"（《论语·里仁》）。孔子说："君子求诸己，小人求诸人。"（《论语·卫灵公》）。反省自己还是苛责别人是区分君子与小人的界限。曾子则提出了"吾日三省吾身"的修身方法。孟子说：有个人在这里对我粗暴不敬，我反过来自省，我一定有不仁之处，一定没有礼教，不然这样的事如何发生在我的身上？这样自省并改善自己，忽略对方的不足，彼此间将产生良性的互补作用。

伊尹是帝王之师，得到汤的信任，并被任命为右相，从此跟随成汤灭夏立商，成为商政权中的赫赫元老。太甲即位后，"不明、暴虐、不遵汤法、乱德"，很令伊尹头疼。太甲三年，伊尹将太甲囚禁在王都郊外的桐宫（今河南洛阳市偃师区），令其悔过重新学习成汤的法令，自己则摄政当国，代行天子职权。太甲在桐宫三年，体察民间疾苦，在伊尹的耐心开导下，进行深刻的悔过反省，开始弃恶从善，施行仁义。伊尹便迎太甲回朝，并交还了政权。

三国中的"事后诸葛亮"故事并不多，而"事后周瑜""事后蒋干""事后曹操""事后司马懿"却令人深思。周瑜在吃了苦头后，总想着面子过不去，以致负气身亡。谋士蒋干过江劝降周瑜，中了周瑜的反间计，盗书交给曹操，致使曹操误斩精通水战的水军都督蔡瑁、张允，却不知自己错了，又讨令去江东探听虚实，且把庞统引来献连环计，造成一错再错，结果赤壁一战，曹操水军一败涂地。

修齐治平札记

司马懿与诸葛亮交锋多次，败在斗智斗谋上，却能多次承认他不如孔明，因此小心谨慎。陈毅回顾了自己的峥嵘历程，痛快淋漓地解剖了自己"几次左与右"的错误，发出肺腑之言："中夜尝自省，悔愧难自文。还是鼓勇气，改正再前行。灵魂之深处，自掘才可能。"[1]

通过反省自己的错误言行，予以纠正；看到别人良好的品德行为，见贤思齐；看到别人做错的事，当作一面镜子，检查一下自己有无同样的行为，反思自己有无犯同样错误的苗头，别犯类似错误。英国约翰·罗斯金有言："把每一个黎明看作你生命的开始，把每一个黄昏看作你生命的小结。让每一个这样短短的生命，都能为自己留下一点儿可爱的事业的脚印，和你心灵得到充实的痕迹。"[2]波斯萨迪在《蔷薇园》中说得好："如果你能时常反省自己，才不致受到别人的非难。"

在这个世间，有谁发现哪个人一生总是完美的，不经过任何改变就轻易获得成功呢？要想实现理想，展示自身价值，经受住考验，首先要认识自己，反省自己，改造自己，培养一种乐观、进取、向上的精神和高尚的人格，专心致志地投入事业中。一个人总是在不断反思和修正错误中进步和成长的。如果认识不到自己的弱点、缺点和错误，忽视每日自省吾身，就不会成就大事业。

将失误和教训看得深刻，将纪律和规矩的底线看得清晰，主动校正坐标、看清方位、修养身心，从而淡定从容地面对生活上、事业上遇到的问题，保持内心的平和，不偏离事业和人生的航线。检查自己的过失，不但要查找客观原因，更要找主观原因；不但要查找外因，更要找内因。谢觉哉在六十岁生日时，谢绝亲朋好友来祝寿，关起门来反躬自省。他

---

[1]《陈毅诗词集》(下)，中央文献出版社2012年版，第638页。
[2]《感情的花束——外国名家散文诗》，薛菲译，浙江文艺出版社1990年版，第105页。

上篇
内圣：修身齐家论

在《六十自讼》的日记中写道："'行年五十当知四十九年之非'之鉴，而自己却'行年六十，也应该设法弥补五十九年以前的缺点，能够对党有较多的贡献'。"[1]

只有坚持自我反省，承认和改正缺点、错误，才会不断增强自我净化能力。应多反省自己，不要总是盯着别人的是非不放而责备别人。要先注视自己，看看自己是个什么样的人，看清楚自己适合做什么，该怎样做，千万不要像关羽那样，让自己过盛的傲气、不变的固执、可怕的骄横伴随了一生，最终败走麦城，导致一系列悲剧。

周作人早年也是个德行不错的文人，很有学问，其散文成就尤其为人称道，1928年以前他曾口诛笔伐日本侵华行径。20世纪30年代，北平沦陷时他没有南下，看到当时抗日人士流离失所，少数汉奸吃香喝辣，他变了个人，"见不贤"而"内不自省"，成为"文化变色龙"，出任伪职后为日本侵华大唱赞歌，足见其品行不端，从反面证明了长久自省的必要。

让真理昂首，让谬误退却，调整心态，净化心灵，保持崇高的德行，可以使我们无忧无惧、身心轻松愉悦。如能每天自省，进行"心灵盘点"，想想说话时语气是否柔和而不生硬，神色是否恭敬而不谄媚，是否主动表露不足之处而不是炫耀自己；为什么别人说我坏话，为什么别人对我发火，看看有什么过失，哪些需要改进，如何光大长处，自己有多少资源，能干多少事情，该干什么，是否"今日事今日毕"，那将是善莫大焉，益莫大焉！《孟子·尽心上》有言："反身而诚，乐莫大焉。"

---

[1] 《谢觉哉传》，人民出版社1984年版，第165页。

常临"第四面明镜"

"贞观之治"在历史的苍穹中熠熠闪光。唐太宗认为,"贞观之治"的形成,魏徵起了非常重要的作用。魏徵去世后,唐太宗少了一位时时能提醒自己的人,他说过一段人们耳熟能详的深情的话:"夫以铜为镜,可以正衣冠;以古为镜,可以知兴替;以人为镜,可以明得失。朕常保此三镜,以防己过。今魏徵殂逝,遂亡一镜矣!"李世民提出了经典的"三镜说",耐人品味。作家游宇明认为,一个人要获得上面的"三镜",还得有第四面"镜子":自己。"以己为镜",将自己分成两部分:一是实际存在的自己,一是想要成为的自己。以想要成为的自己为参照系,对实际存在的自己进行检视、反省、提纯、推敲;真正杰出的人都是善于"以己为镜"的,他们从来不会在自己跌过的坑里再跌第二次。

自省吾身,是心灵镜鉴的拂拭,是一种心理活动的反刍与回馈,是人生必不可少的自修课。别人的提醒和批评是重要的,但起决定作用的,还是通过自省这个内因来知过改过。"以镜自照见形容,以人自照见吉凶。"(《困学纪闻》卷五《大戴礼记》辑补《镜铭》)照镜子就会看见自己的容貌;借鉴别人的成功经验,就会知道自己的对错。古人将自察和自讼作为自省的两种手段。通过自察和自讼,能够实现改正过失、预防过失和提升自我三个方面的目的。反省犹如一面镜子,它能将我们的缺点和错误清清楚楚地照出来,提示我们尽快改正。镜子能照出人的容颜,而反省能照出自己灵魂中隐藏的"小"来。

人的一生要做许多事情,有成功,也会有失误,要学会反思,盘点自己。静坐常思己过,"见不贤而内自省",看看自己哪些地方做得对,哪些地方出现了疏忽,需有不怕露丑的勇气,坦然地将其摆出来,日后

上篇
内圣：修身齐家论

的路就会走得平稳、踏实。子贡说："君子之过也，如日月之食焉。过也，人皆见之；更也，人皆仰之。"（《论语·子张》）这句话的意思是，君子的过错就像日食和月食，人人都看得见，但是改过之后，会得到人们的尊敬。怒时、喜时、放肆时、怠惰时都要检点，做到"内惟省以端操分，求正气之所由"。古往今来，很多有成就的人都注重省察自身，以是克非，从而不断取得进步。

汉武帝晚年反省自己的错误，向百姓认错、忏悔是真诚的，悔过的勇气是可贵的，补过的诚意也是可信的："朕即位以来，所为狂悖，徒使天下愁苦，追悔莫及。自今以后，事有伤害百姓，全部废止，不得再行。"司马光说："汉武帝晚年能改正错误，将政事交给合适的人，这就是为什么他有秦国的失败而终竟能免除秦国败亡的结局。"

唐太宗是能够反躬自省的明君。他曾对大臣说："我每当无事静坐时，常常自我反省，害怕对上不能使上天称心如意，对下被百姓所怨恨。只想得到正直忠诚的人匡救劝谏，好让我的视听能和外边相通，使下面没有积怨。"唐太宗在晚年还能反省自己的错误。他对太子李治教诲时，反省了自己的一生："你应该从历史中找古代的贤明帝王作为学习的典范，像我这样的不足以效法。我做了许多错事，比如锦绣珠玉不绝于前，宫室台榭常有兴造，犬马鹰隼没有不去的地方，行游四方又劳民伤财，这都是大错，你不要以为这都是好事，总想学着去做。"

看到别人贤，应想到自己有没有不如人之处，见贤思齐，择其善者而从之。发现别人不贤，应自我反省，如有类似的毛病，尽快改之。当你被人轻视、侮辱和痛恨时，应首先自我反省。明朝吕坤说，喜事来临的时候、怒气发作的时候、懒惰怠慢的时候、放肆的时候，都要检查一下自己的言行，这就是反省自我的基本要求。

修齐治平札记

自近代以来,曾国藩被政界人物奉为官场楷模。有句俗语:"从政要学曾国藩,经商要学胡雪岩。"曾国藩是一个说不尽的话题,从任何角度思考,他都能留下一个弥足珍贵的智能空间。他立德、立功、立言各方面均恢宏博大。曾国藩早年好多言,自以为是,惹人厌烦。后来他每天拿出一定时间静坐养性,反省体悟自己,经历了"面壁十年"的自省自悟,并常将自己的缺点写在日记里,记在家书中,公之于亲人、朋友,接受批评和监督,自己常常"为之悚然汗出"。他将这种反省自勉、改过迁善的品格坚持了一生,其修养和人品得到了世人好评。毛泽东称他是一个"办事而兼传教之人"。

党员干部只有经常自省修德,通过内省不疚,逐步提升修养,才能渐入道德佳境,成就高尚德操。自省是一种反思的智慧。谦虚做人,重要的是检讨自己。夜深人静之时,独处一室之际,自省自身灵魂深处,反思自身优劣,启迪内心良知,克制过分欲望。列宁说:"在革命事业中,认识到自己的缺点就等于改正了一大半!"[1]经常看到自己有不对的地方,那是一种进步,这样更容易赢得他人的信任,融入所在的集体,赢得真正的朋友。

政德比起个人道德有着更为丰富的内涵,有着更为严格的要求,这就更需要每一名党员干部勤于自省。人们往往勤于、敏于察看别人,明察秋毫,看自己就不那么准确和全面了。错怪别人也比检讨自己容易得多。没有自省的态度和勇气,恐怕无法在反思中重新认识自己。古罗马西塞罗说:"每个人都有过错,但只有蠢人才会执迷不悟。"只有愚蠢的人才会为自己的错误辩护。勇于承认错误,意味着你向成功迈出了第一

---

[1]《论马克思恩格斯及马克思主义》,人民出版社1973年版,第108页。

步。歌德说:"错误同真理的关系,就像睡梦同清醒的关系一样。一个人从错误中醒来,就会以新的力量走向真理。"

通过自省言行,扪心自问,反省自己,解剖自己,明确自身的是非功过,自觉改正错误心理、错误苗头或错误行为,这比在组织面前或高墙之内被动改错要明智得多。在修身进德中,要经常躬身自省,检查自己的行为,就像生活中每天都要照镜子一样,自觉察看一下自己心灵上是否有灰尘,是否洗濯了心中的杂念;反思自己工作中的偏差,不断总结经验,克服缺点,尽可能把错误克服在萌芽之中,使小过不至于发展成大过,这样才会清晰判断事物,使人际关系和谐,拥有较多的朋友,获得较多的帮助。我们要从过失中反思诸多原因和教训,从失误中省悟深刻的哲理,从而筑起谨防再次失败的防护堤,使自身道德修养逐渐达到高尚的境界。

且看风雨故人来

儒家讲求"修身、齐家、治国、平天下",其中修身是前提。在孔子看来,与贤者的相互切磋砥砺、交往学习,对于提高自身素质是很重要的。当子贡问如何才能培养仁德时,孔子的回答是君子必须和贤者、仁者交往。《论语》中关于朋友的论述多次出现,其中"朋""友"连用出现八次,"朋"出现九次,"友"出现二十七次。交正直、诚信、知识面广的朋友,受益无穷;交阿谀奉承、口蜜腹剑、夸夸其谈的朋友,终生后悔。

有的人有求于你和你相交,格外亲热,形影不离;看你没有利用价值了,则不冷不热,老死不相往来。交友必须择优,不可结交道德败坏的人，不要结交老好人，不要结交虚荣之人。孔子认为，诚信乃做人之本，朋友之间要讲求诚信。他曾说："人而无信，不知其可也。大车无輗，小车无軏，其何以行之哉？"（《论语·为政》）在孔子看来，一个人缺少了诚信，就好比一辆车缺少了关键部件，在社会上将寸步难行。孟子说："友也者，友其德也，不可以有挟也。"（《孟子·万章下》）孟子交朋友，是要和他的德行相交，不是倚仗什么和他相交，也不是有利可图才和他相交。

  君子之间的交往，是古往今来一直推崇的。这种交往只在乎彼此共同的心灵上的交流，是信念上的共鸣、事业上的互撑、生活上的相助，贯四时而不衰，历坦险而益固。友情从来都是非功利的。君子之间的友谊抛开了尊卑、贵贱、权力、名誉、地位、金钱等的羁绊。朋友关系体现了中国传统文化真善美的元典精神，其蕴意包括崇德、重义、仁爱、忠诚、信任、关怀、体贴、尊重、契合、礼让、宽容、豁达、支持和帮助。大爱无言是友谊的最高境界。此种情谊必是超越时空、超脱自我束缚的爱，是人性中至尊至上的终极追求。

  "风雨故人来"是一种美好的生命境界，让人动容，使人铭心。管仲的祖先姓姬，曾跟随周武王打江山。管仲少年时通诗书、懂礼仪、会驾车、善骑射。管仲和鲍叔牙乃知己之交，相知如一，不管是穷困还是通达，都不改变，可谓朋友之交的典范。

  管仲和鲍叔牙从小在一起读书时就是好朋友。长大以后，当管仲穷困潦倒不得志时，鲍叔牙没有离他而去。他们一起到南阳一带贩卖绸缎，管仲在分利时总是多取一倍，少分给鲍叔牙，而鲍叔牙从不和管仲计较。人们都说管仲贪婪，鲍叔牙却说管仲是个孝子，家里贫穷，有个老母亲需要赡养，理应多拿。后来，他们一起去当兵，一遇到危险，鲍叔牙就

上篇
内圣：修身齐家论

用自己的身体去掩护他……

管仲与鲍叔牙各辅佐一位公子，公子纠失败，管仲成了囚犯。作为胜利者的鲍叔牙，想的却是千方百计从鲁国把管仲救回来。鲍叔牙一片赤诚待朋友，宽容管仲的缺点，理解管仲的难处，深信管仲的才能，关键时刻鼎力相助，力荐管仲为宰相，自己甘居下位，这种以国家利益为重的精神，表现了鲍叔牙是一位纯粹的人，没有一点私心，甚至牺牲自己来成全管仲，体现了无私的友谊和爱才让贤的品德，也使齐国强盛起来，民康物阜，"九合诸侯，一匡天下"，齐国百姓安居乐业四十年。管仲对鲍叔牙的知遇之恩十分感激，叹服道："生我者父母，知我者鲍子也。"（《史记·管晏列传》）

司马迁在《史记·管晏列传》中，用浓墨重彩记叙了管仲与鲍叔牙之间相知、相容、相敬的深厚友谊。历史上称颂他们的无私友谊为"管鲍之交""管鲍遗风"。柳亚子诗曰："最难鲍叔能知管，倘用夷吾定霸齐。"[1]有感于斯，笔者赋七律《咏管仲》（新韵）：

小白[2]中箭怨填胸，大难贤臣荐士公[3]。
非比蒿莱[4]竭霸术[5]，妙哉韬略润齐东。
惠民济困开先路，攘狄尊王建伟功。

---

[1] 《柳亚子诗词选》，人民文学出版社1959年版，第129页。
[2] 小白：齐桓公。
[3] 士公：管仲。
[4] 蒿莱：野草，喻被埋没的才能。
[5] 霸术：称霸的策略，指管仲的才能。

修齐治平札记

　　幸运人生遇知[1]己，鲍叔当记首勋庸[2]。

　　"风雨故人来"是一种美好的生命境界，令人寻味，使人敬佩。谭嗣同与绰号叫"大刀王五"的著名武师王正谊交好。戊戌变法失败后，谭嗣同坚信只有洒热血才可以唤醒愚弱国人，为表白自己变法的决心，使大众醒悟，甘愿被捕。王五得知后心急如焚，苦劝与他一同出逃，谭嗣同不肯。谭嗣同被捕后，王五买通狱吏，联系武林志士，密谋劫狱，谭嗣同坚决反对。谭嗣同被问斩，王五誓劫法场，后因官军改变行车路线未果。谭嗣同殉难于宣武门外菜市口后，王五悲痛欲绝，冒死将其遗体扛回会馆，购棺殡殓。后护送谭嗣同的棺木回湖南故乡安葬，一路上王五始终不离灵柩左右。谭嗣同与王五可谓是真朋友。

可贵的家国情怀

　　家国情怀是中华优秀传统文化的精华，是在历朝历代跌宕起伏的时代交替中逐步积累的。家国情怀的精髓是对家庭、国家的责任和担当。家国情怀既是一种生命自觉和家教传承，更是一种心灵净化之后的人文情结。未有我之先，家国已在焉；无我之后，家国仍永存。国家与家庭、社会与个人是密不可分的整体，家庭是作为宏观国家的基础，而作为大的国则是每一个小家的延伸。

　　家国情怀在中华五千多年文明史发展中孕育、演化并完善，包含着

---

[1] 第七句"知"应仄而平，拗救。
[2] 勋庸：功劳。

上篇
内圣：修身齐家论

忠于国家或整个民族的爱国主义情结，是每一个中国人从内心里深深爱着自己的家庭、国家和人民。家国情怀，是一种宏大而细腻的民族情感，是对自己所处的这片国土所表现出来的深情厚谊，是个说不尽的重要话题。"国是千万家，家是最小国。"多少沧桑付流水，常念家国在心怀。家国情怀是"先天下之忧而忧，后天下之乐而乐"的凌云之志，是"壮志饥餐胡虏肉，笑谈渴饮匈奴血"的豪情担当，家国情怀是"王师北定中原日，家祭无忘告乃翁"的执着信念，是"粉身碎骨浑不怕，要留清白在人间"的高洁情操。"为什么我的眼里常含泪水？因为我对这土地爱得深沉。"

中华传统文化强调"家国一体"，崇尚"家国情怀"，历来注重家风建设，可谓"家风正则国风正，家风清则国风清"。儒家倡导"修身、齐家、治国、平天下"，只有兼顾好家与国，并将对小家的感情转移到对国家、民族的担当上，人生才能实现真正的圆满。孟子说："天下之本在国，国之本在家，家之本在身。"在中国人的思想深处，家与国、个人与社会是密不可分的整体，你中有我，我中有你。家是家庭的"家"，也是国家的"家"。对每个中国人来说，爱国是本分，也是职责，是心之所系、情之所归。梁启超说，"知责任者，大丈夫之始也；行责任者，大丈夫之终也"[1]。在个人、家庭利益与国家、民族集体利益发生冲突时，家国情怀体现为舍小家为大家、舍自家为国家。范仲淹强调"先天下之忧而忧，后天下之乐而乐"的历史担当，是国家民族屹立不败的精神皈依，它具有"四位一体"性——认同、归属、责任和使命相融共生。

诸葛亮有着深厚的家国情怀。诸葛亮在隆中反复阅读《三才秘录》

---

[1] 梁启超：《为学与做人》，古吴轩出版社2016年版，第53页。

《兵法阵图》等治国安邦的书。他躬耕苦读十年，满腹经纶，志存高远，非同一般。诸葛亮广泛结交名士，寻找名师指点。他出山之前就慨然有澄清寰宇拯世济民之志，常常把自己比作管仲（名相）、乐毅（名将），自信有安邦定国之才，把复兴汉室作为自己的人生目标。诸葛亮以审时度势的睿智，被大名士司马徽誉为"识时务的俊杰"。

诸葛亮在择妻问题上，坚持"才"重于"貌"。这是"齐家"的重要一环。他教育子女颇严厉，唯恐不成器。诸葛亮一生强调个人和家庭必须清廉。他后来给后主刘禅上过一篇表文，是他一生廉洁的真实写照。诸葛亮在"治国"方面，提出走向三分、再求统一的立国方略，其实质是要求统一，重建稳定的社会秩序，完全符合儒家"平天下"的理想。诸葛亮为实现"平天下"这一理想，坚韧不拔，笃行不息，八年间五次出兵北伐曹魏，终生进行着奋斗，直到生命的最后一息。

"家"在"国"中卿卿我我，"国"在"家"中生生不息，历代志士仁人无不以"修身、齐家、治国、平天下"为己任。修身、齐家、治国、平天下的传统情怀，是许多志士仁人澎湃激荡的内心使命和家国至上的无上荣光。他们心有大我、至诚报国，既见信仰信念，又见人格风骨，更见家国情怀，彰显着矢志报国、不懈奋斗的至诚大爱，谱写了人生的绚丽篇章，昭示着人生价值，书写了许多令天地动容的传奇故事。

自古以来，有许多家国情怀的名言警句萦怀于国人心中："常思奋不顾身以徇国家之急"（司马迁），"驾长车，踏破贺兰山缺"（岳飞），"恨不抗日死，留作今日羞。国破尚如此，我何惜此头"（吉鸿昌），"我以我血荐轩辕"（鲁迅），讲究身修而后家齐，家齐而后治国，治国而后天下平，融自我于家、国、天下之中，形成忧国忧民、心怀天下的社会责任感与使命意识。

上篇
内圣：修身齐家论

跨越历史的长河，家国情怀延绵不断，熠熠生辉，始终激励着人们锐意进取，勇毅前行。唐代边塞诗将家国情怀表达得淋漓尽致。王昌龄《出塞》："但使龙城飞将在，不教胡马度阴山。"倘若龙城的飞将李广还在，绝不许匈奴南下牧马度过阴山，抒发了戍边战士保卫国家的壮志，与王维的"孰知不向边庭苦，纵死犹闻侠骨香"有异曲同工之妙。

家国在中国人心中总是充斥着一股"沛乎塞苍冥"的浩然正气。林则徐与妻子离别赴伊犁时，以"苟利国家生死以，岂因祸福避趋之"的诗句真诚地表达救国心迹，只要是对国家有利的事情，无论生死如何，我都会不惜一切地去做，哪能因为害怕灾祸而逃避呢？诗句畅快淋漓地展现了林则徐坚贞不渝的爱国情怀和不在意个人得失、为国雪耻的责任担当。浓郁的家国情怀，背后是深厚的家国责任、强烈的家国担当。

家国情怀是优秀传统家风的源头活水。西晋时期，八王争夺帝位，形成五胡十六国局面，中原常常受到北方少数民族政权的威胁。颜家处在动乱之中，能够坚持大义，不随波逐流。一些人以女求财、攀附权贵。颜含——颜之推九世祖告诫子侄说："汝家书生门户，世无富贵；自今仕宦不可过二千石，婚姻勿贪势家。"（《颜氏家训·止足》）明确定位颜家是书香门第，适合做郡守以下的官职，不盗虚名求官位，也不以嫁女结交权贵。《晋书·孝友传》记载，有一个奸臣名叫桓温，是当时的驸马，他企图篡夺皇位，遭到东晋王谢两大望族抵制，未能如愿。其间，他曾想与颜家结亲，遭到拒绝。在危乱之世，颜家面对强权，能保持节操，讲求"婚姻素对"，坚持做清白人家，实属难得。

颜杲卿、颜真卿被敌俘获，慷慨陈词，不惧生死，敌人威逼利诱，始终不改变节操，二人后来被残忍杀害。颜家满门忠烈、一身傲骨，绝不屈从，堪称中华民族楷模。

梁启超一生以变法强国为己任。在他心中，国家占有非比寻常的分量。他曾说："人必真有爱国心，然后方可以用大事。"梁启超堪称父亲的表率，他的后代中"一门三院士，九子皆才俊"，九个子女都是国家的巨擘和栋梁。梁启超用言传身教，将一生不变的赤子之心和家国情怀融入梁氏后人的血脉。

党员干部要常怀忠诚奉献的家国情怀，把治家的意义与治国等同起来。"小家"连着"大家"，关乎"国家"。"家"，往里看，连着个人——"修身"方能"齐家"；往外看，连着"天下"，连着每个中华儿女心中中华民族伟大复兴的中国梦——"齐家"方能"治国、平天下"。当党员干部专注于亲情眷恋之时，要高度重视在家中培育后辈忠诚奉献的家国大义。

家庭是人生的温馨港湾

幸福家庭的建立基于爱情。在爱情的基础上缔造婚姻，在婚姻的家园中培育爱情，创造和实现人生中幸福美满的生活，才是科学的爱情观、婚姻观。只有事业成功、婚姻幸福，才算得上是拥有幸福、圆满的一生。《诗经·小雅·棠棣》中说："妻子好合，如鼓琴瑟。"与妻子情深意浓，形影不离，就像拨弄琴瑟乐器那样和谐动听。在家庭生活上，领导者应处理好自己与伴侣的关系，稳固后方，享受生活乐趣。在你疲惫时，有一个让你休息的宁静的港湾。

保持家庭和谐，做到"父慈、子孝、兄友、弟恭"，住则同宅、食则同案、学则连业、游则共方，使家庭成为幸福的堡垒、避风的港湾。《左传·昭公二十六年》载，晏子对齐景公说："丈夫温和而仁义，妻子

上篇
内圣：修身齐家论

顺从而温柔，这是礼仪中最精华的部分。"缔造爱情和婚姻，美貌固然令人渴求，但也不能忽视温柔、贤惠和才能。

今朝连理，终生相伴；双飞比翼，百年携手。春秋时期，虞国人百里奚心怀五霸之略，却没有施展才干的机会，当过俘虏、奴仆、牧马人，受尽了人间磨难，后来当上了秦国的相国，不仅忠于朝廷，而且忠于家庭，不忘结发之妻，彰显了高尚的官德风范，被世人称颂。

晏子曾任齐国的宰相，生活简朴，洁身自好，德高望重，对于妻子的爱情也是忠贞不贰的。一天，齐景公去晏子家，看到他的妻子已老，长得又丑，当即表示："我有个女儿年轻又漂亮，就嫁给您做夫人吧！"晏子听罢，马上站起身来，对齐景公说："是的，我的夫人当年是个漂亮的人，只是现在老了。我和她一起生活已多年，不能遗弃她啊。主公一番好意，情愿将爱女嫁给下官，但我是万万不接受的啊！"晏子身居高位，不喜新厌旧，不弃糟糠之妻，为齐景公所叹服，传为历史佳话。

一位看过《白蛇传》的人写道：来生，我还愿修炼千年，取名白素贞，巧遇个小小的郎中，唤作许仙……来生，我只做拣药的娘子，在烟雨江南，小心和他守着那间挂着布帘的小店。

家庭是人生的温馨港湾，是事业兴旺的坚强后盾。家和方能万事兴。唐代孟郊在《结爱》中说："心心复心心，结爱务在深。"恰如莎士比亚所说："真正的爱，非环境所能改变；真正的爱，非时间所能磨灭；真正的爱，给我们带来欢乐和生命。"法国卢梭在《爱弥儿》中说："彼此相配的夫妇是经得起一切可能发生的灾难的袭击的，当他们一块儿过着穷困的日子的时候，他们比一对占有全世界的财产的离心离德的夫妇还幸福得多。"[1]科威特国穆尼尔·纳素夫在《爱情》中说:"夫妻生活中最可贵的莫过于真诚、信任和体贴。"

一个成功男人的背后,一定有一个伟大的女性。若想在事业上取得成功,就要有一个幸福家庭。在良好的婚姻状态中,男女双方都会更长寿、更健康、更愉快,也更富有。恩格斯指出:"如果说只有以爱情为基础的婚姻才是合乎道德的,那么也只有继续保持爱情的婚姻才合乎道德。"[2]婚姻不是爱情的终结,而是爱情的稳定化和深刻化,是爱情继续发展的新起点。

要知道外面的世界很精彩,也很无奈,这样才是一个无悔的人生。婚姻长久的秘诀,责任感和相互间友谊般的感情。一纸婚约并不能永远守住一对新人的心。充满吸引力的浪漫如花香弥漫期总会冷却,唯有平平淡淡的相依相守相伴才是婚姻的真谛。

爱情是充满激情的诗篇,婚姻是平淡的散文。婚姻在开始时,就意味着责任的开始,就意味着彼此的尊重与理解、关怀与信任。婚姻生活没有谈恋爱时那么多的激情。结婚之前,他们一直在求同,眼里闪烁的总是对方的优点,而经过一个阶段后,求同的动力变小,差异就显露出来。当多姿多彩的爱情在现实中褪尽色彩,责任感就显得相当重要。婚姻不仅仅是花前月下、床笫之欢,双方更应担负起应尽的责任。激情和欢乐固然重要,婚姻却是最后的归宿。

很幸福的夫妻应该像真正的朋友一样分享生活,并且在兴趣和价值观上都能协调一致;应包容彼此的缺点,尽量看对方的优点;不要去"计较"对方的错误和失误。台湾作家柏杨婚姻的成功,事业的蓬勃发展

---

[1] [法]卢梭:《爱弥儿》,李平沤译,商务印书馆1996年版,第612页。
[2] 《马克思恩格斯选集》第四卷,人民出版社2012年版,第94页。

上篇
内圣：修身齐家论

完全是靠了这样一位红粉知己的鼎力相助。柏杨在谈到夫人张香华女士时曾一往情深地说："香华是一个智慧型女性，我有幸娶到她，是上帝总结我的一生，赐下的恩典。"

婚姻是夫妻双方的合作体，包含着相互关爱的责任，是抵御生活风浪的有力保障，更是幸福满足的重要源泉。自从有了夫妻制度，爱情才变得忠贞牢固。这是以伦理之爱容纳了生理之爱，而开始有了纯洁的爱情。作为成年人，没有婚姻的爱情是虚浮的，也是不稳定的。

夫妻之间也应保持适宜的心理距离，相敬如宾，以礼相待，反而会带来一些生活美感和生活情趣，增加一些亲切的感情和爱情的魅力，使彼此之间和谐融合。夫妻之间没有一点距离，过分随便，过分"直率"，没有一点顾忌，没有一点分寸，一切都暴露无遗，反而会失去吸引力。

百善孝为先

"孝悌"是中华民族的传统美德，是国风淳厚之美的重要体现，是家庭人伦的道德天职，是人们内心情感的真挚流露。孔子认为，将"孝悌"这种"仁"的观念、家庭伦理作用于社会政治生活，从而形成社会伦理、政治伦理。这正是"修齐治平"的路径。

"孝"字最早见于殷商甲骨文，距今已有三千多年。孝悌是一切道德的源头，是品德修养的根基。《礼记·中庸》中说："仁者，人也。亲亲为大。"也就是说，人首先要学会爱自己的至亲，才能推己及人，爱万物和他人，成为一个大写的人。古代家训普遍强调孝亲敬长、睦亲齐家的重要性。孝敬父母主要源于与生俱来的血缘亲情，源于对养育之恩的感激之情，与父母之爱一样，是人性中最为璀璨的光辉。《忍辱经》有言：

"善之极莫大于孝,恶之极莫大于不孝。"《心地观经》云:"慈父恩高如山,悲母恩深如海。"《孝经》中说,孝是"德之本也,教之所由生也","教民亲爱,莫善于孝"。《颜氏家训·勉学》云:"孝为百行之首。"孝敬父母在各种美德中居于第一位。

反哺跪乳是出于动物的本能,而孝顺是爱父母从感性到理性到实践的升华。"孝顺"是传统道德中最基本的内容。孝敬父母是人生处理人际交往的第一台阶,是做人的基本要求,是关心他人等品德形成的重要基础。

"孝"是一种崇高的思想感情。孝的本质之一是生命的互相尊重。孔子强调"孝"首先是对父母的爱戴和尊重,不单单是指对父母物质上的供养。《论语·为政》记载,子游问孝。子曰:"今之孝者,是谓能养。至于犬马,皆能有养;不敬,何以别乎?"这段话是说,子游问孔子怎样才算是"孝",孔子说:"如今所谓的'孝',只讲物质上供养父母。然而,即使是犬马也能够受到喂养。如果没有发自内心的敬爱,那么赡养父母与喂养犬马又有什么区别呢?"不重视精神上的关怀和慰藉,是谈不上"孝"的。

孝敬父母是每个人义不容辞的责任;爱护兄弟姐妹,促进友爱互助是我们应有的担当。《礼记·祭义》记载,曾子曰:"孝有三:大孝尊亲,其次弗辱,其下能养。"最大的孝乃是敬爱父母,尊重、关心、体贴他们,始终不移深爱之心,以诸多成就使父母感受尊贵之荣,得到别人的尊敬;次一等的孝是端庄方正走人生,不使父母遭受人格之辱;第三个层次的孝是赡养、照顾双亲,保证他们不受饥寒之苦。

子夏问孝。子曰:"色难。有事,弟子服其劳;有酒食,先生馔,曾是以为孝乎?"(《论语·为政》)子夏问什么是孝道,孔子说:"在父母

上篇
内圣：修身齐家论

面前，始终和颜悦色很难。替父母做事情，有酒食让父母先用，日常生活上的照顾固然重要，对父母和颜悦色、亲切敬重的态度更为重要。孔子要求子女对父母要有发自内心的敬爱之情，表现的是子女对父母的情感交流和心理慰藉，体现的是子女对父母最为高尚的人文关怀，从精神层面满足父母的需求，让父母保持愉悦的心情，是一种比赡养更高的孝行。在孔子看来，这种爱亲之情就是仁爱之心生成的源泉活水。正如王祥龄先生所说："孝在儒家哲学中乃是一切仁心流行之根源。"[1]孝敬父母是中华传统伦理的基础。有了这刻骨铭心的眷恋、历历在目的往事、无法重现的幸福，才会感受到人生的充实和愉悦。孟子把父母健在、兄弟安康视为人生的幸福和乐趣。"君子有三乐……父母俱存，兄弟无故，一乐也。"（《孟子·尽心上》）君子有三种乐趣，其中父母健在，兄弟无灾患，是第一种乐趣。"人人亲其亲、长其长而天下平。"（《孟子·离娄上》）孝不仅与家庭建设有关，而且事关治国平天下的大局。孟子认为，只要人人爱自己的亲人，各自尊敬自己的长辈，推己及人，那么，天下自然就可以太平了。

春秋时，贤相管仲认为一个不孝敬父母、爱护子女和自身的人，是不可能爱他人的。管仲病危时，齐桓公问他卫国公子开方能否接他的班为相，管仲回答："不能！开方抛弃其母，到齐国来侍奉您十五年了，不回去探望母亲，像这样一个连母亲都不爱的人，怎么可能真心爱您呢？"

动天之德莫大于孝，感物之道莫过于诚。在儒家看来，道德、教育都缘起于"孝"，"孝"乃天之经也，地之义也，民之行也，是人伦中最重要的东西。《礼记·礼运》中说：什么叫做人的道理？父亲仁慈，儿子

---

[1] 王祥龄：《中国古代崇祖敬天思想》，台湾学生书局1992年版，第187页。

孝顺；兄长温厚，弟弟孝悌；丈夫仁义，妻子顺从；长子贤良，幼子顺服；君主讲究仁爱，为臣讲究忠诚。

面对凶顽的家人和凶险的家庭环境，舜不嫌不弃，赤诚执着，以大爱消融阴冷，以睿智化解阴毒，完美地将孝悌进行到底。舜的父亲瞽叟对舜毫无父爱，舜对瞽叟却"顺适不失子道"（《史记·五帝本纪》），恭敬顺从，极尽做儿子的孝心。

春秋时期郯子，天性非常孝顺。父母患眼疾，需饮鹿乳疗治。他便披鹿皮进入深山，钻进鹿群中，挤取鹿乳。猎人看到这个"鹿"，抽出箭想射。郯子便慌忙立起身来，掀掉鹿皮，把详细的情形告诉猎人，才免掉被射杀的危险。猎人非常感动，就把鹿乳送给他。双亲喝后眼睛复明。后人建郯子庙、郯子墓来怀念他。当时郯子庙塑有孔子、老子、郯子之像。人们对郯子的崇拜之情由此可见。

子路早年家贫，从百里之外负米。子路是春秋末期鲁国人，孔子的弟子，以勇敢闻名。子路小时候家里很穷，常常采野菜做饭食。有一次，年老的父母想吃米饭，怎么办呢？小小的子路翻山越岭走了十几里路，从亲戚家背回一小袋米，回家侍奉双亲。看到父母吃上了香喷喷的米饭，子路忘记了疲劳。

孝顺父母，友爱兄长，此乃做人的根本。古人认为，人的行为规范以孝为最大，也最为重要。孝道的表现，主要有四种：顺从、亲爱、尊敬和报德。用孝心来侍奉长辈，就会懂得服从；用孝意来对待朋友，就会懂得诚信。颜之推要求家族子弟顺从长辈的心意，顺承父母的心愿，对待长辈应该温声细语、和颜悦色，不辞辛苦。就悌而言，颜之推要求兄弟之间互相关心，做到"兄弟相顾，当如形之与影，声之与响"。

老莱子是春秋时楚国的隐士，尽拣美味供奉双亲，常穿五色彩衣，

上篇
内圣：修身齐家论

手持拨浪鼓如小孩子般戏耍，以博父母开怀。一次为双亲送水，进屋时跌了一跤，他怕父母伤心，索性躺在地上学小孩子哭，逗得二老大笑。

汉文帝刘恒是刘邦的第三个儿子，在位二十四年，重德治，兴礼仪，以仁孝治国，闻于天下。在位期间，没有建新房子，把省下的钱用来照顾孤儿和老人。他虽然贵为皇帝，每天都要处理很多公务，却很细心侍奉卧病的母亲，三年不解衣带，亲口尝汤药后才让母亲服用。常言道：久病无孝子。汉文帝日夜精心侍奉母亲，从不懈怠，长达三年，成为千古传颂的佳话。

有个远近闻名的大孝子——董永。董永没钱给父亲办丧事，只好卖身至一富家为奴，换取丧葬费用葬父。上工路上，董永于槐荫下遇一女子，自言无家可归，二人结为夫妇。女子以一个月时间织成三百匹锦缎，为董永抵债赎身。返家途中，行至槐荫，女子告诉董永，自己是天帝之女，奉命帮助董永还债，言毕凌空而去。

陆绩是三国时期的天文学家，六岁时随父亲陆康谒见袁术。袁术拿出橘子招待，陆绩往怀里藏了两个橘子。临别时，他不慎将橘子滚落地上。袁术嘲笑道："陆郎来我家做客，走的时候还要怀藏主人的橘子吗？"陆绩回答说："母亲喜欢吃新鲜的橘子，我想拿回去送给母亲尝尝。"

陆绩神色自若，不觉得难堪，因为他心中，母亲是伟大而神圣的，儿子孝顺父母是天经地义，没有什么见不得人的。袁术见他小小年纪就懂得孝顺母亲，十分惊奇。正是："当年橘子入怀日，正是天真烂漫时。纯孝成性忘小节，英雄从古类如斯。"陆绩成年后，博学多识，通晓天文、历算。

包拯少年时便以孝而闻名，性直敦厚。他二十八岁时中了进士，先任大理寺评事，后来出任建昌知县，因为父母年老不愿随他去，包公便辞去官职，回家照顾父母。几年后，父母相继辞世，包公这才重新踏入仕途。

对父母要孝之以"顺"，更要孝之以"敬"。孔子曰："夫孝，德之本也。"（《孝经·开宗明义章》）孟子曰："不得乎亲，不可以为人。"（《孟子·离娄上》）扩而充之，孝亦为义之本，为礼之本。推己而及人，推人而及物，推物而及天地，均系以此为始基。唐代孟郊一生穷愁潦倒，其《游子吟》写出了游子思念慈母的心情，再现了人性美："谁言寸草心，报得三春晖。"小草尚知报答春天的恩泽，何况人乎？

凡是报效祖国、事业有成的人都是尊敬和奉养父母、不忘父母养育之恩的人。司马光也认为："夫治家莫如礼。"（《家范·治家》）这里所谓的礼，即指制约家庭中父子、兄弟、夫妇为主的各种人伦关系的规范。以礼教来规范人伦，就是向子孙传授孝悌之道。人类最原始的本性表现为对母体的依恋，这在每个人的心中都有所体验。

孝敬父母、敬爱兄长，这就是仁的根本，是道德的核心。千经万典，孝悌为先。孝文化所倡导的"善事双亲""敬养父母""老吾老，以及人之老"，要求我们尊重父母的生命，也要延伸到尊重、关爱他人的生命，扩展为对亲友孝悌、对国家孝忠，升华为"助天下人爱其所爱"的大爱。

尽管自古以来人们就相信忠孝难两全的说法，但事实上一个真正为国、为人民的人就一定会尽孝。因为"孝"并不单指侍候在老人身边嘘寒问暖、烧汤做饭。常言道："好女不围着锅转，好男不围着家转。"所有父母都由衷地希望儿女能有出息。履行使命，书写忠诚，此乃利国利民，圆了父母望子成龙的心愿，又给父母脸上增光，看似缺孝实则有孝，名曰尽忠亦为尽孝。不忠则非孝，无恩则非义。

上篇
内圣：修身齐家论

忠孝不是简单的相悖或冲突，更是一种融合与共存，是圣洁的人性中至纯至美的一体两面。如岳飞谨遵母亲"精忠报国"的教诲，驰骋万里沙场，就是对母亲最大的安慰和孝敬。将这种爱延伸，如同孟子所说："老吾老，以及人之老；幼吾幼，以及人之幼。"这样才能爱他人、爱社会、爱国家。连父母都不孝敬的人，怎能说此人有人性呢？怎能说此人仁义呢？怎配担当团队的领头人呢？我们要孝敬自己的父母，还应该尊敬别的老人，爱护年幼的孩子，在全社会形成尊老爱幼的淳厚民风。

理政必先齐家

美德彰明于天下的人，先要治理好他的国家；治理好国家的人，先要整顿好自己的家；整顿好家的人，先要进行自我修养；自我修养的人，先要端正自己的思想；自我修养完善了，然后家庭整顿有序；家庭整顿好了，然后国家安定繁荣；国家安定繁荣了，然后天下太平，心安理得地与百姓同享富强盛世。

据《国语》记载，春秋时期季文子做过鲁宣公、成公两代国君的宰相，年高资深。但在他的家里，他的妻妾从来不穿丝绸衣服，他家也从不用粮食喂马。鲁国大夫仲孙它劝季文子说："您是鲁国的卿相，辅佐过两代国君，以您的资历和地位，妻妾不穿丝绸衣服，不用粮食喂马，别人会以为您很吝啬，而且鲁国也不光彩。"

季文子却回答说："我当然愿意享受荣华富贵。但是，当我看到许多老百姓吃粗劣的食物，穿破烂的衣服时，我就想着不能只顾自己享受啊！老百姓生活困苦，我却让妻妾穿绫罗绸缎，让马吃粮食，这大概不是一个当宰相的人应该有的行为吧！我还听说，为官者德行高尚是国家的光彩，没有听说过把妻妾打扮得漂亮、把马喂得肥美作为国家的光彩的！"

事后，季文子把这件事告诉了仲孙它的父亲孟献子，孟献子把仲孙它关在家里整整七天，让他深刻反省自己思想上的错误。从那以后，仲孙它的妻妾也只穿粗布衣服，马的饲料也只有野草了。这个消息不胫而走，在季文子的倡导下，鲁国朝野出现了俭朴的风气，并为后世所传颂。

据《后汉书》记载，汉明帝的姐姐馆陶公主曾请求汉明帝封她的儿子为郎官，但遭到汉明帝拒绝。当时大臣们都不理解皇帝的这一行为，于是汉明帝对大臣们说："郎官同天上的列星相对应，担任这个官职，就要管理百里之地，假如用错了人，就会使那里的百姓深受其害，苦不堪言，所以我实在难以答应馆陶公主的请求。"

宋代包拯认为清廉是为人做官的根本。他曾写了一则《家训》刻在石碑上，立在庐州老家的堂屋前面，振聋发聩："后世子孙仕宦，有犯赃滥者，不得放归本家；亡殁之后，不得葬于大茔之中。不从吾志，非吾子孙。"子女无德，纵有万贯家财，也会挥霍一空，甚至招来灾祸。领导者应把优良品德留给子女，励其为天地立心、为生民立命、为万世开太平。

中国传承下来的古代家训有十余万种，形成了中国古代特有的家训文化，可谓是"人必有家，家必有训"，是值得人们借鉴的优秀文化遗产。中国历史上第一部家训是颜之推的《颜氏家训》，开了我国家训的先河。

朱德曾告诫子女："要接班，不要接官，接班就是接为人民服务的思

上篇
内圣：修身齐家论

想和本领。"[1]朱德的儿子和儿媳参加土改后尚未分配新的工作，朱德语重心长地对他们说："你们两人都是共产党员，分配到哪里应由组织上决定，要服从组织安排。"朱德逝世后，康克清遵照朱德遗嘱，将两万多元存款全部交给党组织，作为朱德的最后一次党费。女儿朱敏深情地说："父亲留给我的财富是世界上最富有、最丰厚的，它让我生活充实，让我心地纯净，让我拥有一颗贴近人民的平常心。"

党员干部管好自己和管好家属同样重要。党员干部能不能过好"亲属关"，能不能抵御住"枕边风""膝下语"的侵蚀，是个很现实、很严肃的考验。综观近年来查处的党员干部违法违纪案件，许多都与亲情有着密切联系。

一些意志薄弱的党员干部的亲情观发生了严重扭曲，经不起"枕边风""膝下语"的侵蚀，凭借党和人民赋予的权力为亲友牟取私利，你器重我的亲友，我关照你的眷属。在以个人利益为半径的"人情"交往圈中，渐渐地疏远了对人民之情、淡漠了对群众之爱，渐渐陷入了腐败的泥淖，最终身败名裂，教训极为深刻。

惟俭可以助廉

在源远流长的古代家训中，节俭思想包含了崇德向上的美好向往。强调节用喜惜物，但又不贪恋物、不为物所役。比如《左传·庄公二十四年》记载："俭，德之共也；侈，恶之大也。"意指作为道德起点的节俭，不仅是一种生活态度，更是一种修身养性、涵养修为的手段。

---

[1]《回忆朱德》，中央文献出版社1992年版，第434页。

诸葛亮在《诫子书》中有脍炙人口的佳句,"静以修身,俭以养德","非淡泊无以明志"。唐代韩休训子以俭德为法。韩休官至宰相,生活俭朴,教子甚严。所生七子,皆有父风。陆游《放翁家训》说:"天下之事,常成于困约,而败于奢靡。"朱伯庐在《治家格言》中教导后代,"一粥一饭,当思来之不易;半丝半缕,恒念物力维艰","自奉必须俭约","居身务期质朴",生动具体地阐述了节俭的理念。清代康熙皇帝在《庭训格言》中说:"'俭以成廉,侈以成贪',此乃理之必然矣。"他认为节俭与官德紧密相关,奢侈的生活方式是造成贪污腐败的根源。

自古以来,一切伟人、贤士都主张过简朴的生活,目的就是不当物质欲望的奴隶,抛弃个人功利,抛去浮华奢靡,视荣华富贵"于我如浮云",宠辱不惊,永远保持人格上的高尚和精神上的自由。

李世民二十六岁就当皇帝,成了历史上少数几个年轻有为的皇帝之一。他非常注重节俭,深知物力维艰。他即位后,居住的还是隋朝时期的旧宫殿。在他的带动下,朝廷上下逐渐形成了崇尚节俭的风气,并出现了一大批以节俭闻名的大臣。

北宋政治家范仲淹,出任参知政事,整顿吏治,培养人才,不畏权贵,百折不挠,不因自己的处境改变志向,为天下苍生尽全力。范仲淹的儿子范纯仁,深知父亲廉洁如水、勤俭节约的习惯和家规,在成婚前夕,只打算买两件稍微好些的衣服。谁知范仲淹得知后,板起面孔说道:"婚姻自然是人生大事,但这与节俭有什么矛盾?怎么可以借口'人生大事'而奢侈浪费呢?"

父亲的一番话说得范纯仁满面羞愧,他鼓足勇气对父亲说:"范家节俭的家风,孩儿自幼熟知,购置奢华贵重用品,儿子知错。可是有件事孩儿苦恼多时,想如实禀报父亲。新人想以罗绮做幔帐,孩儿知道这不

上篇
内圣：修身齐家论

合范家家风，故不敢答应，可她的父母又出面提出，孩儿碍于情面，没敢再坚持下去。"

范仲淹听后勃然大怒："你知错认错，我不再追究。但是范家几十年来，以节俭自守，以奢侈为耻。用罗绮做幔帐，岂不坏了家风？情面事小，家风事大。你可以告诉他们，如若坚持以罗绮做幔帐，那我范仲淹就敢把它拿到院子里烧掉！"

由于范仲淹的坚持，范纯仁的婚礼办得节俭，既没有购置贵重奢侈的物品，也没有举行隆重奢侈的婚礼，不仅范仲淹的家风得以维持，同僚们也从中受到很深刻的教育。

北宋名臣、史学家司马光，官至宰相，位极人臣，继承祖上遗训，一生以俭素为美，不喜华衣奢靡，衣取蔽寒，食取充腹，勤廉自守，反对奢华，深受百姓爱戴。他告诫子女要懂得"俭则久，久则平，平则稳"的道理。司马光在《训俭示康》中，旁征博引，循循善诱，告诫儿子："由俭入奢易，由奢入俭难。"司马光又援引春秋时鲁国大夫御孙说的话："俭，德之共也；侈，恶之大也。"然后解释道德和俭约的关系。他说："言有德者皆由俭来也。夫俭则寡欲。君子寡欲则不役于物，可以直道而行；小人寡欲则能谨身节用，远罪丰家。"反之，"侈则多欲。君子多欲则贪慕富贵，枉道速祸；小人多欲则多求妄用，败家丧身"。

人的一生中，无论在贫穷的时候，还是在宽裕的时候，都应始终保持节俭这种美德，这是自身健康成长的内在要求。节俭不但能使人养成刻苦自励的精神，还可以远离祸灾。节俭乃充分利用生命之艺术，崇尚节俭乃诸美德之本。清代钱泳在《履园丛话·安安先生》中说："惟俭可以惜福，惟俭可以养廉。"

毛泽东等老一辈革命家，无论是在什么时候，都一直保持着艰苦朴素的节俭作风。中华人民共和国成立后，他们也依旧没有改变，还是秉持着原来的作风，继续过着非常节俭的生活。毛泽东对自己身边的家人也非常严格，甚至他的儿子毛岸英结婚的时候，婚礼都非常简朴，新人连像样的礼服都没有，婚宴上也只不过是湖南的家乡菜。

习近平同志就曾说过："爸爸平生一贯崇尚节俭，有时几近苛刻。"中国人历来注重家风："勤俭治家之本，和顺齐家之本，谨慎保家之本，诗书起家之本，忠孝传家之本。""治家严，家乃和；居乡恕，乡乃睦。"（《格言联璧·齐家类》）显而易见，良好的家风能够让子孙后代受益无穷。

贪恋女色误前程

从古到今，多少人经不住女色的诱惑而身败名裂。说是美貌倾城的妲己的罪过，导致商纣王败亡，却有悖于史实，其根本原因是殷商统治集团政治腐朽；战争的胜利冲昏了纣王的头脑，他爱江山更爱美人，开始追求荒淫无道、花天酒地的生活。生活上的荒淫腐败必然导致政治上的倒行逆施。商纣王沉湎于酒色，玩物丧志，政治上便无所作为，而且日益倒行逆施。

自李世民、武则天到李隆基，唐朝经历了近百年的励精图治，进入了唐朝的辉煌时期。李隆基从712年到756年在位，开创了开元盛世，可与唐太宗相媲美。后来，这位酷爱音乐、精通音乐的唐明皇，被杨玉环的美色和舞姿惊呆了，已经神魂颠倒，从此坠入温柔乡中，"后宫佳丽三千人，三千宠爱在一身。""飘然转旋回雪轻，嫣然纵送游龙惊"。唐明皇忘记了自己对国家的责任，政务日渐荒疏，后来干脆不上朝了。于是先是李林甫，后是杨国忠，这两个宰相怎样排斥异己，怎样专横跋扈，

上篇
内圣：修身齐家论

他都无心过问。他从此变成了一个失败的君主，唐朝的政治经济危机日益加剧，终于在755年酿成了"安史之乱"。

正在唐玄宗与杨贵妃骄奢淫逸、难舍难分的时候，"渔阳鼙鼓动地来，惊破霓裳羽衣曲"，唐玄宗失掉江山社稷，又没保住绝代美人。唐玄宗逃亡中，士兵哗变，他失掉了爱妃，也丢掉了皇冠，落个国家、美女两空空，凄惨惨。

人世间，唯有钱财、美色、权位，最是"双刃剑"，最能迷惑人，最有腐蚀性。处理不好，纵欲无度，人格分裂，使人变坏，害己害家。明知不合适、不合情、不合法，却身不由己去做，势必产生不好的结果：亲手摧毁家庭的温馨港湾，葬送自己的政治生命，断送自己的美好前程。

食色性也的性行为，直接关联到羞耻的意识上。"耻"的基本义项是"耻感"，就是指人在做了自己明知不应该去做或被人劝说去做不应该做的事时，心里就涌起逆向情感、逆向意识，感到脸面愧怍，甚至无地自容，继而反省自己，幡然改正。羞耻心是一个人的道德底线，是做人的"脊梁骨"。陈毅的《含羞草》诗云："有草名含羞，人岂能无耻？"可见做人、为政，不可忘却这个"耻"字，树立正确的荣辱观，有一种"其心愧耻，若挞于市"的耻辱感。一方面，要明荣辱，知身外之耻，自觉地抵制不道德行为对自己的影响和侵袭；另一方面，敢于自我批判、自我解剖，用锋利的"手术刀"把自己身上一些"病灶""毒瘤"割掉。激励自己以廉洁从政、艰苦奋斗为荣，以贪污受贿、奢侈腐化为耻。

如果腐败分子有了权力、金钱、美女后还不满足，全无廉耻之心，那么他将臭名远扬，哪个会有好结果呢？安徽省阜阳市人大常委会原副主任、太和县委原书记刘家坤，原本是勤廉兼优的党员干部，多次受到上级有关部门表彰，最终因为一个女人、一段婚外情而走上贪腐之路，上演了一场自己弄权、情妇收钱的贪腐剧。2014年1月24日，刘家坤因受贿案被判处无期徒刑；其情妇赵晓莉犯受贿罪，被判处有期徒刑十三年。

对掌握重要权力的党员干部来说，只要有了"花心"，动了念头，美女就会投怀送抱。外在的诱惑瞄准的是你内在的欲望。能否抵制诱惑，最重要的还是内因——自律意识，以事业为重，控制自己的欲望，抵挡住美色的诱惑，毅然与决然地按捺、控制、战胜欲望，不让美色的诱惑左右着你的思想，指挥着你的行动。

必须强调羞耻心以巩固道德的堤防，不使人类动物性的本能趋于放任而泛滥。有耻与无耻对人来说将有完全不同的两种人生态度和做人准则，是"立人之大节"，"若无耻心，则无事不可为矣"。从没有羞耻到有羞耻，改行从善，终生就不再有羞耻之累了。党员干部应经常检点自己的所作所为，通过自省和反思而知耻，做到自爱、自重、自尊、自警和自励。

要加强对党员干部八小时之外生活圈的监督。打击"桃色贪官"，惩处情妇。凡是喜欢玩弄女性的官员，不管他有多能干，有多大本事，都应运用组织的力量使他远离权力。依据《中国共产党纪律处分条例》，与他人发生不正当性关系，造成不良影响的，给予警告或者严重警告处分；情节较重的，给予撤销党内职务或者留党察看处分；情节严重的，给予开除党籍处分。

感恩：不可磨灭的良知

中华民族是一个有着悠久历史传统的礼仪之邦，是最懂得感恩的民族。古往今来，流传着许许多多知恩图报的动人传说，展现了感恩的美

上篇
内圣：修身齐家论

德，展示着感恩的圣洁，诠释了淳朴的民风。五湖四海情为重，三教九流义当先。

人人为我，我为人人；心中无我，我不负人。这十六个字也可引为人际交往的成功之道。从感恩中可以验证心灵的美好。只要你胸中常怀感恩的心，就会不断涌动着温暖、自信、善良等美好的品格，自己与同志、亲友之间能创造一种友善的氛围。"千金一饭犹思报，肯负高皇吐哺恩。"当年韩信穷得没饭吃，河边漂母连续几十天给韩信送饭。韩信做了王侯，用千金来酬谢漂母，可见韩信是个知恩图报的人。感慨于斯，笔者赋七律《咏韩信》（新韵）：

胯出忍辱见屈身，食乞妇人志尚存。
吉日登坛称将帅，陈仓暗度乃军神。
一生多护新朝鼎，九死只为明主恩！
徒用千金酬一饭，英雄风范永铭心。

懂得感恩，就会发现事物的美好，脸上会洋溢着甜蜜和喜悦，原本平淡的生活会焕发迷人的光彩。感激生育、抚养你的人。父母养育之恩，应当铭记在心，感恩一辈子。十月怀胎，冒险分娩，精心喂养，呕心沥血，养育成人，望子早日成才，极尽精力、财力、物力。儿行千里母担忧，冷暖成败均在父母惦记之中。无论你当多大官，不管你发多大财，父母之大恩大德当终身相报，切莫做不肖子孙。

魏晋时期，王裒博学多能，以教书为业。其母在世时怕雷，死后埋葬在山林中。每当风雨天气，听到雷声，他就跑到母亲坟前，跪拜安慰母亲说："裒儿在这里，母亲不要害怕。"他教书时，每当读到《蓼莪》

篇，就常常泪流满面，思念父母。

　　有一首歌深情唱道："没有天哪有地，没有地哪有家，没有家哪有你，没有你哪有我……"柏拉图说："父母最当敬重之，不可不报其恩……父母生我育我，其厚恩直无可比拟，故吾当在财产上、身体上、精神上竭吾力以报之。对于父母，不可有丝毫不敬之心意与言行。""恒言不称老。年长以倍，则父事之；十年以长，则兄事之。"（《礼记·曲礼上》）平时说话不得妄自尊大，遇到年长自己一倍以上的人，当作父辈来对待；遇到年长自己十岁左右的人，就把他当作兄长来对待。朱德在抗日战争的艰苦岁月里，节衣缩食，把省下的一部分钱寄给母亲。母亲去世后，他悲痛万分，写下了情真意切的文章《回忆我的母亲》。

　　感激配偶体贴之恩。夫妻本是同林鸟，大难来时相互扶持。在世间，哪一个成功人士，能离开另一半的孜孜帮助、默默奉献呢？孔繁森、汪洋湖当上层次较高的领导干部之后，都由衷地感激这一辈子有个好妻子。夫妻共同经营家庭，生儿育女，赡老哺幼，同甘共苦。一日夫妻百日恩，夫妻之恩切莫被功利社会之俗所吞。

　　兄弟姊妹同样的亲情同一个根，同是父母的血脉，同是父母基因遗传，如同手足；早年曾在同一家庭成长，互相帮助，刻骨铭心。因此，兄弟姊妹手足之恩也是不能忘记的。被钱权利色毁灭的手足情虽是极个别现象，但不可不引以为戒。

　　感激抚养、关爱、帮助过你的人，才会尽可能地去帮助他人。一个不懂得感恩的人，谈不上爱父母、爱同志、爱集体、爱祖国，不可能关心、帮助、体谅他人，谁还相信你的为人？谁愿意与你交往呢？人长大成家立业，不常与母亲生活在一起，但心中不能忘记母亲。贪官胡长清到江西任副省长后，辜负了党组织的培养和信任，辜负了老母亲的抚

上篇
内圣：修身齐家论

养和疼爱。他能把那么多的钱给情人，却对老母亲很吝啬，一年难得看上一两回，听不进母亲的谆谆教诲，不把母亲放在眼里。鸟之将亡，其鸣也哀；人之将死，其言也善。胡长清临刑时说，一生中最对不起自己八十岁的高堂老母。可惜他悔恨之言说得太晚了。

古往今来，有些人身处高位的时候，逐渐忘记了感恩，淡忘了当年帮自己渡过难关的人，淡忘了照亮过、爱过自己的人，看到昔日的亲友故交视而不见，甚至卑鄙地伤害他们。忘恩的人不念你的好处，只记得你的坏处，纵使你对他鸿恩浩荡，也难以感动他。有些人忘记了恩人对他的无私帮助，背弃了原来的感恩戴德之义，甚至反目成仇，恩将仇报，悲哉！

贾雨村并不是《红楼梦》中无足轻重的角色。他受甄士隐资助赴京赶考，名登金榜后回来当知府。被拐卖的婢女甄英莲是甄士隐的女儿。按理说贾雨村应该在审理此案时把英莲解救出来，以报答甄士隐。但贾雨村忘恩负义，自私冷酷，乱判此案，致使英莲父女永隔，有家难回，客死薛家。"因嫌纱帽小，致使锁枷扛。"贾雨村最后被撤职监禁，身陷囹圄。

如果不懂得感恩，甚至忘恩负义，总是抱怨太多，感激太少，即使获得了精神财富和物质财富，也感受不到人生的多彩和美好，落难时更无人愿意帮助。如果心中怨恨多于快乐，如果心中充满怨恨，就没有多少愉悦的心情，就没有多少感恩之心，而且会损害身心健康。

感恩是思维上的理智和心灵上的和谐，是一个人不可磨灭的良知。在处理人际关系中，千万不要把别人为我们付出的善良与好意当成理所当然。感恩是对生命恩赐的领略，感恩是对生存状态的释然。曾国藩说一个人"如觉天之待我过厚，我愧对天；君之待我过优，我愧对君；父母待我过厚，我愧对父母；兄弟之待我过厚，我愧对兄弟；朋友之待我过重，我愧对朋友，便处处皆有善气相逢"[1]。由此观之，人要有良知，人不能忘本，心不能失真。做人要懂感恩，以心换心，将心比心。

经典故事 >>

东方常驻圣贤风

舜帝被称为中华"道德始祖"。《史记·五帝本纪》称"天下明德，皆自虞帝始"。尧舜，古代传说中的"圣人贤君"。毛泽东在《七律二首·送瘟神》中写道："春风杨柳万千条，六亿神州尽舜尧。"刘少奇在《论共产党员的修养》中引用了《孟子·告子下》中的"人皆可以为尧舜"。

舜亲自参加种田、捕鱼、烧制陶器。在他的德行感化下，那些争夺地界的农民，争夺渔场的渔民，都能够和睦相处了。他居住的地方，一年变成村庄，两年变成城镇，三年变成都市。舜的业绩和名声就传出去了。

尧帝一表人才，从面相上看天庭饱满，一双眼睛明亮有神。尧帝勤勤恳恳地为百姓做事，很善于治理天下。尧是一代明君，史称其仁如天，其智如神。尧帝年老的时候，没有让自己的儿子丹朱做继承人，因为丹朱狂妄、嚣张、顽劣。尧帝询问可用之材，四方诸侯都推荐说虞舜可以。于是尧把两个女儿娥皇和女英嫁给舜做妻子，送给他许多土地、粮食和

---

[1]〔清〕曾国藩：《曾国藩全集·日记》第四卷，河北人民出版社2016年版，第13—14页。

上篇
内圣：修身齐家论

食物，以观察他内在的德行，考验他治家的能力；还派了九个男子来辅佐舜，以观察他外部的表现，了解他处事能力。

据《史记·五帝本纪》载："瞽叟爱后妻子，常欲杀舜。"舜的父亲瞽叟心术不正，竟与舜的后母及弟弟象合谋暗害舜，好让象一个人继承父母的全部财产。一次，瞽叟让舜登上仓库顶上干活，等舜上去后，他就抽掉梯子，然后在下面纵火要烧死舜。舜急中生智，展开两个斗笠，鸟儿展翅般跃下仓库，安然无恙。

瞽叟和象一计不成，又生一计。过了几天，瞽叟让舜打井。舜从井边挖掘一条通道。瞽叟见井已挖得很深，就和象往井里填土、落石，舜从暗道逃脱。瞽叟等人都以为舜已经在井里了，一起商量着分舜的家产。象说："最先出主意的是我。舜的两个妻子，我都要了；牛羊和谷仓都归父母吧！"当作恶之人看到若无其事的舜，大为惊诧。舜却不计较，仍宽宏大量地为人处事。

舜之所以能一而再、再而三躲过灾难，主要是靠了两位妻子的鼎力相救，才化险为夷。舜的妻子还经常到她们的父王尧那里去汇报舜的情况，使尧对舜更加信任，并很快把舜提拔到朝廷里来任职。尧决定先考验考验舜，看舜够不够得上做他的接班人。

舜十分重用人才。当时高阳氏家族有八个才子，被人们称作"八恺"。高辛氏家族也有八个才子，被人们称为"八元"。这些人在尧的时代未被重用。舜起用了他们，让他们管理农田，他们按时耕种，获得丰收；教他们宣扬五种伦理，出现了父义、母慈、兄友、弟恭、子孝的局面，家庭和睦，社会祥和。

同时，舜还疾恶如仇，敢于同一些结党营私、专谋私利的同僚作坚决的斗争，先后协助尧罢免了帝鸿氏、颛顼氏等"四凶"的官职，并把他们流放到外地。

舜在尧的身边干了二十八年，尧决定正式把王位禅让给舜。舜觉得尧有自己的儿子，王位应该由尧的独生子来继任，便坚辞不就。

尧去世后，舜主持把尧的丧事办完之后，就躲进了深山老林不再出来，让人们有事找尧的儿子商量请示。但人们只相信舜而不相信尧的儿子，无论大事小事都要偏偏远道去找舜，而不就近去找尧的儿子。老百姓打官司，坚持要舜出来判决，别人判决他们都表示不服。

在众首领的一致推举下，舜正式担当起了部落联盟大首领的职务。舜从未有意识地去获取民心，但由于淳朴、坚强、虚心，一次次地获得成功。

舜做了国君之后，车上载着天子的旗，回家乡看望父亲瞽叟，还像以前那样孝顺，恭恭敬敬，诚惶诚恐，终于使得瞽叟感动。舜又把弟弟象封到有鼻做诸侯。象觉得哥哥真是仁爱宽大，渐渐改掉了恶习。孔子在《中庸》里感叹地说："舜，真是大孝之人啊！他的道德高尚可以称得上是圣人，他的品行可以成为天子。"

舜做国君多年，做了许多有利于人民的事情。他制定了各种法律，其中的"鞭作官刑"，就是用鞭笞来当作治官的刑罚；规定三年对百官进行一次考核，九年进行三次考核以后，根据他们的能力和成绩，进行提拔和降免。

舜担心自己见闻有限，办事有过失，于是广泛听取天下人的意见，征召贤人，重用人才。他作了五明扇，立了诽谤木，让人们在上面写上国君的过失和建议，古时称"告善之旌""诽谤之木"（如《晋书·郭舒传》载"尧立诽谤之木，舜置敢谏之鼓"）。这个"午"字形的"诽谤之木"，相当于意见箱，亦即天安门前华表的前身。

上篇
内圣：修身齐家论

舜的一生，非常喜欢音乐。尧把两个女儿嫁给舜的时候，赏赐给他一张琴。据说舜因为演奏了箫韶的乐曲，连凤凰都飞来朝见他呢。至于舜一个人独居的时候，就只是喜欢弹五弦琴，伴随着琴音，唱一首他自己写作的叫作"南风"的歌曲——"南方吹来的清凉的风啊，可以消除人民的愁烦！南方吹来的及时的风啊，可以增长人民的财富！"

舜在位三十九年，最后没把王位传给平庸的儿子。经过多年考核，用推举的方式，把王位传给治洪水有大功的禹。他退下来后，搞些调查研究工作。

舜在晚年到南方巡狩，不幸病死于苍梧之野，葬于九嶷山。噩耗传来，国中臣民无不悲哀。"君妃二魄芳千古，山竹诸斑泪一人。"舜帝的两个曾经和他共患难的妻子娥皇和女英非常伤心，千里迢迢，前往奔丧，哭得泣不成声，泪如泉涌。眼泪洒在当地的竹子上，凝成了斑斑点点的泪痕。从此，南方就有了这种带有泪痕的斑竹，被人们称为"湘妃竹"。大禹殡葬了帝舜，携娥皇、女英返都。这二妃哭得肝肠欲裂，痛不欲生，当乘船过湘水时投江自尽，以身相殉，报答知遇之恩，被人们称为湘水女神、湘妃，至今还留下许多美好的传说。

毛泽东曾写一首优美的《七律·答友人》："九嶷山上白云飞，帝子乘风下翠微。斑竹一枝千滴泪，红霞万朵百重衣……"唐代高骈则有《湘妃庙》："帝舜南巡去不还，二妃幽怨水云间。当时珠泪垂多少？直到如今竹尚斑。"

中华民族的圣君明主，无不是以好品德来表率天下。舜帝对人仁爱宽容，对不慈的父母的"孝"，对不义的弟弟象的"悌"，没有一点怨言，一切都是那么温馨和谐，使世人感动。

孔子说，"舜其大孝也"，正所谓"孝悌之至，通于神明，光于四海"。

舜二十岁时便以孝闻名天下，三十岁时尧帝寻问可用之人，四方诸侯都推荐舜，于是尧帝将两个女儿娥皇和女英嫁给舜。二女为舜的孝行所感动，不敢恃贵而骄，甚为贤惠，是舜的得力助手。这两位聪明美丽的妻子给了舜无穷的力量。没有心计的舜总能逢凶化吉，顺利地通过了尧对他的能力所进行的考试。

舜以其身体力行的德风，感召他所耕作的历山之地，家家学会谦恭，没有了土地纠纷；渔猎的雷泽湖畔，人人学会礼让，纷纷把好的位置让给老人；陶匠做出了精美耐用的陶器；来到他的周围居住的人越来越多，聚成村落，扩大为城镇、都市。

后来，尧帝把王位放心地让给了舜。娥皇做了王后，女英做了王妃。而她们服侍和照顾瞽叟和弟弟，仍旧和从前一样的恭敬。皇英姐妹这种谦虚谨慎、恭敬勤俭和尽守本分的举动，也成了天下女性学习的良好典范。

从《论语》到《孟子》等典籍对舜帝的赞语较多。孟子云："舜何人也？予何人也？有为者，亦若是！"唐代周昙在《虞舜》中说："进善惩奸立帝功，功成揖让益温恭。满朝卿士多元凯，为黜兜苗与四凶。"唐代项斯在《舜城怀古》中说："禅禹逊尧聪，巍巍盛此中。四隅咸启圣，万古赖成功。"

《论语》六经播故园

高高的山岭令人景仰，宽广的大路导人遵循。孔子是儒家文化的创始人，名扬中华天地间，被后世尊称为圣人。孔子用毕生的艰辛努力，

上篇
内圣：修身齐家论

主张"爱人""仁政"，力劝统治者改邪归正，强调美德与道德价值，以恢复社会的安宁与和谐。

孔子成年以后，做过仓库管理员，出纳钱粮准确；担任过管理牧场的职务，把牛羊牧养得又肥又壮；后来，他出任主管工程的司空。孔子五十岁时，升为大司寇（主管司法），专管刑罚。

当时鲁国有个叫少正卯的人，品行恶劣，邪言惑众，有危害国家安全的预谋。孔子说："鲁之不振，由忠佞不分，刑罚不立也。夫护嘉苗者，必去莠草。"（《东周列国志》第七十八回）他以鲁司寇的身份坚持诛杀了少正卯（有的学者认为孔子诛杀少正卯一事，是战国末期法家人物虚构之说）。

孔子热心救世，不辞辛劳，参与国政颇有成绩——贩羊卖猪的商人不敢哄抬价钱；行人男女分开走路，各守礼法；四方旅客来鲁国，都会给予照顾。

齐国唯恐鲁国强大起来，称霸于诸侯，于是选了八十名美女和一百二十匹好马送给鲁定公。鲁君因此沉迷于声色犬马，荒于政事，使孔子非常失望，决定辞官。在离开鲁国时，孔子引《去鲁歌》说，"彼妇之竭，可以死败"，意谓那些迷惑人的女人，足以败国亡身。

为了实现自己的政治抱负，公元前497年，五十五岁的孔子离开父母之邦，开始了长达十四年的周游列国之生涯。虽然他的人生坎坷多难，但他不屈不挠，意志坚定。他到过卫国、陈国、楚国、宋国、郑国、蔡国等国，然而也没有找到志同道合、可以共事的国君，历经磨难，颠沛流离，"像条无家可归的丧家狗"，于是回到鲁国，退而修诗书礼乐，留下了很多至理名言。孔子从卫国回到鲁国后，鲁哀公问孔子为政的道理。孔子回答说："为政最重要的是举用正直的人，屏退奸邪的人，人民就信服；举用奸邪的人，屏退正直的人，人民就不信服。"

孔子回到鲁国后，见自己的政治抱负无法实现，就决心以全部精力用于教育事业。孔子是中国历史上第一个伟大的教育家。他创办私学，提出了"有教无类"的口号，一改以前只有贵族子弟才能读书的传统，在平民中招收学生，既有鲁国的，也有别的国家的。他以德行、言语、政事、文学来教导弟子，还把礼节、音乐、射箭、驾车、写字、算术等"六艺"的技能教给学生。他根据每个学生的不同特点，把握对方不同的个性，因材施教。

有一天，子路问道："老师，听到了是否马上就行动？"孔子回答："你有父亲和哥哥在，怎么能不向他们请示就贸然行事呢？"过些天，冉有向孔子请教同样的问题，孔子回答说："听到了当然要马上行动！"

这两次谈话，孔子的学生公西华都在场，心中疑惑不解，问老师："为什么同一个问题有两个答案呢？"孔子说："冉有办事畏缩犹豫，所以我鼓励他看准了就马上去做。而子路性子急躁，好勇过人，所以我得约束他一下，叫他凡事三思而后行，征求父兄的意见。"

孔子致力于培养仕君子，成为贤才。孔子主张"学而优则仕"，让国家政权掌握在高素质的文化人手中。孔子培养了好多有才学、有品德的学生。相传孔子有学生三千名，有成就的弟子七十二人。

孔子的另一重大贡献，是整理编订古代文化典籍《诗经》《尚书》《礼记》《乐经》《周易》和《春秋》。孔子说："后世的人因为《春秋》而知道我，也因为《春秋》而批评我。"说明他对《春秋》确实下了很多功夫。孔子修《春秋》，开私人修史先例，这在中国历史上也是有创造性的功绩。这几种书称为"六经"，除《乐经》失传外，其他"五经"流传到现在。章太炎在《检论·订孔上》中说："追惟仲尼闻道之隆，则在

上篇
内圣：修身齐家论

六籍。""令人人知前世废兴，中夏所以创业垂统者，孔氏也。"

一个崇高世界的出现，首先是造就一批崇高的人，这正是儒家学说生命精神之所在。《论语》是孔子的弟子及其再传弟子记录孔子言行的一部儒家经典。《论语》中言及"君子"多达一百零七次之多，不失为孔子人格理想的一道光环。孔子提出著名的"和而不同"之理念，首先要承认并尊重"不同"，有了"不同"之间的互相尊重，才有"和"的可能，这是人类普遍承认和遵守的基本价值观。

孔子极力提倡仁、义、礼、智、信。孔子的思想以"仁"为中心。他把"仁"看得比生命还重要。他老人家以深邃的思想、仁爱的情怀，第一个唱出了"让世界充满爱"。

孔子认为实现"仁"的手段是"礼"。他说，克制自己，使言行合于礼就是仁。每天都做到"克己复礼"，天下就是仁的天下。齐景公问政，他答以"君君、臣臣、父父、子子"，讲的是礼。孔子说："礼失则昏，名失则愆。"（《孔子家语·终记解》）

孔子是最早倡导终身学习的人，他把学习看作是一切美德的基础和泉源。孔子谦逊好学，不放过每一个学习机会。他学习知识，讲求学深学透，绝不似是而非，半途而废。孔子学习知识达到了"发愤忘食，乐以忘忧，不知老之将至"的程度。孔子晚年学习《周易》十分认真，由于读的遍次太多，以至于把编连竹简的皮绳弄断了多次，史称"韦编三绝"。他说："如果我能够多活几年，治《易》就会很有成就。"

孔子在学习中总是"每事问"，向所有内行人学习。有人说："谁说陬人之子懂得礼呢？进入太庙，什么都要问，懂得礼怎么会每件事都要讨教？"孔子听见议论，说："这正是礼。"在他眼里，处处有学问，从可为师。他说："三人行，必有我师焉，择其善者而从之，其不善者而改

之。"(《论语·述而》)

孔子在《论语》的开篇召唤人们学习,从学习中培养能力,改变人生,感受兴趣,倡导朋友之间的切磋。子路比孔子小九岁,天真率直,毫无心机,喜怒全形于色。子路曾以南山之竹自比,认为只要有好的天赋就不需要学习。子路说:"在南山生长的竹子,不必处理自然根根挺直,砍下来当箭射,可以贯穿犀牛皮,像这样的天生美质,又何必要学呢?"孔子说:"如果在后面装上羽毛,前头装上箭头,不是能射得更直、更远吗?"孔子教育子路不要满足于天赋,而要通过不断学习来提高自己。

孔子经常把诗歌当作向弟子进行教育的重要科目之一。他说,年轻的人为什么不多学习些诗歌?诗歌可以给人鼓舞,给人借鉴……

孔子有相当深厚的音乐素养,是一位音乐大师。他三十五岁时,曾因鲁国动乱到过齐国,专门和齐国太师讨论音乐问题,欣赏《韶》乐,痴迷到三个月不知肉味的程度。他在周游列国期间,向卫国师襄子学习弹琴。

孔子的学说到汉武帝"独尊儒术"的时候才兴盛,孔子被尊为"至圣先师"。

孔子的一生是平凡的,又是伟大的,曾位列卿相。他通过勤奋学习改变命运,创立儒家思想,在中国影响深远,潜移默化地影响着每一个中国人。

上古时期,称轩辕黄帝、尧舜禹汤等有权有位的领袖人物为圣人。到了两千五百多年前,一位无权无位、不太得意的孔夫子被人们赞为圣人。子贡说:"仁且智,夫人既圣矣。"这是对"圣人"这一概念的最好概括。

上篇
内圣：修身齐家论

从容谋略敢屠龙

在汉初三杰中，张良是唯一没有担任具体军政要职的人，但他那出色的智谋和业绩，闪耀着智慧的光芒。刘邦说："夫运筹策帷幄之中，决胜于千里外，吾不如子房。"（《史记·留侯世家》）张良（？—前189或前190），字子房，相传为城父（今河南襄城西南）人，本姓姬。古代军事将领，足智多谋，善于用计。《史记·留侯世家》记载，张良的相貌，美如妇人，须似青丝。古人认为这种人聪明过人，足智多谋。其先辈五世为韩国贵族。父亲张平做过韩釐王、韩悼惠王两朝的宰相。韩国被秦始皇所灭后，张良不惜舍弃万贯家财，为韩国复仇。

"一击车中胆气豪，祖龙社稷已惊摇。"秦始皇经过荆轲事件，警卫森严，出巡备有多辆副车，以假乱真。张良和一名大力士狙击秦始皇于博浪沙（今河南原阳东部），挥起一百二十斤重的铁锤，向秦始皇乘坐的车辆砸去，不料却砸在副车上，狙击未遂。秦始皇大怒，下令在全国大举搜索十日，追捕刺客。

张良事败身危，逃亡到下邳。残酷的现实逼使张良猛省。个人单枪匹马与掌握了国家机器的皇帝挑战，无异于以卵击石，如同飞蛾扑火。此时的张良已步入中年，修养与思想也逐渐成熟起来。张良每日在下邳城郊外桥头散步，思虑今后的行动。有一天，张良偶然巧遇黄石公，给他的命运带来了转机。

一天，张良闲步于圯桥头，见一位须发皆白的老者，故意把鞋子掉到桥下，很不客气地叫张良下去给他拾鞋。血气方刚的张良既吃惊又生气，可是转念一想，这是一位可怜兮兮的老人，于是强压着火气，下桥取鞋。不料老者伸出脚说："来，给我穿上！"张良想既然已拣上来，干脆替他穿上吧，于是屈下身来给老人穿鞋。老者起身含笑而走，张良颇为诧异：此人莫非世外高人？

老者走了一段路又返回来，对张良说："你是个大有前途的青年人。五天之后的黎明时分，你在桥头等我。"五天之后，张良如约前来，却发现老者已先到了。老者一脸怒气，对他说："与老年人相约，你怎么能迟到呢？五天后再来！"五天后，鸡刚叫，张良就赶到桥头，还是迟到了，老人又推迟五天。又过了五天，张良半夜就冒着寒风，摸黑赶到站在桥头恭候。过了一会儿，老者来了，高兴地说："你就应该这样啊！"然后，从怀中掏出一件无价之宝——《太公兵法》，交给张良，说："读了这部书，就可以做帝王的老师，帮助君王治国平天下了！"

从此，张良日夜攻读这本《太公兵法》，深悉谋略，成为军事家。李白在《经下邳圯桥怀张子房》中为这段历史故事赋诗："……我来圯桥上，怀古钦英风。"

张良在下邳一住就是十年。张良复仇之心没有死，他选择地理位置四通八达的下邳就别有深意，他要联络四方豪杰，走一条新路。他仗义行侠，结交朋友。楚国的项伯（项羽叔父）因为杀了人也逃到了下邳，靠着张良的帮助，藏匿起来，他们成为莫逆之交。

秦二世元年（前209）夏天，我国历史上第一次农民起义爆发了。秦始皇三十七年（前210），一代杰出帝王秦始皇突然病死。二世胡亥窃位登基。从此，秦王朝的政局急转直下，风雨飘摇。张良乘机聚集一百余人响应，路遇刘邦，两人风餐露宿，心照神交，相见恨晚，一见如故。张良向刘邦谈论《太公兵法》，把六韬之略和盘托出，深受刘邦赞赏。这次不期而遇，又是注定张良此生成功的特殊机遇！从此，两人为夺取天下，同生死，共患难，形影不离：一个是豁达大度，从谏如流；另一

上篇
内圣：修身齐家论

个则是聪明天纵，屡献良谋。

秦二世二年（前208），楚怀王令项羽、刘邦分两路攻秦，约定谁先打进秦都咸阳，谁为汉中王。张良献计说：秦兵还有力量，不能强攻，可先派人在山上多树旗帜，当作疑兵；同时派少数部队先行，并带金银财宝进关，收买秦守将。刘邦按此计行动，结果刘邦先入咸阳。秦王子婴看到大势已去，迎候刘邦，表示归降。秦朝灭亡，刘邦声威大震。

咸阳城里，宫殿富丽堂皇，美女如云，刘邦"意欲留居之"。张良和樊哙及时劝告刘邦，不要贪图享乐，丧失民心，不要忘记统一天下的大业。刘邦顿悟，下令查封府库，还军霸上，受到百姓拥护。

"子房佐王才，其风凛冰雪。"项羽率军四十万进驻鸿门，准备一举击灭刘邦。项伯不免为老友张良担心，于是连夜单骑出营，找到张良，要他快些离开。张良得到项伯的情报，立即向刘邦报告，让刘邦和项羽的叔父项伯结义联姻，拉拢项伯，请项伯在项羽面前多多美言，劝说项羽不要发兵攻打汉军，并且亲自随刘邦赴宴。

在鸿门宴上，张良大智大勇，让刘邦装出一副谦恭之态，稳住了项羽，巧妙地帮助刘邦脱离虎口。鸿门赴宴，向项羽诈示柔顺一幕，完全是张良导演的。

刘邦被楚军围困在荥阳时，韩信派使者送来信件。刘邦打开信一看，是韩信要求刘邦给他封一个假齐王的封号，于是大骂韩信："我被困在这里，日夜盼你发兵援救，你不来救，竟要自立为王……"站在旁边的张良、陈平赶紧踩一下刘邦的脚，对他耳语："如今你正处在困境中，怎能禁止韩信称王呢？何不就势封他为齐王，好好待他，让他守住齐地，不生二心。否则，韩信就要反叛。"刘邦悟性极高，一点就通，而且举一反三，立刻改口说："大丈夫兴兵平定诸侯各国，要做就做真的，为什么要做假的呢？"于是派张良持诏书前往，立韩信为齐王，并调韩信的兵来打楚军，结果扭转了困局。

汉高帝五年（前202），汉军东进，到达固陵，韩信、彭越的军队作战劲头不大，没有按时到达。项羽回师把汉军打得大败，形势危急。张良对刘邦说："楚军快要彻底完了。要想尽快取胜，必须给韩信、彭越一些好处。可让人通知他们：若打败楚军，平分楚地，北部归韩信，南部归彭越。"刘邦采用张良的计谋，答应给韩信、彭越分封土地。韩信、彭越得此消息，立即大举出兵，在垓下把楚军团团围住。

汉军强攻了几次没攻下来。张良献出一个"瓦解军心"的计谋：在汉军中教唱楚地的歌曲。项羽的士兵听到家乡的民歌，时强时弱，如泣如诉，引起了思乡之情，纷纷丢戈弃甲，离项羽而去了。项羽知大势已去，突围至乌江自刎。

项羽率领军队打败了不可一世的秦军主力，完成了陈胜、吴广所不能完成的伟业，自立为西楚霸王。但是他对诡计多端的刘邦采取了姑息宽容的态度。毛泽东在《七律·人民解放军占领南京》中评："宜将剩勇追穷寇，不可沽名学霸王。"诗中批评了贪图虚名而多次失去良机的项羽，赞扬了乘胜追击、消灭穷寇的做法，这自然也是对张良、陈平计谋的肯定。

王安石赞曰："汉业存亡俯仰中，留侯于此每从容。"（《临川先生集》卷三二）张良总是在战局的紧要关头，正确分析形势，随势而俯仰，为刘邦出谋划策从而扭转战局。可以说，张良有决胜于千里之外的计谋，是军事谋略的天才。汉朝建立，张良功绩显赫，受封为留侯，与萧何、韩信一起被誉为"汉初三杰"。张良不愧为帝王之师，为创建汉朝基业立下了卓越功勋。正是：奇袭奇遇奇男子，一生不愧王者师。惟握奇谋胜千里,雄兵百万任驱驰。

洞察世事,预知未来,不为穷困所忧,不为闻达而喜,不为世俗所累,可谓奇人也。张良算是一位奇人:散尽家财,致力于抗秦,行刺秦王,震动天下;圯桥纳履,得遇奇缘,巧得兵书,学得兵法;辅佐沛公,转战南北,屡出奇计,决胜千里;头脑清醒,不恋富贵,功成身退,得以善终。感慨于斯,笔者赋七律《咏张良》:

> 椎秦博浪副车空,拾履圯桥敬老翁。
> 退守固陵呈险势,从容谋略敢屠龙。
> 图猷汉业如俯仰,辅佐高皇定雌雄。
> 业就功成归隐去,明哲何用叹藏弓?

林则徐:齐家的表率

林则徐的父亲林宾日是清朝乾隆年间的秀才,后以教书为业维持家中生计。林则徐四岁时,便被父亲教授四书五经。林宾日总是借助实例讲授贪官污吏对百姓生活的迫害,时常在林则徐面前怒斥贪官的所作所为,教育林则徐要做一个明辨是非、心系黎民百姓的好人。

"海纳百川有容乃大,壁立千仞无欲则刚"是林则徐一生的座右铭。林则徐一生廉洁,不染纤尘。他在广州时,曾给在京翰林院供职的长子写信:"吾儿年方三十,侥幸成务,何德何才,而能居此,唯有一言嘱汝者,服官者应时时作归计,勿贪利禄,恋权位,而一旦归家,则又应时时作用计,勿儿女情长,勿荒弃学业,须磨砺自修,以为一旦之为。"

他当督抚与钦差大臣长达三十年,行迹遍及十四省,统兵四十万,位列封疆大吏，却一贫如洗，丹心可鉴。他终其一生，从来没有沾染拥姬纳妾之俗，这在古代社会恐怕是独一无二的。

林则徐最后的官职是云贵总督。当时他的夫人郑氏已病故，儿子在北京，林则徐因体弱多病，本想辞官后和儿子住在一起。但是，这位封疆大吏却拿不出足够的银两在北京购置房产，只得回家乡福州旧居养老。

当时任港督的英国人包令作了题为《钦差大臣林则徐的生平及著述》的论文，评价林则徐"忠诚地、几乎不间断地为他的国家服务了三十六年。在社会生活中，他以廉洁、睿智、行为正直和不敛钱财著称"[1]。与林则徐在战场上兵戎相见的英国人亦由衷称赞，"林公自是中国的好总督，有血性，有才气"[2]。林则徐逝世后，英国伦敦蜡像馆还专门为林则徐夫妇塑造了蜡像，长期展出。

亲情再深亦有度。金朝的元好问在《薛明府去思口号七首（其一）》中云："能吏寻常见，公廉第一难。"讲的也是"人情难却"之意。林则徐撰写一副对联："子孙若如我，留钱做什么？贤而多财，则损其志；子孙不如我，留钱做什么？愚而多财，益增其过。"大意是说：子孙如果像我一般忧国忧民，留钱做什么呢？既然他们有了贤德，那么钱多了就只能使志向受损。子孙如果不像我一般忧国忧民，留钱做什么？愚笨而多财产，只会更容易犯错而已。一百多年来，林氏后人家风不坠，在各个时期留下了为中华民族的崛起而献身奋斗的足迹，始终践行林公"苟利国家生死以，岂因祸福避趋之"的誓言。党员干部公而忘私、廉洁奉公，就能激励家人，产生潜移默化的影响。"前门""后门"都把好，歪风邪气就难以侵入。

---

[1] 福州市林则徐纪念馆编：《清慎勤：林则徐廉政观》，海峡文艺出版社2016年版，第99页。
[2] 来新夏编著：《林则徐年谱新编》，南开大学出版社1997年版，第774页。

上篇
内圣：修身齐家论

📍 历史镜鉴 >>

帝辛败亡奢靡始

一部二十四史，"其兴也浡焉，其亡也忽焉"，不乏骄奢淫逸、斗志衰退以至于亡国亡身的成例。商纣王继位之初，是一个颇有作为的君主，尚能励精图治，功劳很大。他曾御驾亲征，率军对落后的东夷地区进行一场长期的战争，屡次苦战，终获全胜。商纣王平定东夷，开发中原和东南一带，是有功劳的。郭沫若在《驳〈说儒〉》一文中称："象殷纣王这个人对于我们民族发展上的功劳倒是不可淹没的。"[1]毛泽东则说："纣王是个很有本事、能文能武的人。他经营东南，把东夷和中原的统一巩固起来，在历史上是有功的。"[2]

纣王的叔父箕子有识人的睿智和敏锐，能从细微之处觉察到人的变化。有一天，纣王说他不喜欢用粗陋的餐具了，让属下给他做一副贵重的象牙筷子，引起箕子深深的忧虑。箕子由此事推断纣王今后必然要用犀玉酒杯，必然想到远方的奇珍异宝，必然不会再吃粗粮饭，不愿穿粗布衣裳，逐渐奢侈淫逸。于是箕子多次给纣王提意见，希望他不要追求奢侈淫逸的享受，向他提出治理国家的主张和办法。

商纣王理应大有作为，但他的聪明才智没用到正地方。"酿酒为池肉作林，深宫长夜恣荒淫。"商纣王步夏桀的后尘，在沙丘大筑苑台，以酒为池，悬肉为林，使男女裸奔其间，作长夜之饮。观北里之舞，听靡靡

---

[1] 《郭沫若全集 历史编》第一卷，人民出版社1982年版，第452页。
[2] 陈晋主编：《毛泽东读书笔记解析》，广东人民出版社1996年版，第1158页。

之音，尽情享受。

史书上多次提到微子、箕子、比干劝说纣王淫乱不止的行为，孔子誉之为"三仁"。微子是纣王的亲兄长。他当然不愿商王朝灭亡，眼见商衰周兴，心如火焚，数次劝谏纣王。纣王却说："我生不有命在天乎？是何能为！"（《史记·宋微子世家》）仍然肆行无忌。微子说："人臣三谏不听，则其义可以去矣。"（《史记·宋微子世家》）于是离开纣王隐身而退，来个"三十六计走为上"。

可是，纣王没有接受劝告，强迫成千上万的奴隶花费七年时间在朝歌建造一座新的宫殿——鹿台，比夏桀留下的瑶台还要富丽堂皇，朝歌远近的景物尽收眼底，还修建了许多离宫别馆。为满足奢侈享受的需要，纣王昏庸无道，残酷压榨平民和奴隶，做出许多残忍毒辣的暴行，结果民怨沸腾，诸侯叛离，终于为周武王所灭。

奢侈享乐既是消极颓废的表现，也是腐败现象产生和蔓延的温床。奢侈享乐是多发病灶，能滋生多种"疾病"。陷入奢侈享乐的泥潭，最终会革掉自己的命，是在败家、败国。司马光认为，唐明皇不幸的晚年也是因奢侈而招致的，"明皇恃其承平，不思后患，殚耳目之玩，穷声技之巧，自谓帝王富贵皆不我如，欲使前莫能及，后无以逾，非徒娱己，亦以夸人。岂知大盗在旁，已有窥窬之心，卒致銮舆播越，生民涂炭。乃知人君崇华靡以示人，适足为大盗之招也"（《资治通鉴·唐纪三十四》）。我们要牢记"奢靡之始，危亡之渐"的古训，不要丢掉艰苦奋斗的传统美德，反对奢侈浪费之风，以两袖清风养一身正气。

上篇
内圣：修身齐家论

霍光致祸鉴古今

霍光是位了不起的重要人物。霍光侍奉汉武帝三十余年，受托孤之重，拥有选择皇帝的权力，前后秉政近二十年，功勋卓著。汉武帝时，霍光官拜大司马、大将军，跟随汉武帝近三十年，深受汉武帝的信任。汉武帝为了抑制其子刘旦、刘胥的势力，将幼子刘弗陵立为太子。武帝又恐"母壮子幼"，将来皇帝的母亲专权，独居骄纵、淫乱自恣、祸国殃民，于是赐死弗陵的母亲——他非常宠爱的钩弋夫人。他还命人画一幅周公背负周成王的图画赐予霍光，嘱托霍光像当年周公辅佐年幼的周成王一样辅佐刘弗陵。

汉武帝病死后，昭帝即位，霍光正式接受汉武帝遗诏，成为汉昭帝刘弗陵的顾命大臣，与车骑将军金日磾、左将军上官桀、御史大夫桑弘羊等人共同辅佐朝政。从此，霍光掌握了朝廷的最高权力，执掌汉室最高权力近二十年。霍光辅政期间，忠于汉室，全力维护汉武帝的英明，竭力辅佐年幼的皇帝。

汉宣帝刘询即位后，采取了与前任刘贺迥然不同的施政措施：下令褒赏功臣，重奖霍光，并将一切政事归霍光管理。天下安康，四夷宾服。宣帝感激大臣们的辅弼之功，将其中突出的十一位功臣图画于麒麟阁，霍光居第一位。霍光忠于汉室，谨慎行事、忠心奉主、尽心辅佐，老成持重，而又果断善断，知人善任，为汉室的安定和中兴建立了功勋，又成功躲过政治灾祸而得以善终。天下人都仰慕他的政治风度。班固称赞他："匡国家，安社稷，拥昭立宣，光为师保，虽周公、阿衡，何以加此！"

修齐治平札记

霍光在位时权倾朝野，威望日隆，他的警惕性随之减退。霍光晚年逐渐呈骄傲、专横之态。宣帝即位时已十九岁，而且有才能，应该有职有权，霍光却不及时归政于帝，仍久专国柄，导致皇帝对他畏惧有加。加之霍光治家无方，不能严格管教妻子儿女，放纵其妻及子侄骄奢越度，放纵家人仗势妄为，甚至不惜采取欺君的手段进行包庇，更谈不上严肃国法家规，最终为霍氏家族留下祸根，导致祸起萧墙。

汉宣帝即位前，流落民间时，与民女许平君结发为夫妻。朝臣中有人想迎合霍光，提议宣帝纳霍光与霍显生的女儿为皇后。汉宣帝初立，一方面对纳霍氏女心有不愿，另一方面又畏于霍光的权势和拥立之功，不好强硬拒绝，就下诏求自己流落民间时的佩剑，以示不弃糟糠，可谓"权倾天下气冲天，仍记当年共苦寒。纵有龙宫千万富，不及结发爱妻颜"。宣帝其后寻得许氏，立为皇后。

冯子都、王子方都是霍氏家奴，不把别人放在眼里，横行无忌。《汉乐府·羽林郎》描述了霍家奴冯子都调戏一个漂亮的外族酒家女子而遭到反抗的故事："昔有霍家奴，姓冯名子都。依倚将军势，调笑酒家胡。"把冯子都作为笑骂打击的对象，可见当时的民心所向。

汉宣帝在民间时，已闻霍氏尊盛日久，内不能善。即位后，严延年写了批评霍光的奏章。霍光死后，群臣更是纷纷上书，言霍光专权之弊，"主弱臣强，专制擅权，今其子孙用事，昆弟益骄恣，恐危宗庙"（《汉书·霍光金日䃅传》）。霍光当时对自己所处之危境浑然不觉。难怪班固说他"不学亡术，暗于大理"。司马光则评论说："夫威福者，人君之器也；人臣执之，久而不归，鲜不及矣。"（《资治通鉴·汉纪十七》）霍光执政，久专大柄、不知避去，是越礼的，弊大于利。

霍光的妻子霍显为人贪妒成性，生活挥霍无度，贪得无厌，心狠手

上篇
内圣：修身齐家论

辣，耍权术。她设法买通御医，在宣帝即位三年后，毒死已怀孕的许皇后，硬把自己的小女儿嫁给了汉宣帝。宣帝心生怀疑，留心洞察。后来霍光知道此事，大惊失色，想向汉宣帝如实奏报，又出于利害的考量，犹豫再三，因念夫妇情深，没能大义灭亲，隐瞒了妻子的罪行。

霍光死后，霍氏毒杀许后之事泄露。宣帝闻知，收取了霍氏兵权。霍氏渐生怨恨之心，霍光的儿子霍禹等人密谋杀害忠臣、废宣帝，但政变尚未发动就被发觉。宣帝不能再容，派吏四出，将霍氏宗族铲除，霍皇后被废幽禁。霍氏一族被灭门实属咎由自取。霍显以及霍禹、霍云、霍山在霍光在世之日就恣意张狂，仰仗霍光的势力，胆大妄为，霍光死后仍不知收敛，最终落得灭门的下场。汉宣帝封赏了告发霍家谋反的人，赏赐了事发前就上书劝谏的徐福。清代谢启昆咏霍光："风采人瞻博陆侯，端居画室赞皇猷。放桐伊尹阿衡重，负扆周公侧席求。骖乘祸萌芒刺背，徙薪计失客焦头。家奴尽倚将军势，悔不封章发逆谋。"

霍光是汉武帝最信任的武将，秉政二十年，打破传统，力排众议，废昏君，立贤德，两次从困境中拯救了汉朝皇室，成为西汉历史发展中的重要人物。霍光死后仅仅三年，其宗族就被灭，与之对比，功劳权势赶不上他的金日䃅，其子孙内侍七世荣华，原因何在？

霍光虽赤胆忠心辅佐汉室，但他的权力太大、太集中而又自恃，霍氏宗族、党羽满朝，威震人主，不明盛极速衰，在权势方面不知收敛。霍光当政时先把外孙女嫁给昭帝为后；昭帝死后，他立的昌邑王刘贺不听话，从昌邑带来数百个官员要安置，霍光便以"社稷为重"的名义将当了二十七天皇帝的刘贺废掉，将因罪而生活在民间的武帝曾孙立为皇帝，将自己的女儿嫁给宣帝为后，从而将宣帝控制在自己手中。霍光从

修齐治平札记

最初的发迹到后来的权倾一时,再到最后的满门抄斩,霍光家族的命运可谓是起伏跌宕。从后期霍光及其亲属所作所为和下场来说,确实为后人提供了前车之鉴。权力可以使人得志,也可能使人受辱。为什么有些人不对此深思,有恃无恐,久久不能归期,以致走上不归之路呢?"祸兮福之所倚,福兮祸之所伏。"祸患啊,幸福正依附在它的边上;幸福啊,祸患正隐伏于它的内部。祸患处理得当,能转换成幸福;幸福处理不好,能转变成祸患。

外王：治国平天下论

下篇

📍 导航平台 >>

治国以民为本

民本思想滥觞于夏商，发展于西周，澎湃于诸子之学。正所谓"民惟邦本，本固邦宁"。古代的圣贤一致认为，民众是国家的根本，治国要爱民，都承认百姓对于国家的重要作用。《尚书·大禹谟》有"德惟善政，政在养民"，强调了政治的目的在于养民；只顾个人欢乐，只能得到一时之乐，只会脱离民众。早在殷商时期，民本思想便已开始萌芽，那时的一些思想家开始意识到民心向背对政治的影响。水可以载船到达君王想要到的地方，也可以把船颠覆，使君王到不了目的地。

夏朝是中国历史上第一个奴隶制国家，建立于约公元前2070年，由禹的儿子启建立。夏启死后，他的儿子太康继承王位之后，贪图享受，荒淫无度，整日沉湎于酒色，不修政事，不顾及百姓的死活，引得百姓怨声载道。后来，太康到洛水边打猎，久久不归，政事废弛。有穷氏的首领后羿乘机起兵，攻占了夏朝的都城。各部落首领都不肯出面帮助太康。太康只好匆匆筑了一座土城，作为落脚之地。这段历史称作"太康失国"。

下篇
外王：治国平天下论

商纣王荒淫无度，拒绝谏劝，放荡作乐，制作酒池肉林，并加重刑罚，任用善于阿谀之人管理国家政事，致使各诸侯国与商疏远，自己的权势逐渐丧失，百姓的爱戴也逐渐丧失，其统治集团逐渐分崩离析。武王趁此时机出兵伐商，以周朝代之。

作为周武王之弟、最得力的助手，周公旦是我国践行民本思想的典范，他时常劝告武王顺德谋事，坚持民为邦本的原则，不搞以君为本、以官为本、以私为本。周武王曾担心起兵伐纣，缺乏正义性而遭人反对。周公旦旗帜鲜明支持周武王把失掉了民心、以君为本的君主拉下马，承袭周文王的德业进行征伐，推翻商纣王的统治。周武王采纳了周公旦的意见，对殷商遗民实行人道主义的政策，使无辜的百姓避免了一场浩劫。武王命令召公释放商朝贤臣箕子和被关押的贵族；修整另一位商朝贤臣商容的故居；命令闳夭修理商代忠臣比干的坟墓；给受商纣残害的人平反昭雪；命令南宫括散发鹿台的钱财，打开钜桥的粮仓，赈济饥饿的殷民。

周公旦把殷民、各诸侯视为周朝百姓，提出"各安其宅，各田其田，毋故毋私，唯仁之亲"（《尚书大传·大战》）。周武王在广大的殷地实行优待、重用、安抚等做法，使殷商贵族和百姓归顺于周王朝。周公旦把叮嘱汇成《康诰》《酒诰》《梓材》三篇文告，以"敬天保民""明德慎罚"为主旨，使殷民尽快安定，正常从事农业生产，改善百姓的生活境况。

百姓的利益永远是第一位的，只有得到百姓拥护，国家才能安定，君主才能在位子上坐稳。而要得到百姓的拥护，就必须实行仁政，真正把百姓的冷暖苦乐放在心上。《尚书·五子之歌》记载了民本思想的渊源："其一曰：皇祖有训，民可近，不可下。民惟邦本，本固邦宁。"《晏子春秋·内篇·问下》曰:"意莫高于爱民,行莫厚于乐民。"孟子则提出了"民贵君轻"理论:"民为贵,社稷次之,君为轻。"(《孟子·尽心下》)百姓呼声,要用最热忱的初心积极回应,千方百计打通堵点痛点。

屈原生活的时代,正是七雄相争并峙的战国后期。楚国自从被秦国打败后,丢失了汉中大片土地,一直受到秦国欺负。屈原见百姓受到战争灾难的残害,十分痛心。他在《离骚》中写道:"长太息以掩涕兮,哀民生之多艰。"他劝怀王爱护百姓,任用贤能,得到怀王的信任。

苏轼在《策别·兵旅二》中写道:"民者,天下之本;而财者,民之所以生也。"恤民、爱民、惠民、富民、敬民深深熔铸在苏轼的民生情怀中。苏轼仕途坎坷曲折,屡遭贬谪,依然能为官一任,造福一方。在密州,苏轼抗旱灭蝗、抓捕盗贼、厉行法度;在徐州,黄河决口,他亲自"庐于城上,过家不入",与民工一起抗洪护城,又开仓放粮,救济灾民;在杭州,苏轼疏浚运河淤泥、建设输水管道、修筑西湖堤坝,一道苏堤造福大众;在儋州,他为黎民传授中原地区先进的农业知识,教当地百姓打井饮水,海南至今还有"东坡井"。

为官必须按圣贤之道"修己以安百姓"。王阳明将立诚、明德视为"亲民"的试金石。王阳明认为"亲民"就要"如保赤子",像父母爱护婴儿那样爱护人民,处处以"民之所好好之,民之所恶恶之",使民安富足。王阳明回答绍兴知府南元善如何问政时说,"政在亲民"。"固有欲亲其民者矣,然或失之知谋权术,而无有乎仁爱恻怛之诚者,是不知亲民之所以明其明德,而五伯功利之徒是矣"[1]。为官者若不注重明德修身,"亲民"或许就只是在玩弄权术,若没有"仁爱恻怛之诚",也不过是以

---

[1]《王阳明全集》,上海古籍出版社1992年版,第251页。

下篇
外王：治国平天下论

官爵谋私利之徒。

在治理南赣期间，王阳明告诫官员，"凡我有官皆要诚心实意，一洗从前靡文粉饰之弊，各竭为德为民之心，共图正大光明之治"[1]。王阳明深知，廉政就是"亲民"的作为，"亲民"要有诚心正念，仁爱百姓，以"亲民"之道治理社会，必以仁爱、立诚、明德、勤勉为要。

清代石成金在《谨身要法》中提出："选有官职，无论大小，以贵为民上。当即立志，要做好官，专为百姓申冤理枉。"无论官职大小，在选择官员时都要以尊重老百姓、爱护老百姓为最高原则；为官伊始，就要立志做一个让老百姓满意的好官。

康熙是民本思想的倡导者和躬行者，他强调治国安邦以民为本，与民休养生息。《清圣祖实录》卷一五一中康熙如是说："守国之道惟在修德安民，民心悦则邦本得，而边境自固，所谓众志成城者是也。"康熙从民本思想出发，轻徭役、薄税赋，鼓励农业种植，垦荒三年者免税；废除贵族的特权，还地于民。康熙的惠民政策，使大清帝国成为当时世界上最为富庶的国家。

坚持全心全意为人民服务的根本宗旨，是我们党的最高价值取向。"衙斋卧听萧萧竹，疑是民间疾苦声。"是否实现人民的利益、得到人民群众的拥护，是衡量我们党的路线、方针和政策是否正确的最高标准。树立人民至上的观念，要求我们党员干部要把是否以人民为中心作为衡量自己工作的标准，做到群众的需求在哪里，我们的工作重心就在哪里，群众的期盼在哪里，我们努力的方向就在哪里，满足人民群众的需要和促进人的全面发展。

---

[1]《王阳明全集》，上海古籍出版社1992年版，第636页。

固本安邦须惠民

修齐治平之道是孔孟儒学治国理政的纲领，它的最终目的是建立一个人际和谐、团结互助、社会和谐、和谐发展、天下为公的大同世界。建设一个民主法治、公平正义、诚信友爱、充满活力、安定有序、人与自然和谐相处的社会，实现物质和精神、民主和法治、公平和效率、活力和秩序的有机统一。

治国、平天下的重要内容是民本思想。"民本"两字重千钧。民本即以民为本、以人为本，养民、保民、教民，以民众的根本利益为最高利益。"民本"一词最早见于《尚书·五子之歌》的"民惟邦本，本固邦宁"，人民是国家的根本，人民安宁国家便安定。政治的稳定性在于保民。实行以民为本，必须坚持"以德治国"，对百姓广施仁政，使百姓过上安乐的生活。

从某种意义上说，民本思想就是以人民为中心。孟子把人民放在最重要的位置，"民为贵，社稷次之，君为轻"。《孟子·尽心上》中有"善政不如善教之得民也"，强调了教民的重要性。汉代刘向说："善为国者，爱民如父母爱子、兄之爱弟，闻其饥寒为之哀，见其劳苦为之悲。"历史是最好的教科书，也是最好的清醒剂。借鉴和吸取历史上治国理政的成功经验和深刻教训，对于我们避免"社稷有累卵之危，生灵有倒悬之急"的危机局面、化解和解决社会转型期凸显的矛盾和问题，具有重要的启示意义。

民心向背直接关系到国家生死存亡和事业成败。夏王朝的百姓为什

下篇
外王：治国平天下论

么希望早日与夏桀同归于尽？就是因为夏桀的暴虐统治脱离民众，失掉民心。《史记·夏本纪》中说夏桀"不务德而武伤百姓，百姓弗堪"，是说夏桀不修德政，而且残害百姓，百姓不能忍受。正如孟子所说："桀纣之失天下也，失其民也；失其民者，失其心也。得天下有道，得其民，斯得天下矣；得其民有道，得其心，斯得民矣！"（《孟子·离娄上》）

明代信阳知州胡守安，任满离职时曾写了《任满谒城隍》："一官来此几经春，不愧苍天不负民。神道有灵应识我，去时还似来时贫。"作者对自己在信阳为官的廉洁情况予以总结，向民众表明心迹，表明自己淡泊名利的人生态度。只要问心无愧，坚守初心，做一个廉官、善官，便能守得云开见月明。

郑板桥，原名郑燮，号理庵，又号板桥，是一位爱民如子的地方官、文学家。人们称他诗、书、画"三绝"。清乾隆年间，郑板桥初到山东潍县当知县，正是连续五年大灾的第二年。他目睹了赤地千里，草木枯槁，逃荒者拖儿带女络绎不绝，便不顾一切，一边向朝廷申报，一边即出仓谷以贷，"活万余人"。潍县城墙过去曾因水灾冲坏了一千八百余尺，郑板桥与乡绅商议，由各富户出资捐钱修复，郑板桥也带头自认修建八十尺的捐款。郑板桥在诗中写道："衙斋卧听萧萧竹，疑是民间疾苦声。些小吾曹州县吏，一枝一叶总关情。"洋溢着一位官吏亲民爱民的诚挚感情。

打江山、守江山，守的就是人民的心。"水能载舟，亦能覆舟"，是千古传诵的名言警句，警示为官者要与百姓搞好关系。要加强情感的交流，爱民至深，为民至诚，才能心贴心、心连心、心心相印，才能顺民意、暖民心、惠民生。习近平总书记常常提到"民本"，他常常叮嘱广大党员干部一定要杜绝"官本位"思想，摒弃官老爷的封建陋习，始终把人民放在心中最高的位置。党员干部要常怀忧国忧民之心、爱国爱民之情，以一生的真情投入、一辈子的顽强奋斗来践行宗旨，一切依靠人民、一切为了人民，自觉为民谋利、为民做主、为民担当、为民造福。要常下基层，在摸爬滚打中培养感情、取得真经，增长才干、增添智慧。要用真情赢得人心——想到群众心坎里，坐到群众板凳上，干到群众家门口，向群众弯下腰来、蹲下来、坐下来，感情上贴近群众，思想上尊重群众，忧群众所忧，办群众所需，群众事再小也要当成大事来办。

坚守人民至上

民本思想是传统文化中的宝贵元素。《礼记·哀公问》中说："古之为政，爱人为大。"大意是说，古人治理国家，把关爱百姓看作第一大事，《论语·雍也》载，樊迟问知，子曰："务民之义，敬鬼神而远之，可谓知矣。"也就是说，一个人活着要为民众着想，为民众谋利，为民众奉献，对鬼神敬而远之。古代的圣贤心里总是想着老百姓。

爱民是个感情问题，是民本思想的基础。真正能够像爱护自己亲人一样爱护百姓的人，才有资格谈论以民为本。孟子认为，尊敬自家的长辈，推广开来也应尊敬别人的长辈；爱护自家的儿女，推广开来也应爱护别人的儿女。要像尊重自己家的老人一样尊重别人家的老人，像爱护自己的孩子一样爱护别人家的孩子。

荀子用形象化的语言生动地描述了民众与国家兴亡的关系："水能载舟，亦能覆舟。"墨子则把爱民、富民放在首位，提出以"兼爱"为核心的民本思想，要求国君先爱万民，而后爱自身。孟子认为，君王最大的快乐，不是个人声色犬马之乐，而是与民同乐，"乐民之乐者，民亦乐其乐；忧民之忧者，民亦忧其忧"。能与天下同忧乐者，必能得到民心，得

下篇
外王：治国平天下论

民心者即可得天下。只顾个人欢乐，只能得到一时之乐，会脱离民众。共产党人必须与群众保持血肉联系，决不脱离群众，"民之所望，政之所向"，对群众最急最忧最怨的问题，要苦干实干，打通堵点、纾解痛点、化解难点，真正创造政绩。共产党人这一境界应当比古代仁人志士的更高，比他们做得更好。

坚持人民至上的理念是对共产党执政规律和社会主义建设规律的深刻把握。党在不同历史时期的任务有所不同，但都是为人民群众谋幸福。功莫大于抚世建国，德莫崇于厚生利民。只有把人民作为"本"和"源"，把人民放在心中最高的位置，真正掌握和实践了群众观点、群众路线，才算从根本上懂得政治，才能使讲政治真正落到实处。从我们党的奋斗历程和中华民族伟大复兴的征程来看，会得出一个结论，那就是我们的工作和决策都要识民情、接地气，以人民利益为重、以人民期盼为念，把人民对美好生活的向往作为自己的奋斗目标。民心向背直接关系到国家生死存亡和事业成败。民心是最大的政治。

共产党人为人民而生，因人民而兴，汲取传统文化中的民本思想，坚持以人民为中心、人民利益至上的思想。党员干部无论在哪个岗位和地方，无论担任什么职务，都要时时刻刻牢记自己是一名共产党员，牢固树立以人民为中心的发展思想，充分调动人民群众的积极性、主动性和创造性，满足人民群众的需要和促进人的全面发展。

全心全意为人民谋幸福、全心全意地以人民为本，是我们党的追求，是党永恒的精神家园。"人民至上"不是超越时空的抽象口号，不是停留在口头上的漂亮辞令，不是时髦的道德标签，也不是写在匾额上的金字招牌，它蕴含着共产党员以人为本、为人民谋利益的深刻内涵，体现了共产党人无私奉献的肺腑之言，犹如种子对泥土一生的承诺。党员干部无论在哪个岗位和地方，无论担任什么职务，都要牢固树立以人民为中心的发展思想，政治坚定，秉公用权，为民用权，按规则、制度、法律行使权力。马克思有句名言：如果一个人只为自己活着，那么他的生命是黯淡的；只有为同时代人的完美，为他们的幸福而生活，才能使自己的生活具有意义。马克思一生致力于"人的解放和自由全面发展"。为人民谋幸福的初心，以人民为中心的发展思想，体现着中国共产党人的追求，蕴藏着马克思主义的根脉，昭示着社会主义的本质。不忘初心，才能不忘我们为什么出发。

为人民谋幸福，就要亲民、爱民、敬民、保民、教民，更要为民。党员干部与群众的关系，犹如鱼水，又如种子与土地一样密不可分。我们要坚持走群众路线，保持党同人民群众的血肉联系，减少应酬，多下基层，与群众零距离接触，察民情、知民意，了解群众的喜怒哀乐、悲欢离合，爱群众所爱，恶群众所恶，想群众所想，办群众所盼，做到问题在基层发现，办法在基层产生，经验在基层总结，困难在基层解决，尤其是重大问题和突发性事件，要亲临现场，调查研究，妥善处理。作为共产党人，必须牢记党的根本宗旨，甘当人民公仆，公正廉明，甘愿无私奉献，才能"不愧苍天不负民""去时还似来时贫"。

治国尤须用贤才

贤才在位则美政昌，邪佞窃位则恶政炽。一个国君的私欲多了，贪图享乐，追求奢华，自然不能明察事理；不能明察事理，奸臣就容易得势，奸臣得势就会害国害民。长卫姬和竖刁、易牙、开方为达到专权弄权的目的，极尽谄媚、吹捧奉承之能事，利用投其所好之术而赢得齐桓

下篇
外王：治国平天下论

公欢心和信任，进而攻击正直大臣，干了不少坏事，堪称史上最强的小人组合。

可惜可叹的是，齐桓公晚年意志衰退，辨别不清谁是君子，谁是小人，不以其奸为"奸"，再次重用这三个小人，亲手培养了自己的掘墓人。齐桓公一世英名，最后却弄得国家大乱，引起了齐国的五公子争立之乱，把朝廷搞得惨不忍睹，把强大的齐国搞得贫弱不堪，教训非常深刻。

朱元璋攻下北京，从元朝皇宫中获得大批金银财物。马皇后则说："元代有此宝，但仍然失去了天下。帝王还是当有自己的宝啊！"朱元璋会心地问："皇后之意，是指得贤为宝吧？"马皇后拜谢道："妾常担心富贵奢侈使人骄纵，愿陛下得贤才为相佐，兴邦富民。"马皇后以治家喻治国，指出在富贵与顺利时应力戒骄奢与贪图安逸，只有得到贤才，朝夕听取他们的劝谏和谋略，共保江山，这才是无价之宝。

应有惜才之心，识才之眼，把德放在用人之首位。身居官职的人，如果无才是"次品"，无德就是"危险品"，"德不称其位，其祸必酷；能不称其位，其殃必大"（《潜夫论·忠贵》）。有德无才的干部不能开创局面，会贻误事业；有才无德的干部缺少凝聚力，把一个单位搞得乱糟糟，会毁掉事业；德才兼备的干部才能开创事业。要特别注意选拔任用政治清醒、信念坚定、善于学习、坚持原则的人。

计谋深远、通晓治国之道的范文程投奔努尔哈赤，随行左右，出谋划策。后努尔哈赤病死，皇太极（清太宗）即位后，凡臣下奏事，总要先问："范章京知道否？"不称范文程的名字，而称其官号。每当满族贵族议事不决的时候，他总说："何不与章京商议一下？"听到范文程同意后，他才批准。

修齐治平札记

皇太极常请范文程侍宴。一次范文程入宫,看到满桌山珍海味,想到父亲连尝都没尝过,就迟迟不下筷夹食。皇太极看出范文程的心思,就将这桌饭菜全送给了范文程的父亲。皇太极对范文程的信任,就像当年刘备对诸葛亮一样。清王朝正是由于得到了像范文程这样的人才辅佐,才能一统全国。

曾国藩一路走来的历程,实现封建时代男儿的最高理想。"他是一个地地道道的农家子弟,没有任何的依傍与靠山,靠着自己的努力,走进最高权力圈。他是一个纯粹的书生,却白手起家组建了一支军队,仗着这支军队平定内乱,改写历史,也让自己拜侯封相。"[1]曾国藩成就的一番大事业,一靠以德服人,二靠知人善任。他喜欢拙诚,不喜巧诈。他选用人才,把戒巧诈作为一条原则。

人才资源是第一资源,选任贤才是强国之本。千万不可将贤能之人看作奸佞,把奸狡之徒当作贤才。孔子说过:"远佞人。"要远离献媚讨好的人。越是圆滑处世、巧言令色、讨人喜欢的人,越要慎重考察。有的领导者喜欢听恭维话,把善于逢迎的人当成人才;有的热衷于搞小圈子、小宗派,对气味相投、百依百顺的人倍加欣赏;有的看重个人恩怨,凡对自己有恩惠的,则想方设法予以重用。这样一来,使某些德才平庸、善于投机取巧甚至有严重问题的人得到重用,而那些德才兼备的人才却被埋没,甚至遭受打击。

为了成就事业,切莫根据对待自己的亲热程度、凭自己的好恶和"私交"程度来识人用人,不要因为"偏爱"或唯命是从、揽权而重用庸人,不可因为不喜欢而疏远耿介之士,不可因为视野不宽而使千里马卧

---

[1] 唐浩明:《冷月孤灯:静远楼读史》,广东人民出版社2016年版,第71页。

下篇
外王：治国平天下论

道哀啼。那种开基创业时重用人才、一旦开创局面就喜欢奴才的情况，也是很不好的。

知人善任，必须有惜才之心，识才之眼，举才之德，护才之胆，择才之策。不重学历、职称、资历和身份，形成育才、引才、聚才、用才的良好环境，坚定不移走人才强国之路。作为党员干部，如果不怎么爱人才，不愿意帮人才，不及时果断地用人才，那就是失职，就有愧于党的多年培养和重托，就不如早下台。

德才兼备是识别人才的重要标准，体现了对人才的全面性要求。所谓德，主要指政治立场、政治品德、思想作风、事业心、责任心等方面的德。所谓才，主要指掌握的基础知识、专业知识和技能、思维能力、创造能力等。看人的德与才，要全面看待，不能只以一时的功过来判断人才的全部历史。

把干部的德放在首要位置，是保持马克思主义执政党先进性和纯洁性的根本要求和重要保证。选人用人要坚持德才兼备、以德为先，德的核心是党性。领导者要有辩证思维的头脑，把德与才看作一个有机的整体，不能重德而轻才，更不能只看才而忽视德。德与才是干部素质不可或缺的两个方面，有德无才，难以担当重任；有才无德，终究要败坏党的事业。与改革开放初期相比，我国干部队伍的年龄结构、知识结构、专业结构发生了历史性变化。现在有的干部出问题，主要不是出在才上，而是出在德上。坚持德才兼备、以德为先，就抓住了当前领导班子和干部队伍建设的关键。要着重看干部综合德才素质和一贯工作表现，不能简单地以票数决定干部任用，防止误用不讲原则、不负责任的"老好人"。

能力固然重要，可品德比能力更重要。品德胜于能力，良好的品德可以受益终生。有了品德，有限的生命不会枯萎，崇高的信念坚定，能给人以信赖感。有了深厚的品德，人生就有了不同寻常的意义。能力合格的人不一定是"上品"，但品德不合格的人就是"危险品"。失去"德"，就失去了提拔重用的基本资格。"德"与"才"，犹如船的舵和桨，不能割裂，不能对立。那种重才轻德或重德轻才的片面观点都是错误的。有"德"，才能全心全意为人民服务、为人民谋幸福；有"才"，才能善于为人民服务、为人民谋幸福。因此，坚持德才兼备、以德为先，就是要在选拔干部时不让老实人吃亏、不让投机钻营者得利，这是我们党历来选人用人的重要原则。

天将降大任于斯人

推荐贤能，知人善任，必须有惜才之心，识才之眼，举才之德，护才之胆，择才之策。天下要达到大治，国家社稷兴旺发达，天下太平和谐，必须重视人才的作用。周武王伐纣后，周公旦礼贤下士、求才若渴的做法成为历史上一道独特的风景线，为后世树立了典范。

周公旦对儿子语重心长地说："吾，文王之子，武王之弟，成王之叔父也，又相天下，吾於天下，亦不轻矣。然一沐三握发，一饭三吐哺，犹恐失天下之士。"（《韩诗外传》卷三）曹操写诗赞誉曰："周公吐哺，天下归心。"唐代周昙《三代门·周公》诗云："仍闻吐握延儒素，犹恐民疵未尽知。"

秦末豪杰，最善于用人的当属刘邦。萧何与刘邦可以说是莫逆之交、贫贱之交。萧何几次救刘邦于绝境，功劳最大。张良结识刘邦后，看刘邦有雄才大略，就屡次向他讲《太公兵法》。经过交谈，刘邦看到了张良

下篇
外王：治国平天下论

是个奇才，精通谋略，于是请他做军师。可以说，没有张良的奇谋妙计，就不可能有刘邦的胜利。刘邦重用韩信的时候，已是汉中王，敢于用一个出身贫贱的人出任大将，表现出刘邦惊人的胆略。韩信韬略在胸，被任命大将后，带领大军打了不少大胜仗。

用此三杰，刘邦作了精彩总结："夫运筹策帷帐之中，决胜于千里之外，吾不如子房。镇国家，抚百姓，给馈饷，不绝粮道，吾不如萧何。连百万之军，战必胜，攻必取，吾不如韩信。此三者，皆人杰也，吾能用之，此吾所以取天下也。"（《史记·高祖本纪》）

《史记·陈丞相世家》描述了陈平的才能和刘邦会用人的故事。陈平是西汉王朝的开国功臣，与张良齐名。陈平少年时喜爱读书，有大志，曾为乡里分肉，很公平。父老称赞他，他却感慨地说："使平得宰天下，亦如是肉矣！"

千百年来，陈平的形象在人们心目中不如张良那么光彩照人，大概是因为他年轻时有受金、"盗嫂"之事吧？奇怪的是，陈平对于"受金"之事做过解释，而对于与嫂子的事不予申辩，甘愿背"黑锅"，或许是因为这样的事越抹越黑。他背着受侮辱的不好名声，先投奔项羽，项羽很重用他，官到都尉，后来因与刘邦作战失败，陈平看项羽疑人且不能容忍，成就不了大事，转而投奔刘邦。

刘邦并没有因此而小看陈平，而是从大处着眼，任命陈平为都尉，并让陈平给自己当参谋。周勃、灌婴等功臣认为汉王这般抬举陈平太过分了，搜集了陈平的不良行为，到汉王帐中告状，说陈平不一定有真正的才能，而且曾与嫂子私通，想把陈平告倒。刘邦听了不以为意，相反更加厚待陈平。

陈平侍奉汉王，总共六次提出奇策：一是请求刘邦拿出重金，在项羽君臣之间施反间计，促使其内讧。项羽果然中计，疏远功臣钟离眜，疑忌谋臣范增。二是假装用丰盛的宴席，来接待亚父范增派来的使者，却用粗劣的饮食给项羽派来的使者吃，来离间范增和项羽的关系。三是瞒天过海，半夜派出两千名妇女出荥阳城东门，诱得楚军蜂拥而上，自己和汉王却从城西门逃遁。四是轻轻地踩汉王的脚，提示他封韩信为齐王，以防韩信背叛。征兵击楚，完成了对项羽的战略包围。五是请求刘邦装作巡幸云梦泽，请君入瓮，囚禁前来迎接的韩信，将其贬为淮阴侯。六是派人将美女图像送交匈奴阏氏，表示如果单于再包围高祖，汉朝将进献画上女子给单于。阏氏怕这位美女夺宠，于是劝单于解白登之围，刘邦以此得以突围。

这六件奇计，救沛公于危急困境之时，挽颓势于蹉跎难决之际，而六计中踩刘邦的脚封韩信这件最妙。如果刘邦听信谗言，对陈平品行上的某些缺点抓住不放，弃之不用，就会导致驱壮士以资敌国的严重后果。后来陈平为刘邦"六出奇计"，为打败项羽、建立西汉王朝以及协助周勃诛灭诸吕，安定天下，立下了汗马功劳。

汉高帝十二年（前195），刘邦率军平定淮南王英布时被流矢击中，回师途中病情加剧，对新王朝的命运更是忧心忡忡。他路过沛县，设宴招待家乡父老，唱起了自编的《大风歌》，流露了"安得猛士守四方"的焦虑和期盼。感慨于斯，笔者赋七律《咏刘邦》（新韵）：

    疏狂纵酒不归耕，烽火斩蛇自起兵。
    跃马明眸识俊冠，挥旌定鼎唱歌风。
    项王疑惑丢荆玉，高祖赫然用信彭。
    西楚八千秦百万，豁达乘势五年平！

下篇
外王：治国平天下论

项羽有韩信这样的军事奇才不用，只是让他做执戟郎中——一个相当于警卫排长的职位，且屡次建言都不被采用；项羽身边唯一一个能用的人、亚父范增也被项羽活活气死。这是典型的"一手好牌打稀烂"。项羽自以为击败强秦，天下再没有比强秦更强大的敌人，殊不知破山中贼易，破心中贼难！

与项羽相比，刘邦有三个突出的长处：一是善解人心，二是举贤任能，三是虚心纳谏。司马迁在《史记》中，没有刻意神化刘邦，而是客观地指出了刘邦的一些毛病，揭示了刘邦复杂的性格。说他外示宽仁而内心忌刻，貌似坦诚而城府极深，欲念甚多而善于克制，有时豁达大度，有时则睚眦必报。

为政者如果不怎么爱人才，不愿意帮人才，不及时果断地用人才，那就是失职。《尉缭子·十二陵》有言："不实在于轻发，固陋在于离贤。"得不到实效是由于轻举妄动，孤陋寡闻是由于疏远有才德的人。唐太宗通过总结隋亡的教训和唐初治国经验，提出"为政之要，唯在得人"，"能安天下者，唯在用得贤才"。他们的事业获得成功，同善于求贤用才紧密相连。

《宋书·文帝纪》云："周宗以宁，实由多士，汉室之隆，亦资得人。"范仲淹认为"国家之患，莫大于乏人"，"臣之纳忠，无重于举善"，把举贤荐能视为人臣效忠朝廷的应尽职责。冯梦龙有一首诗揭示了周朝兴亡的教训，对于后世很有启示意义："卜世虽然八百年，半由人事半由天。绵延过历缘忠厚，陵替随波为倒颠。六国媚秦甘北面，二周失祀恨东迁。总观千古兴亡局，尽在朝中用佞贤。"

明代学者刘斌在《明经世文编》卷二三《复仇疏》中提出选贤用才的三项标准："一曰德，二曰量，三曰才。所谓德者，刚健无私，忠贞自守，非碌碌庸庸，无毁无誉而已。所谓量者，能受善言，能容贤才，非包藏隐忍，持禄保位而已。所谓才者，奋发有为，应变无穷，非小慧辩捷，圆熟案牍而已。备此三者，然后可胜股肱之任。"宽宏大量，容纳贤才，容得下不同的意见和批评，是一种十分重要的人才素质。如同《增广贤文》所言："量小非君子，无度不丈夫。"

党员干部的德与才是具体的，在不同历史时期，党的中心任务不一样，所处的社会环境不一样，德才标准的具体要求也有所不同。德才兼备、以德为先是识别人才的重要标准，体现了对人才的全面性要求。德是立身做人、成就事业的根本，是衡量评价一个人价值的前提。对党员干部来说，自身是否具有较高的道德，关系到人民的福祉、国家的兴衰。看人的德与才，要看全部历史和全部工作，不能只以一时的功过来判断人才。

党员干部要注重品德。品德强调的是思想、品行，品德为基础、为先导，品德靠能力来彰显，能力靠品德来统率。缺乏政治立场、思想品质、道德观念、自律意识、纪律观念等，人容易迷失在摇摆不定、攫取私利、钩心斗角、尔虞我诈之中。有德无才办不成事，有才无德办坏事，无德之人如若走上领导岗位，必将贻害党的事业，损害党的形象。

新时代党员干部的聪明才干，表现之一在于会用一流贤才。把招揽和选用德才兼备的人才作为领导工作的轴心和第一要务，这是作为领导者牢记使命、做好各项工作的重中之重。如果没有人才尤其是没有一流人才在身边，就会导致工作缺乏生机和活力，就会误事。党员干部要有爱才之心，容才之量，要坚持德才兼备、以德为先的用人标准，选贤任能，用好人才，淘汰庸才，远离佞才。有了一流贤才辅佐，才能龙乘彩云，虎生金风，得心应手，如愿以偿。

下篇
外王：治国平天下论

识人荐贤济苍生

英雄难过美人关，为官难过识人关。孔子说："人分五个层次：庸人、士人、君子、圣人、贤人。若能清清楚楚地分辨这五类人，就明白了长治久安的用人艺术。"孔子的学生樊迟问什么叫智，老师说："知人，了解别人就叫智慧。"

汉武帝说过："何世无材，患人主不能识耳。苟能识之，何患无材？"准确地识人（包括思想品质、工作能力、知识、性格等方面，进行全面的历史的考察与评价），把人看准、看透，极不容易。刘秀是很善于听取并明辨各种意见的皇帝，却犯了误信庞萌的错误。曹操算得上是明察将士的高手，却受张邈蒙蔽。为什么会发生这种情况呢？因为世上的事物纷繁复杂，真假难辨，乱人心目。

"伏龙凤雏，两人得一，可安天下。"《三国演义》中"凤雏"庞统，智勇双全，很有名气，才能与诸葛亮比肩。庞统当初准备效力东吴，于是去面见孙权。孙权见他相貌丑陋，"浓眉掀鼻、黑面短髯、形容古怪"，心中先有几分不悦，又见他傲慢不羁，说话不注意分寸，更觉得不快。对庞统的言谈不怎么认同。最后，这位广招人才的孙仲谋，竟然把这一盖世奇才拒之门外、不予用之。

庞统只好长叹一声而出。鲁肃见孙权不用庞统，非常着急，再次向孙权举荐说："主公何不用庞士元？"孙权说："狂士也，用之何益？"鲁肃以事实奉劝孙权说："赤壁鏖兵之时，此人曾献连环策，成第一功，主公想必知之。"孙权心怀成见不顾事实地说："此乃曹操自欲钉船，未必此人之功也，吾誓不用之。"

鲁肃见孙权态度如此固执，苦言相劝也无济于事，心中不快，只好作书奉荐，让庞统投奔刘备。孙权感情用事，抱有偏见，不用庞统，使东吴失去了一位胸怀韬略、腹有良谋的大才，这是孙权用人的最大失误。

庞统怀才不遇，持鲁肃和诸葛亮的推荐信离开江东，投奔刘备。事也不巧，正逢诸葛亮按察四郡未回。刘备早闻庞统大名，听说来投，立即请入相见。刘备见庞统貌陋，心中亦不悦，冷淡地说了句："足下远来不易。"庞统则不出示鲁肃与孔明的推荐信，很客气地回答说："闻皇叔招贤纳士，特来相投。"刘备不肯重用庞统，只让庞统当个七品芝麻官。刘备平生以礼贤下士、知人善任而为人称道，然而因以貌取人委屈了千里而来的"凤雏"，大材小用，失去了一个建立霸业的英才。

不善识人犹可训，妖为鬼蜮必成灾。一位文友的赏梨花诗，融入历史上的事，耐人寻味："梨园弟子习商羽，一曲霓裳惊破天；天倾西北乱安史，风凋蛾眉马嵬寒。"诗中提到"安史之乱"，不能不提安禄山。

安禄山装出一副憨直和笃忠的样子，以"外若凝直"的表象来掩盖"内实狡黠"的本质，算得上是玩弄手段的大师。他抓住玄宗的弱点，大搞障眼法，把自己打扮成大唐王朝的忠臣义士，骗得唐玄宗的百般宠信。玄宗称其为北疆的"长城"，竟然把天下一半精兵交给他掌管。唐玄宗对安禄山委以三处节度使的重任，让他手握重兵十八万，可安禄山羽翼稍丰满后便谋反。"渔阳鼙鼓动地来，惊破霓裳羽衣曲。"沉溺于声色犬马的唐玄宗，听说安禄山已谋反还是不相信，万万没有想到安禄山背叛了他。"安史之乱"历时八年，生灵涂炭。玄宗晚年只知享乐，不善识人，疏远忠臣，结果发生了动乱、事变等一系列悲剧，差点断送锦绣江山，留下了白居易写的《长恨歌》。

金朝海陵帝完颜亮在位十多年，常以狡诈手段伪装来获取臣民赞誉。

下篇
外王：治国平天下论

如他有时拿出破旧衣衫给身边大臣看，有时穿上打补丁的衣衫叫记注官看，以显示和让史臣记下他生活俭朴。建成一座宫殿耗资要用金来计，建成后却又不满意而拆毁。人们观察其全部作为，终于认清了他是一个无道昏君，终为臣下所刺杀，年仅四十岁。死后被废为"庶人"。这也是其自作自受。

南宋宰相赵鼎，本来对秦桧的印象不好，并公开对张浚说过："此人得志，吾辈无措手足矣。"但他在秦桧的阿谀奉承之下，居然改变了对秦桧的看法，转而积极推荐他，使之平步青云，登上了宰相的宝座。结果当秦桧大权在握时，欲望无限，为进一步扩大自己的权势，专门使用能力比他差、品德有软肋、绝对服从他的人，想方设法清除自己前面的障碍，把赵鼎活活逼死。

看人看事不能光看招牌。晋朝刘毅说："为官有三难而兴替之所由也。人物难知，一也；爱憎难防，二也；情伪难明，三也。"如果分辨不出真伪，就会上当受骗。去伪存真，即剥掉虚假的、虚妄的东西，发现事物的真相，不要认假为真，以假乱真，被假象所迷惑。列宁有句名言："闪光的东西不一定都是金子。"[1]白居易在《放言五首（其一）》中写道："草萤有耀终非火，荷露虽团岂是珠。"

要想准确地识人，应看他结交什么样的朋友。《史记·张释之冯唐列传》中说："不知其人，视其友。"《处世智慧》说，识人、知人，要看他日常生活中亲近、结交什么人；看他富裕时怎样对待和处理钱财；有了地位和权力后，看他推举任用什么人；看一个人贫贱不得志时的所作所为；要看关键时刻的表现；看长期一贯的表现；还要通过综合观察和比

---

[1]《列宁选集》第二卷，人民出版社1972年版，第490页。

较。这样大抵就能看清一个人。

一个人的神情仪貌、举手投足，反映了他的内心世界。《孟子·离娄上》中说："存乎人者，莫良于眸子。"心灵正直，眼睛明亮；心地丑恶，眼睛就污浊。即使是城府很深的人，也会在不经意间通过自己的眼色透露出内心的秘密。

蒋介石虽然喜欢用相面术识人，成功的也有，但也多错失栋梁之材。2008年9月11日《环球时报》载，徐向前在黄埔军校的时候，有一次蒋介石找他到办公室谈话。徐向前生性腼腆，不爱说话，蒋介石问一句他答一句，没有更多的话，加上一口山西口音，使蒋介石听起来很费劲，又见徐向前，人长得也不太"威武"。蒋介石见了之后，没有说几句话，就让他走了。待徐向前离开办公室后，他对属下连声说："不可用也。"

而后来，这位不被蒋介石重视的徐向前，在以武装反抗这位叛变了革命的校长的斗争中，展示了自己的雄才大略，创建了鄂豫皖根据地，随后又创建了川陕根据地，把昔日校长所指挥的国民党军队打得惨败。在解放战争时期，他指挥部队对蒋家军作战，更是摧枯拉朽，极大地挫败了国民党军队，立下汗马功劳。徐向前成为新中国十大元帅之一，这是蒋介石所想不到的。

善用智囊的智慧

历代卓越的为政者，大都注意招纳谋臣、礼贤下士。以奇谋妙计名传后世的有伊尹、姜子牙、管仲、张良、诸葛亮等，他们被认为是聪明和智慧的象征。在历史长河中，有一些英雄豪杰，因一时目光短浅，眼界狭隘，致使前功尽弃，饮恨苍天。项羽百战一败势难回，十年空负拔

下篇
外王：治国平天下论

山名，因战略失误，"范增一去无谋主"，招致失败，死前仍未觉悟，认为"天之亡我"。陈胜、吴广、张角、黄巢、李自成等农民起义军领袖，东征西讨，南征北战，终因未能建立稳固的根据地等失误，以失败告终。

《诗经》中有一首寓言诗说："迨天之未阴雨，彻彼桑土，绸缪牖户。今女下民，或敢侮予！"其意为：趁着老天没下雨，剥下桑树根的皮，修补旧窗户，看他巢下人，谁敢欺侮我！这首诗为历代名君贤臣所推崇。明代的朱柏庐在《治家格言》中说："宜未雨而绸缪，毋临渴而掘井。""临渴掘井"是不能稳操胜券的。"临渊羡鱼，不如退而结网"，借用别人的智慧，可以弥补自己智慧的不足。

夏朝最后一个君王桀荒淫无度、残暴不仁，百姓十分痛恨。商在胸怀大志的部落首领汤的治理下逐渐崛起。商汤与有莘氏通婚，伊尹作为有莘氏的奴隶陪嫁到汤家当了厨师。一天，商汤问伊尹饭菜之事，伊尹答道：做菜要调好佐料，既不能太咸，也不能太淡；水是根本；火候是关键，要时而大，时而小。离不开五味调料的调和，先后次序、量大量小，要以口味来决定。食物味道的精微变化，还要考虑阴阳转化和四季影响，只有这样才能做出美味佳肴来。治理天下也须如此，凡事必须恰到好处。商汤认为伊尹很有见地，于是聘他为右相。从此，伊尹开始辅佐商汤治理天下，整顿吏治，洞察民情，使商朝初年经济繁荣，政治清明，商朝国力迅速强盛。

伊尹帮助商汤筹划了进攻夏朝的大计，并没有急于出兵夏桀，而是采用停止向夏桀王进献的方法，试探周边小国诸侯的态度，结果夏桀大怒，准备"起九夷之师"大举伐商。伊尹告诉商汤，掌握"准确的时机"，此时出兵只会劳民伤财，于是献计商汤恢复对夏王朝进贡，假意忠诚以等候时机，同时积极做攻夏的各项准备工作。约公元前1601年，夏桀完全陷于军事和政治上的孤立状态，伊尹认为此时时机成熟，遂联合诸侯国讨伐夏桀，一举攻进夏都，建立商朝。

伊尹将人心向背的政治因素用于指导战争，即把民众是否拥护最高统治者看作是衡量国家统治兴亡的一个重要尺度，进而将这一思想用于指导战争，并根据敌我力量变化选择有利战机。伊尹采取"上智为间"的谋略，亦即联络夏臣和当时已失宠于夏桀的妹喜，扩大敌人内部矛盾，以削弱其实力，为后来灭夏打下了基础，展示出了非凡的战略眼光和杰出的军事才能。

殷商统治中原六百多年，要推翻商的统治，并非易事。周文王胸怀宏图大志，却偏居西岐，如果没有能够治国安邦的相才，是不可能与纣王抗衡的。"直钩垂钓"姜子牙，名耀史册，是一位有高超韬略的大谋略家。《史记·齐太公世家》记述："天下三分，其二归周者，太公之谋居多。"姜子牙文武兼备，长于用兵，工于奇计。因此，后世的兵家和谋略家皆尊他为祖师。

公元前1056年，周文王薨，周武王即位，尊姜子牙为相父，周公旦为辅，励精图治。九年后，武王东渡黄河，与天下八百路诸侯不期而会，同至孟津。诸侯乃推举武王为反商盟主，齐声道："纣王无道，残害忠良。请大王顺天应人，拯万民于水火。"武王谦让道："纣虽无道，俱奸臣蔽惑也。倘能改之，则天下自平矣。"诸侯道："大王切莫推辞，以灰诸侯之心。"武王道："汝等未知天命。"乃还师归。显然，武王认为伐纣时机尚不成熟，孟津会师不过是想试探一下自己对诸侯的号召力。

又过了两年，商朝统治集团的核心发生分裂，比干被杀，箕子被囚，微子出逃，众叛亲离。国人见纣王不可救药，均侧目而视，缄口不言。看到灭商时机业已成熟，周武王赶忙询问姜子牙："殷大臣或死或逃，纣

下篇
外王：治国平天下论

王是否可伐？"姜子牙已知兼得天时、地利、人和，毅然答道："伐纣顺天意，得民心，现在正是时候！"于是武王遍告诸侯："殷有重罪，不可不伐。"

公元前1046年，武王统兵车三百乘，虎贲三千，甲士四万五千，向东突袭。周军行至中途，屡遇狂风暴雨、雷电交加的天气，甚至拔树摧屋，折旗毁乘。姜子牙见全军恐慌，便把这肃杀之征巧释为对殷商的天怒之象，借助虚无缥缈的天地鬼神，来安定军心，理直气壮地打出吊民伐罪的旗号。各地诸侯纷纷前来会师，从孟津渡黄河北上，直指朝歌。商兵虽多，皆无斗志，纷纷倒戈，纣王败亡。

《谋略论》载韬光养晦之术，早在《六韬》中就有精辟阐述。如《六韬·武韬·文伐》中写道：

文王问太公曰："文伐之法奈何？"太公曰："凡文伐有十二节：一曰，因其所喜，以顺其志，彼将生骄，必有奸事，苟能因之，必能去之。二曰，亲其所爱，以分其威。一人两心，其中必衰。廷无忠臣，社稷必危。三曰，阴赂左右，得情甚深，身内情外，国将生害。四曰，辅其淫乐，以广其志，厚赂珠玉，娱以美人。卑辞委听，顺命而合。彼将不争，奸节乃定。五曰，严其忠臣，而薄其赂，稽留其使，勿听其事。亟为置代，遗以诚事。亲而信之，其君将复合之，苟能严之，国乃可谋。六曰，收其内，间其外，才臣外相，敌国内侵，国鲜不亡。七曰，欲锢其心，必厚赂之；收其左右忠爱，阴示以利；令之轻业，而蓄积空虚。八曰，赂以重宝，因与之谋，谋而利之，利之必信，是谓重亲；重亲之积，必为我用，有国而外，其地大败。九曰，尊之以名，无难其身；示以大势，从之必信，致其大尊；先为之荣，微饰圣人，国乃大偷。十曰，下之必信，以得其情；承意应事，如与同生；既以得之，乃微收之；时及将至，若天丧之。十一曰，塞之以道。人臣无不重贵与富，恶死与咎。阴示大尊，而微输重宝，收其豪杰。内积甚厚，而外为乏。阴纳智士，使图其计；纳勇士，使高其气。富贵甚足，而常有繁滋。徒党已具，是谓塞之。有国而塞，安能有国。十二曰，养其乱臣以迷之，进美女淫声以惑之，遗良犬马以劳之，时与大势以诱之，上察而与天下图之。十二节备，乃成武事。所谓上察天，下察地，征已见，乃伐之。"

具有丰富的知识和经验的人比只有一种知识和经验的人更容易产生新的联想和独到见解。马克思说过："蜘蛛的活动与织工的活动相似，蜜蜂建筑蜂房的本领使人间的许多建筑师感到惭愧。但是，最蹩脚的建筑师从一开始就比最灵巧的蜜蜂高明的地方，是他在用蜂蜡建筑蜂房以前，已经在自己的头脑中把它建成了。"陈云说："过去旧商人中，有一种头戴瓜皮帽、手拿水烟袋的人，他们是专门考虑战略问题的。"又说："要拿出一定时间'踱方步'，考虑战略性的问题。"[1]灿若星河的历史天空，闪耀着灿烂的智慧灵光。探赜索隐，成功的策略，不光是自身的奋斗、冥思苦想，还是一个集体智慧的结晶。

战略思维致胜局

王国维在《人间词话》中将北宋文学家晏殊的《蝶恋花》"独上高楼，望尽天涯路"的名句，列为"古今之成大事业大学问者"必经的三

---

[1]《陈云文选》第三卷，人民出版社1995年版，第377页。

下篇
外王：治国平天下论

境界中的第一境界，意谓勤于求索，寻求目标：有志者要耐得住孤独寂寞，站在思想、知识的巅峰上，高瞻远瞩，才有广阔视野和远大理想目标，看清事物发展的方向和主流，并进行周密的思考和探索。

战略思维是善于从战略高度观察问题、思考问题、分析问题并提出解决问题思路和对策的一种思维方式。战略思维能力，是目光如炬、高瞻远瞩、统揽全局，善于把握事物发展总体趋势和方向的能力，在复杂多变的局势中审时度势，敢于在危机中孕育先机，善于在变局中开创新局。卓越的领导者要运用手中权力，更要运用战略思维、政治智慧和丰富经验。战略思维是领导干部能力和素质的重要体现。它要求领导者站在战略全局的高度，以登泰山而小天下的气度和胸襟，把方向、抓大事、谋全局、顾长远，积极主动地做好领导工作。

提高战略思维能力，必须提高思维的预见性。战略思维指向未来，要求准确预测未来可能出现的趋势、状态和结果。居安当思危，平时对"不测之忧"多加防范、多做准备，有备则无患。《礼记·中庸》有云："凡事豫则立，不豫则废。"无论做何事，事前有准备才可能成功，没有准备就要失败。领袖人物能引领方向，能够看到普通人看不到的眼前利害以外的事情。他们需要有站在高山之巅极目远眺的眼力，在筹划未来时能越过眼前看得更远，也能洞若观火，置身事外。

《资治通鉴》载，唐朝颜真卿在担任平原太守时，看出了安禄山的反叛迹象，就巧借阴雨连绵的天气修筑平原郡的城防，并且招募壮士、预备粮草，做好了与安禄山打一场持久战的准备。然而表面上，他还是每天与众宾客泛舟饮酒赋诗，一副闲散文人的样子，让安禄山对他掉以轻心。不久，安史之乱爆发，河北大多数郡县相继沦陷，只有颜真卿治下的平原郡防守严密，未陷落。

修齐治平札记

"崛起何嫌本做僧，汉高同杰又多能。"朱元璋是一位平民出身的开国皇帝，是一位具有传奇色彩的人物。元至正十六年（1356），朱元璋在攻占南京后，因为群雄并峙，天下大乱，为了赢得能够各个击破的时间与力量，避免或降低提前与元军主力和群雄军队作战，他接受了谋士朱升的建议，"广积粮、高筑墙、缓称王"，意谓：要想夺取天下，首先必须建立牢固的根据地，尽快壮大军队，使自己立于不易被击败之地，站稳脚跟，由点成面，不断扩张，步步为营消灭敌人；其次要轻徭薄赋，爱护百姓，广积粮食做后盾，才能打胜仗；最后是在义军蜂起、群雄并立形势下，不急于称王，而是逐步巩固了根据地，壮大了实力，积蓄了力量，在众人眼皮底下暗度陈仓，成就了一番伟业。毛泽东对于朱元璋这一决策赞赏有加："朱洪武是个放牛娃出身，人倒也不蠢。他有个谋士叫朱升，很有见识。朱洪武听了朱升的话，'广积粮、高筑墙、缓称王'，最后取得民心，得了天下。"[1]

战略是着眼全局的谋划，是实现长远利益和未来目标的谋划。身居高位的领导，面对的是大问题，掌控的是大局面，要有战略眼光、大局意识，站得高、看得远，深谋远虑；应未雨绸缪，引领方向，在筹划未来时能越过眼前看得更远；想他人所不能想，行他人所未行。看问题高屋建瓴，直指核心，做决策平衡得失，抓大放小；在长远发展中考虑当前，把解决当前问题作为实现长远发展的根基。

毛泽东大半生涯在马背上度过。在新民主主义革命的艰难历程中，毛泽东以他超乎常人的智慧和远见卓识，指出了中国革命发展的必由之路。当1927年蒋介石背叛革命，中国大地血雨腥风，共产党人几乎处于

---

[1] 王鹤滨：《紫云轩主人——我所接触的毛泽东》，中共中央党校出版社1991年版，第88页。

下篇
外王：治国平天下论

绝境的紧急关头，是毛泽东带领队伍走上井冈山，开辟革命根据地，高瞻远瞩地提出了"枪杆子里面出政权"的理论，创造性地提出农村包围城市的革命之路，临危制变，席卷千军，中国的革命一步步走向胜利。抗日战争刚刚爆发，毛泽东就在《论持久战》中预言，抗日战争将是"防御、相持、反攻"三阶段。"敌进我退、敌驻我扰、敌疲我打、敌退我追"的游击战争十六字诀，使得我军创造了许多以少胜多、以劣胜优、以弱胜强的战例，且捷报频传，使中国革命从胜利走向胜利。

《关于建国以来党的若干历史问题的决议》指出："如果没有毛泽东同志多次从危机中挽救中国革命，如果没有以他为首的党中央给全党、全国各族人民和人民军队指明坚定正确的政治方向，我们党和人民可能还要在黑暗中摸索更长时间。"电视纪录片《走近毛泽东》中有两句解说词让人震撼："他不会拿枪，他却是军事家；他不当元帅，他却缔造了共和国。"

当代中国正在进行伟大斗争、建设伟大工程、推进伟大事业、实现伟大梦想，中国特色社会主义实践是党员干部提高战略思维能力、增强战略定力最好的"磨刀石"。战略问题涉及的范围广、领域多。习近平总书记在党的二十大上指出："我们要善于通过历史看现实、透过现象看本质，把握好全局和局部、当前和长远、宏观和微观、主要矛盾和次要矛盾、特殊和一般的关系，不断提高战略思维、历史思维、辩证思维、系统思维、创新思维、法治思维、底线思维能力，为前瞻性思考、全局性谋划、整体性推进党和国家各项事业提供科学思想方法。"[1]在新时代，党员干部是"领头雁"，要有所作为，必须以强烈的责任意识和忧患意

---

[1] 习近平：《高举中国特色社会主义伟大旗帜 为全面建设社会主义现代化国家而团结奋斗——在中国共产党第二十次全国代表大会上的报告》，《人民日报》2022年10月26日。

识把方向、观全局、虑长远、抓重点，把战略思维能力提高到新水平。

党的十八大以来，基于对未来中国改革开放和发展稳定大势的全面深入思考和系统谋划，习近平总书记提出和推动了许多全新的战略构想和战略举措，以坚毅的战略定力与驾驭全局的智慧，引领我国经济繁荣发展。他强调，领导工作必须"善于观大势、谋大事"，"事物都是不断发展、相互联系的，只有眼界非常宽阔，正确认识和积极顺应中国和世界发展大势，正确认识和妥善处理党和国家面临的大事，才能把握工作主动权，跟上时代前进步伐，推动事业顺利发展"。[1] 要集中精力研究重大问题，坚持抓方向、议大事、管全局，善于统筹协调各方面力量，深入研究事关经济社会全面发展、长远发展和关系群众切身利益的重大问题，努力从战略上把握发展走向，从战略上破解发展难题。

《中共中央关于党的百年奋斗重大成就和历史经验的决议》全面而科学地总结了党领导人民伟大奋斗积累的宝贵历史经验：坚持党的领导，坚持人民至上，坚持理论创新，坚持独立自主，坚持中国道路，坚持胸怀天下，坚持开拓创新，坚持敢于斗争，坚持统一战线，坚持自我革命。这十条历史经验既是对中国共产党为什么能够成功这一问题的深刻回答，也是中国共产党未来继续走向成功的根本遵循。

习近平总书记注重从全局的视野用长远的眼光看问题，从整体上把握事物的发展趋向，处理好全局与局部的关系；注重以联系的、发展的观点看问题，综合考虑各方面因素，把握问题的关联性、协调性。习近平总书记指出："我们看世界，不能被乱花迷眼，也不能被浮云遮眼，而要

---

[1]《中共中央政治局召开专门会议 中共中央总书记习近平主持会议并发表重要讲话 对照检查中央八项规定落实情况讨论研究深化改进作风举措》，《人民日报》2013年6月26日。

下篇
外王：治国平天下论

端起历史规律的望远镜去细心观望。"[1]面对复杂的局势，我们要有足够的战略定力和战略自信，集中精力做好自己的事。要审时度势、内外兼顾，把握方向、用好机遇、创造条件，努力发展自己。

习近平总书记在治国理政方面强调，改革开放是当代中国最鲜明的特色，是我们党最鲜明的旗帜；全面深化改革是关系党和国家事业发展全局的重大战略部署，不是某个领域某个方面的单项改革，必须加强顶层设计、整体谋划，增强各项改革的系统性、整体性和协同性。要具备超前思维、提前谋局，要上下联动、综合施策。改革进入深水区、攻坚期，要啃硬骨头，要勇于攻坚克难。

战略思维是关于实践活动的全局性思维，就是高瞻远瞩、统揽全局、善于把握事物发展总体趋势和方向的能力。战略思维的基本内涵是战略整体观或全局观。习近平总书记多次从宏观总体、长远发展和根本基础上来认识和把握全局，体现了深远的历史眼光、深厚的历史智慧和深邃的历史思维。

习近平总书记强调要用中华优秀传统文化涵养社会主义核心价值观，认真汲取中华优秀传统文化的思想精华和道德精髓，大力弘扬以爱国主义为核心的民族精神和以改革创新为核心的时代精神，深入挖掘和阐发中华优秀传统文化讲仁爱、重民本、守诚信、崇正义、尚和合、求大同的时代价值，努力用中华民族创造的精神财富来以文化人、以文育人。

战略思维是一种能使领导者统御全局、增长才干的思维方式，是衡量领导者的总体能力和水平的根本标志。培养战略思维品质是提升领导力的前提和条件，是开创新局的迫切要求。当前世界正经历百年未有之

---

[1]《中央外事工作会议在京举行 习近平发表重要讲话》，《人民日报》2014年11月30日。

大变局，我国正处于发展关键期、改革攻坚期和矛盾凸显期。党员干部只有胸中有全局，着眼于全局，善于站在全局的高度观察局部、分析问题，才能在千头万绪的工作和错综复杂的矛盾中有效推动工作。全局利益是最高利益，全局搞好了，从根本上和长远上说有利于局部。有些事情，今天看来是可以做的，但从长远来看是不行的，这样的事不能做；有些事情，今天看来是可做可不做的，但从长远来看是有益的，这样的事情要坚决做好。

墨守成规不如审时度势

　　成功者和失败者的不同点在于是否能抓住机遇。晋文公采纳子犯的主张而称霸，刘邦、叔孙通因审时度势而成功。诸葛亮的《隆中对》乃顺乎时势的范文，能攻心则反侧自消（七擒孟获）。聪明的人见机则借机，事半功倍。无机遇时顺应大局、顺应趋势而为；有机遇时迅速出击，敢于"亮剑"、勇于争先，把机遇用足用好，把事情做成做完美，这既是对机遇的报答，也是对自我的超越。正是"不飞则已，一飞冲天"，正所谓"时势造英雄"。

　　世间一切事物都依据一定的条件发展变化，没有一成不变的事物，主客观条件也是不断变换着的。战国时墨子善于守城，世人谓之"墨守"，后以"墨守成规"指固执旧法，一成不变。《孙子兵法》中提到韬略运用时，最忌讳的就是墨守成规、一成不变、照搬照抄、生搬硬套，提倡灵活机动、随机应变。

　　《吕氏春秋》和《伊索寓言》讲的故事有异曲同工之妙，耐人寻味。《吕氏春秋·察今》中说，楚国有一个渡江的人，他的剑从船上掉到水里

下篇
外王：治国平天下论

去了。他急忙用刀在船上刻个记号，说："这里是我的剑掉下去的地方。"船停了，他从刻记号的地方跳到水里去找剑。船已经移动了，而剑却没有移动，像这样找剑，不是很糊涂吗？

此时和彼时的情况不同，此时的办法不一定适合彼时。刻舟求剑者的糊涂在于不识时务，以固定不变的眼光、僵化的思维去看待已变化的新情况。正如古希腊哲学家赫拉克利特所说："人不可能两次走进同一条河流中去。"原因就在于，当你第二次走进河时，水已经流动过了。要学会审时度势、懂得进退，知道在什么情况下做什么，该怎么做，学会选择，才能把握时机，取得好的发展。懂得审时度势，就要有一双慧眼，能根据形势、态势等方面的发展变化，对客观存在的错综复杂的事物做出正确的把握，做到胸怀全局，认准方向，在挫折中看到希望的曙光，在顺利时看到潜伏着的危机，人生方可立于不败之地。

公元前636年，晋公子重耳回国当了国君，是为晋文公。他即位后，马上致力于操练民众。第二年，文公想使用他们。大臣子犯进言："晋国战乱多年，人民还不知道什么是义，还没有安居乐业。"于是晋文公加强外交活动，护送周襄王回国复位；回国后又积极为人民谋利益，人民开始逐渐关心生产，安于生计。

不久，文公又想用兵，子犯又说："民众虽然懂得了义，但还不知道什么是信，而且没有向他们宣传信的作用。"于是晋文公又征伐了原（小国名），约定三天内攻不下来就撤兵。三天后晋文公真的信守诺言，退兵三十里，向国内外证明他的诚实和信用。在这一系列行动的影响下，晋国的商人做生意不求暴利，不贪不骗，明码标价，童叟无欺，全国形成了普遍讲信誉的好风气。

晋文公说："现在总可以了吧？"子犯说："人民还不知贵贱尊卑之

礼，不懂得谦恭礼让，没有恭敬之心。"于是晋文公举行大规模阅兵来展示礼仪之威严，设置执法官来管理官员。这样一来，人民开始习惯于服从命令，不再有疑虑，根据礼来判断是非。这时，子犯笑着说："可以用民了。"于是晋文公使用他们，城濮一战，迫使楚国撤兵谷邑，解了宋国之围，一战而称霸诸侯。

纵观历史，并不是一个人有多大的才华，历史就给他提供多大的舞台，而是历史有多大的舞台，他才能施展多大才华。不是英雄造时势，而是时势造英雄。如果秦王朝的统治能够维持下去，韩信恐怕还是楚国的一个穷苦人，萧何仍是故秦王朝县政府的低级官员。刘邦在咸阳街头观秦始皇出游时所发生的"大丈夫当如此也"的豪言壮语，就只能变成永恒的叹息，他也只能以一个贪财好色的流氓亭长而寿终。

秦末农民战争和楚汉战争的烽火给韩信、萧何、刘邦等人提供了一个发挥潜能、施展才干的广阔舞台。刘邦之所以称帝，建立西汉王朝，在于他顺乎时势、抓住时机而行，亦即随着时间、条件和机会的变化而灵活做出选择。把握复杂事物的脉动，预见其趋势，这样才能看清自己所处的地位，提出相应的对策，趁着时势趋势行动，而不能单凭自己的实力硬闯。培养这种能力，需要平时多留心、多观察、多思考。

国之大者，在于审时度势，谋划长远。作为一代贤相的诸葛亮，其政绩和他的个人禀性、聪明才智相映生辉，受到人民的敬仰，被视为智慧和忠贞的化身。诸葛亮在隆中读书时，就以审时度势的睿智，被大名士司马徽誉为识时务的俊杰。他的《隆中对》是一篇审时度势的范文，具有永久的魅力。

"能攻心则反侧自消，从古知兵非好战；不审视即宽严皆误，后来治蜀要深思。"清代赵藩写的这副联语既肯定了诸葛亮善于用兵、理政的才

下篇
外王：治国平天下论

华，又从和战、宽严的辩证关系总结了诸葛亮的治国方略。上一句所说的"反侧"，意即反复无常，指的是诸葛亮征服孟获的故事。

孟获是南中地区少数民族的首领，在当地极有影响。孟获等人叛乱，严重威胁到蜀汉政权。诸葛亮南征之初，虚心向参军马谡请教。马谡献策道："夫用兵之道，攻心为上，攻城为下；心战为上，兵战为下。愿公服其心而已。"（《资治通鉴·魏纪二》）诸葛亮采纳了马谡的建议，决定这次出征的目的，并不是要把那些叛乱分子斩尽杀绝，占领他们的城池，而是以"攻心为上"，使他们服从蜀汉的统治。

诸葛亮连施妙计，恩威并施，捉了放，放了捉，"七擒七纵"孟获。诸葛亮对孟获说："如果你还不服气，我这就放你回去，你可以整顿好人马再打。"孟获感动得眼泪直流，说："您对我们真是仁至义尽，我算彻底佩服你了，我们再也不反蜀国了！"于是诚心归顺。

诸葛亮任命孟获做了蜀国的官，负责管理南方各部族，他以下的官也都让当地人担任，从而稳定了蜀汉的大后方。诸葛亮"七擒七纵"，"纵"的是孟获其人，而最终"擒"的是蛮王及蛮方百姓的心。从此，蜀国有了一个巩固的南方。"攻心为上"一直为后人所推崇和效法。

做任何事情都应以时间、地点和条件为转移。纵观清代胡雪岩充满传奇色彩的一生，发现其成功秘诀中的重要一条就是懂得审时度势，对社会发展大势做出正确判断。胡雪岩幼年时家境贫困，从钱庄一个小学徒开始做起，后通过结交权贵，慢慢把生意做大，他开起了钱庄和许多店铺。作为商人，在商言商，胡雪岩毫不讳言对利益的追求。但他又认为有的钱是不能赚的，比如他就绝少和太平军做生意。清咸丰十一年（1861）太平军攻打杭州时，胡雪岩曾从上海、宁波购运军火、粮食帮助清军，从而获得了左宗棠的信赖，此后在官商结合的这条道路上越走越宽，成为显赫一时的红顶商人。

胡雪岩通过对战争形势的分析，认为太平军是不会持久的，早晚要败于清军之手，最好的选择就是帮助清军赢得战争。胡雪岩曾说，做事情要如中国一句成语说的，"与其待时，不如乘势"。审时度势，是指依据客观事物的纷纭变化，权衡利弊，把握住最有利的条件和机会，选择最恰当的方式，使矛盾的双方向有利的方面转化而不是激化。

决策之基：调查研究

《吕氏春秋·任数》记载了这样一则故事。孔子周游列国，绝粮于从陈国到蔡国的途中，连野草汤也难喝上。有一天，弟子颜回讨了一点米给老师煮饭吃，饭快熟时，孔子亲眼看见颜回从锅里抓起一把吃了，心里很不满，怪颜回不该偷吃，但表面上假装没看见，他想先弄清真实情况再说。到吃饭时，他突然站起来说："今天我梦见了先父，这饭还没动过，我先用它祭奠过先父再吃。"颜回急忙说："这饭不干净，刚才烟灰落进了饭里，扔掉那块米饭太可惜，我就抓起来吃了。"当了解到事情真相后，孔子深有感慨地说："应该相信看见的，但是并不一定可信；应该相信自己的心，自己的心也不足以相信。你们记住，要了解一个人不容易啊。"

无论哪个层次的党员干部，主要的职责是出主意，也就是拍板、决策。党员干部作决策时，都需要通过调查研究去弄清情况。毛泽东精辟概括："领导者的责任，归结起来，主要地是出主意、用干部两件事。"[1]陈云说："难者在弄清情况，不在决定政策。只有弄清了情况，不难决

---

[1]《毛泽东选集》第二卷，人民出版社1991年版，第527页。

下篇
外王：治国平天下论

定政策。"[1]可见，调查研究、弄清情况，是出好"主意"的基础和前提，是"谋事之基，成事之道"。

毛泽东是全党从事调查研究的典范。可以说，坚持调查研究，把马克思主义基本原理同中国具体实际结合起来，是毛泽东领导艺术的精华所在，也是他留给后人的宝贵精神财富。毛泽东在中国革命的一些重大问题上提出过许多好办法，这与他长期深入群众做调查、虚心向群众学习是分不开的。早在青年时代，他就开始调查研究。1917年、1918年，毛泽东先后到湖南的长沙、宁乡、安化、益阳、沅江、浏阳等地进行了"游学"式的考察，加深了他对中国国情的认识，并激发了革命热情。五四运动后，随着马克思主义在中国的广泛传播，毛泽东开始自觉运用马克思主义理论指导调查研究。

在著名的《寻乌调查》中，毛泽东谈到为其提供城市材料的两位先生时说："多谢两位先生的指点，使我像小学生发蒙一样开始懂得一点城市商业情况，真是不胜欢喜。"[2]

1930年5月，红四军攻克了江西的寻乌县城后，作了短暂停留，在寻乌、安远、平远一带发动群众。就在这战事频仍、难得安定的一个月内，毛泽东也没有休息，而是在寻乌县委书记古柏的协助下，接连召集有关人士开了十多天的座谈会，进行了一次大规模的社会调查，掌握了大量第一手材料，诸如该县各类物产的产量、价格，县城各业人员数量、比例，各商铺经营品种、收入，各地农民分了多少土地、收入怎样，各类人群的政治态度等，都弄得一清二楚。毛泽东把这次调查的结果整理成《寻乌调查》，共五章三十九节，八万多字。

---

[1]《陈云文选》第三卷，人民出版社1995年版，第46页。
[2]《毛泽东文集》第一卷，人民出版社1993年版，第131页。

修齐治平札记

《寻乌调查》是我们党调查研究文献的光辉典范,也是毛泽东关于农村调查的一篇经典之作。毛泽东调查了寻乌地区的政治区划、交通、商业、旧有土地关系、土地斗争等。《寻乌调查》客观地反映了那个时代的中国国情,为切实解决中国问题提供了一个有效的范本。这是马克思主义中国化的起步。毛泽东说:"关于中国的富农问题我还没有全般了解的时候,同时我对于商业状况是完全的门外汉,因此下大力来做这个调查。"[1]"我作了寻乌调查,才弄清了富农与地主的问题,提出解决富农问题的办法,不仅要抽多补少,而且要抽肥补瘦,这样才能使富农、中农、贫农、雇农都过活下去。假若对地主一点土地也不分,叫他们去喝西北风,对富农也只给一些坏田,使他们半饥半饱,逼得富农造反,贫农、雇农一定陷于孤立。"[2]

就在寻乌调查的同时,毛泽东写出了他的名作《反对本本主义》(原题是《调查工作》)。毛泽东在这篇名著中强调了调查研究工作的重要性,号召全党同志要到实际中进行调查研究。"没有调查,没有发言权"的科学论断,是毛泽东在《反对本本主义》一文中提出来的,一直影响到今天。毛泽东思想活的灵魂的三个基本点,即实事求是、群众路线、独立自主的思想,由此初步形成。

新中国成立后的十多年间,毛泽东仍十分重视调查研究,参与大小调研上百次。1952 年 10 月,毛泽东在河南考察人民胜利渠时,正碰上牧民尚景富赶着羊群迎面走来,尚景富一见小车,就准备赶羊群下堤让车。毛泽东立即指示停车让道,并步行上前同他拉家常,了解生产生活情况。尚景富想不到国家主席会到路边跟自己说话,还让"官车"给自己和羊

---

[1]《毛泽东 周恩来 刘少奇 朱德 邓小平 陈云论调查研究》,中央文献出版社 2006 年版,第 65 页。
[2]《毛泽东文集》第二卷,人民出版社 1993 年版,第 379 页。

下篇
外王：治国平天下论

群让道，这让他非常激动，终生难忘。

1955年4月10日，中共中央办公厅发出了在全国范围内征集革命历史档案的通知。1957年2月，赖茂基老人毅然把一本小册子捐给中共上杭县委，后上交龙岩地委。1960年初冬，中央档案馆征集科的同志从中共福建省委办公厅报送来的革命历史文件目录中得知有毛泽东写的《调查工作》这一重要文献，而中央档案馆却无此件，于是同年11月，中央档案馆将石印本小册子铅印呈送毛泽东。"见到这本小册子，就好像见到了三十多年没见过面的儿子。"[1]毛泽东欣喜万分地说。

1961年1月，毛泽东不仅仔细改正了文中的错别字，将此文改名为《反对本本主义》，还亲笔作了批示："这是一篇老文章，是为了反对当时红军中的教条主义思想而写的，那时没有用'教条主义'这个名称，我们叫它做'本本主义'。写作时间大约在一九三〇年春季，已经三十年不见了。一九六一年一月，忽然从中央革命博物馆里找到，而中央革命博物馆是从福建龙岩地委找到的。看来还有些用处，印发若干份供同志们参考。"[2]毛泽东在这篇名著中强调了调查研究工作的重要性，号召全党同志要到实际中进行调查研究。

决策是否正确，直接关系到一个地区、一个单位能否生存和发展。一个正确决策，不是从天上掉下来的，不是闭门造车造出来的，只能从准确判断客观情况中来，准确判断客观情况则来自系统缜密的调查研究。没有调查，没有发言权；没有正确、客观、全面的调查，同样没有发言权。陈云说过："我们犯错误，就是因为不根据客观事实办事。但犯错误

---

[1] 卢肖文主编：《与时俱进的马克思主义：马克思主义经典著作选读》，上海人民出版社2007年版，第281页。

[2] 《建国以来重要文献选编》第十四册，中央文献出版社2011年版，第220页。

的人，并不都是没有一点事实根据的，而是把片面当成了全面。"[1] 20世纪30年代末，为了了解敌后根据地党的建设情况，他先后找九个乡的党支部书记谈话，边谈边记，反复谈了多次，直到把有关情况彻底弄清为止。陈云一生提倡"不唯上、不唯书、只唯实"，"交换、比较、反复"，前九个字是唯物论，后六个字是辩证法，体现了共产党人认识问题、分析问题的思想精髓。

作为党的领导成员之一，张闻天深感自己对中国实际情况缺乏深入了解，为补上这一"课"，经党中央同意，他从中央几个部门抽调九名干部，包括自己的夫人刘英，组成"延安农村工作调查团"，自己担任团长，到陕北、晋西北农村进行调查。从1942年1月至1943年5月，调查团先后到陕北神府县直属乡八个自然村、米脂县杨家沟村、晋西北兴县二区十四个自然村等地调查；调查的重点是陕北和晋西北根据地的生产力和生产关系。在调查过程中，张闻天身体力行，同调查对象谈话后总要实地查看；调查材料分析研究汇总之后与被调查者见面，避免了"夹生饭"。

一个错误决策，譬如匆忙上马没有市场的项目而投资几百万元，会无情地导致企业"败走麦城"——产品大量积压，设备大都闲置，资金严重损失。决策错误的原因之一是忽视调查研究，不会调查研究，"不知有汉，无论魏晋"，不善于咨诹善道、察纳雅言。由此观之，调查研究尤为重要，是各级领导干部第一位职责，是做好一切工作第一步，是实事求是之基石，开创新局之途径。可见，调查研究之于领导干部，恰如大地之于安泰，不可以缺少。

---

[1]《建国以来重要文献选编》第十五册，中央文献出版社2011年版，第146页。

下篇
外王：治国平天下论

2011年11月，习近平同志在中央党校秋季学期第二批入学学员开学典礼上，曾这样评价毛泽东的寻乌调查："直接与各界群众开调查会，掌握了大量第一手材料，诸如该县各类物产的产量、价格，县城各业人员数量、比例，各商铺经营品种、收入，各地农民分了多少土地、收入怎样，各类人群的政治态度，等等，都弄得一清二楚。这种深入、唯实的作风值得我们学习。"[1]

建设中国特色社会主义是一项前无古人的开创性事业，需要培养和造就一批又一批崇尚实干、善于调查研究和敏于正确决策的党员干部。我们前进在中国特色社会主义道路上，各种复杂的新情况需要我们去认知，许多重大的新问题需要我们去解决。我们一定要大兴调查研究之风，继承和发扬党的光荣传统，坚持深入基层，深入第一线，深入到困难较多、矛盾尖锐的地方，开展系统的调查研究，以甘当小学生的精神，虚心向群众学习，了解真实情况，掌握工作主动权，努力做到决策成果的最优化。

什么样的调研深受群众欢迎？永远是那些既"身入"又"心入"群众，调研中提出的问题符合实际，又得到了有效解决的调研受欢迎。那些蜻蜓点水、走马观花式的调研，浪费时间和精力，历来为群众所反感。1988年，习近平同志在福建宁德任地委书记，到任三个月就走遍了九个县，后来又跑遍了全地区绝大部分乡镇，还走山路去了不通公路的偏远山区。这样的调研，生动体现了他所推崇的"吃别人嚼过的馍没味道"的求实作风。

调查研究始终是了解情况最有效的方法之一，也只有真正了解、掌

---

[1] 习近平：《谈谈调查研究》，《学习时报》2011年11月21日。

握方方面面的情况，才能做到由此及彼、去伪存真。2002年，习近平同志到浙江任省委书记不到九个月就跑遍六十九个县，着力解决了老百姓所反映的大量问题。他每一次下基层调研，除了相关的必要人员外，轻车简从，不要层层陪同、不设条条框框，既到条件好、发展快的示范区总结经验，也到问题多、困难大的地方去研究问题、解决问题，力求做到听真话、摸实情、办实事、求实效。2005年，习近平同志全年有一百一十七天在外调研，大的调研有三十次，足迹遍及浙江全省各市。2007年，他到上海担任市委书记后，在不到半年时间里就把上海市十九个区县调研了一遍。

  这里须强调的是，调查就是要解决问题。如果调查来调查去，调查材料放进办公桌里，能解决的问题也不着手抓紧解决，这样的调查等于是走过场、做样子，结果是泥牛入海，无消息。此乃调研之大忌。通过调查，看准的，就要敢于打破常规和旧框框，敢于探索和采用新思路、新举措，解决新问题，创造性地开展工作。正如一位领导同志所说，抓一件事就解决一个问题，解决一个问题就把工作向前推进一步，积小胜为大胜。

忠诚履职成功路

  忠诚是尽己之谓，是极度的真心与无上的诚意融合而产生的德行，是构成完美人格与成功人生所不可或缺的要素。忠诚是做人做事的基本立场，是一个人至高至上的品质，不二其志，不讲条件，不求回报，可喜可爱，可钦可羡。忠诚是古之贤者一生追求的重要品质。每当读到历史上忠诚履职、忠诚报国、忠诚为人的故事，总是让人非常敬仰，感动

下篇
外王：治国平天下论

不已，回肠荡气，刻骨铭心。

楚国人卞和拾玉璞于楚山之中，非抢非盗，即使据为己有亦无可厚非，但他偏要奉献给厉王。厉王不识货，以为卞和在骗他，便让人砍掉了他的左脚。卞和又奉其玉璞而献武王，武王也以为卞和在骗他，而砍掉他的右脚。卞和抱起玉璞，在楚山之下哭了三天三夜，"泪尽而继之以血"，哭得何等惨烈啊。他哭的不是被砍去双足，而是君王冤枉了他，不知他是忠贞之士！

《忠经·辨忠》中说："夫忠而能仁，则国德彰；忠而能知，则国政举；忠而能勇，则国难清。故虽有其能，必由忠而成也。""忠"是儒家处理人际关系的基本原则之一。孔子提出，君子行事以忠信为主。曾子认为孔子一以贯之的道是"忠恕"。《论语》提到"忠"这一道德规范共有十五次。孔子的学生子路向老师请教如何为政？回答是："居之无倦，行之以忠。"（《论语·颜渊》）在位时不要疲倦懈怠，执行政令要忠心耿耿、尽心竭力。人要做到至公无私、始终如一、竭诚尽责就是"忠"的表现。至贵至重的历史文化，如果除去了忠勇的事迹，其分量定然大为减轻。对党绝对忠诚，要点在"绝对"两个字，就是唯一的、彻底的、无条件的、不掺任何杂质的、没有任何水分的忠诚。

看人之大节，识官之大德，关键是看忠诚，把忠于信仰、忠于国家、忠于人民作为必备的政治品质和毕生操守。"仁而不忠，则私其恩；知而不忠，则文其诈；勇而不忠，则易其乱。是虽有其能，以不忠而败也。""天下至德，莫大乎忠。"（《忠经》）

《三国志》作者陈寿谈到陆逊为国尽忠时，颇为动容。"人无忠信，不可立于世"（北宋理学家程颐）。文天祥在国家和民族危难之时挺身而出，视死如归，用生命书写"人生自古谁无死，留取丹心照汗青"的悲壮诗句，是忠诚的最好诠释。历代仁人志士所处的历史时代不同，但都以自己的行为做出响亮的回答。

忠诚是一种操守，也是一种坚守，扛住压力，抵制诱惑。俯仰立信于天地，行止无愧于良心。忠诚这一品德、品格、品行，是一种高于云天的信念。朱德早年参加了反清革命的同盟会。朱德在滇军中从少尉排长干起，在讨袁和军阀混战中一直升至少将旅长，名震川滇，但是他对黩武争权深感厌倦，于是主动离开月收入大洋数以千计的滇军。

不久，朱德千里迢迢从云南赴上海，找到陈独秀，提出加入中国共产党："如果为了个人的享受，我就不会来找共产党了，我可以回到军阀部队中去，可以成就个人的功名利禄，但我正因为要抛弃这些，为国家和民族的利益而奋斗，所以，我才选择了共产党！"尽管这次朱德被拒之门外，但是他没有失望，以一颗忠诚之心跨出国门到德国柏林，找到了旅法党支部负责人周恩来，最终才成为一名共产党员。

忠诚履职的人，敢于从客观事实中引出正确结果，而不是违心地裁剪客观事实；敢于为真理鼓与呼，为正义论和争。特别是当客观实际与领导意图发生矛盾的时候，坚持说真话，是为是，非为非，有喜报喜，有忧报忧，抓住关键，抓住本质，决不隐瞒自己的观点，不看领导眼色行事，不顺着领导的杆子往上爬。

党员干部要在新时代千帆竞发的洪流中，以实际行动诠释对党忠诚。对党的忠诚度必须是百分之百的，只有绝对，没有相对；只有一心，没有二心。"维护党的团结和统一，对党忠诚老实，言行一致，坚决反对一切派别组织和小集团活动，反对阳奉阴违的两面派行为和一切阴谋诡计"，这是二十大党章规定的党员必须履行的义务。要以"敢于斗争，敢于胜利"的大勇，全力破解"拦路虎"，对新问题要不等不靠，以闻

下篇
外王：治国平天下论

战则喜的战斗精神和一往无前的拼搏精神，主动加压历练，勇于担当，逢山开路，遇水架桥；要永葆共产党人政治本色，与党同心同德、心心相印，决不阳奉阴违、口是心非，搞两面派、做两面人。

在其位不谋其政，等于尸位素餐；不求有功但求无过，贻误的是发展良机；当作为而不作为，丧失的是群众信任。作为党员干部，要不负重托，不辱使命，忠诚履职，防止和破除"平平安安占位子、舒舒服服领票子、庸庸碌碌混日子"的懒散作风，莫做不作为、慢作为、得过且过的"庸官"。党员干部要在摸爬滚打中增长才干，要关键时刻站得出来、生死关头豁得出来，用生命和汗水诠释共产党人的理想和信念。习近平总书记指出："全党同志都要保持'越是艰险越向前'的英雄气概，保持'敢教日月换新天'的昂扬斗志。"[1]要积极带头，率先垂范，用心干事，形成阶段性的具体目标、具体路线图、具体时间表，雷厉风行，狠抓落实，让每一个工作岗位都焕发出创造活力。有志向、有追求的共产党人，一定能够务实进取、奋发有为，把自身价值和人生光彩展现在崇高事业的大发展、大繁荣之中。

要加强党性锻炼，不断提高政治觉悟和政治能力，把对党忠诚、为党分忧、为党尽职、为民造福作为根本政治担当，忠诚不是一种纯粹的付出，忠诚会有忠诚的回报。忠诚的人会比愚昧、奸诈的人获取更多。用忠诚创造的价值，大部分可能不属于你，但忠诚赢得了信任，为你自己创造了好形象、好名声，使你拥有"无形资产"，让你的才华有一个施展的天地，有了可持续发展的前途。

---

[1] 习近平：《在"七一勋章"颁授仪式上的讲话》，《人民日报》2021年6月30日。

修齐治平札记

治国尤须赏罚并重

任何社会要谋生存、求发展,都必须对一切积极因素进行激励,对一切消极因素进行制裁。赏罚作为客观的作用机制随时随地都在起作用,贯穿于整个社会生活。这无形中在每个人面前悬起一面旗帜——赏,同时又高悬一柄利剑——罚。赏罚分明、赏罚公正、赏罚及时、赏罚有度,此乃为政之大纲,是为政者的方略之一。

"赏罚"一词最早出现于《尚书·周书·康王之诰》,"毕协赏罚",此之谓也。赏罚合宜,则善恶有序,政通人和;赏罚如果不合理,将导致善恶混乱。由此可见,在西周之时,赏罚就已被视为君主执政的重要手段。提倡厚赏的同时,主张行宽仁之道,慎罚轻罚。

《文子·上义》中说:"赏一人而天下趋之,罚一人而天下畏之。"赏可以劝善,罚用来惩恶。《韩非子·主道》中说:"诚有功则虽疏贱必赏,诚有过则虽近爱必诛。"韩非子将君主控制臣下的手段化简为"二柄",即赏和罚。他的这个观点被后世所有的掌权者所接受和使用。

《周礼》讲述了君王驾驭臣下有八种措施:一曰爵,封以官爵使其尊贵;二曰禄,授以俸禄使其富有;三曰予,给以赏赐使其得到恩宠;四曰置,予以赦免使其修养品行;五曰生,使其生存能够得到幸福;六曰夺,夺其财富使其贫穷;七曰废,罢其官职以惩罚其罪过;八曰诛,灭其生命给其以应得的灾祸。这"八柄",涉及了驾驭臣下的方方面面,其中前五条属于赏赐,后三条属于惩罚。

《论语·子路》谈到"刑罚"。子路问政,孔子说先正名,因"名不正,则言不顺;言不顺,则事不成;事不成,则礼乐不兴;礼乐不兴,

下篇
外王：治国平天下论

则刑罚不中；刑罚不中，则民无所措手足"。在为政的序列里，礼乐和刑罚都是教民行为、导民向善的社会规范，二者都是重建社会秩序的手段。

把握好分寸，实现宽猛结合、刚柔相济、刑政相参、德法兼治，是孔子治国理政的一个重要思想。孔子强调教育为主、防重于治的思想。"刑罚之所从生，各有源焉。不豫塞其源，而辄绳之以刑，是谓为民设阱而陷之也。"（《孔子家语·五刑解》）各种犯罪行为之所以产生，是有各种渊源的，如果不从源头上加以堵塞和预防，动不动就绳之以法，这是给老百姓设置陷阱。

在晏子看来，赏罚关系国家存亡，是治国的重要法宝。由于景公滥施刑罚，常把罪犯的脚砍下来，所以市场上有专门卖假脚的。当景公询问晏子市场上"何贵何贱"时，晏子回答"踊贵而屦贱"，即假脚贵鞋子贱。晏子的回答使景公"愀然改容"，于是减少刑罚。晏子主张贤君治国，国君在赏罚的过程中不应掺杂个人的主观情感，主张贤君治国当"不因喜以加赏，不因怒以加罚"，不能因一时高兴而给予奖赏，也不能因一时生气而施加刑罚。应当"从邪害民者有罪，进善举过者有赏"。晏子指责景公"信用谗佞，赏无功，罚不辜"，并以辞官促其觉醒。国君的爱憎取决于此人是否对国家有利，这样才能导善避恶。晏子在提醒国君赏罚应有固定标准的同时，劝告景公无论何事，应以百姓利益为重，否则将会危及统治。

赏的唯一根据是功，罚的唯一根据是罪。韩非说："计功而行赏。""赏不加于无功，罚不加于无罪。"赏既不可以"恩进"，也不可以"巧赐"；罚既不可"由怒"，也不可"祸连"。《魏书·景穆十二王列传》中说："赏必以道，用防淫人之奸；罚不滥及，以戒良士之困。"即奖励要按规则，以防止坏人钻空子；处罚不要太滥，以防备好人受冤枉。

修齐治平札记

汉文帝曾出行过中渭桥，一人从桥下跑出，文帝的马受惊吓，于是此人被逮捕，交给廷尉衙门处置。张释之查问这件事后，奏明判罚："惊吓皇帝，当罚金。"文帝大怒，要张释之把那个人杀了。张释之说："律法是天子和百姓共同遵守的。如果改变律法来重罚他，这律法将不被百姓信任了。希望陛下明察这事！"后来文帝说："廷尉判罪是正确的。"

要坚持王子犯法与庶民同罪，以公平为规矩，以仁义为准绳。奖赏时，别忘了奖励有功的人物，不遗漏疏远之人；惩罚时，敢于处罚有罪的大人物，不偏袒亲戚权贵。三国时期陈寿说："尽忠益时者虽仇必赏，犯法怠慢者虽亲必罚。"

赏罚严明，就可以达到惩恶扬善的目的，端正社会风气。赏罚，要掌握一定尺度，不能颠倒，也不能滥用。明代洪应明有言："恩宜自淡而浓，先浓后淡者，人忘其惠；威宜自严而宽，先宽后严者，人怨其酷。"为了树立领导者的权威，培养一支过硬队伍，必须具有大家遵循的行为准则。对违反规章制度的人，该罚多少即罚多少，来不得半点仁慈和宽厚。在运用这种先黑脸、后白脸的方法的时候，顺序不能变。如果先扮白脸，对犯了过错的下属述说一番两个人的交情，再换上一副黑面孔，就容易被人看作是鳄鱼的眼泪，产生逆反心理。当部属犯错误的时候，则要立刻给予严厉的纠正，并引导他走上正确的道路。

赏罚并重必须坚持严字当头，而且必须适度，防止过头和不及。过头为过度，不足为失度。赏罚做到恰到好处，才是高水平。平时对下属要求过于严格、苛刻，也收不到预期效果。下属犯了错误而惩罚过严，打击面过大，会带来负面影响。

下篇
外王：治国平天下论

让忠言不再逆耳

　　做人要正直，但不能刻板；处事要灵活，但不要圆滑。做人要方，重诚信，以不变应万变；做事要圆，求变通，以万变应不变。通则变，变则通，一通百通。韩非子曾提出，部属不能随便向上司进言。君主秘密策划的事，不知情者贸然进言就会有危险。

　　向领导建言，提建议，要让人家乐于接受，取得好的效果，不必声色俱厉，得理不饶人，不必把你的反对性意见"兵临城下"般地直指上司的观点或方案，也不必"驾起堂吉诃德式的马枪，盲目乱闯"，应有好的方式方法，做到"直而不肆"，掌握分寸，措辞委婉，讲究技巧。

　　若进谏得好，须以事设喻，通过两种相似事物的可比性和相通性，开启领导思想的大门，产生思维灵感，而不至于听不进去。当年楚襄王之父楚怀王因听信谗言，放逐屈原之后，失去了席卷天下、囊括四海之优势，最后连自己也被秦国扣留，客死秦中。楚襄王即位之初，同样不思进取，整天沉湎于酒色。庄辛，这位继屈原之后楚国的又一英才，曾劝告楚襄王不要淫逸奢靡，荒于政事。楚王不听，结果大片国土被秦国攻占。

　　为使楚王听进谏言，庄辛以事设喻：您没好好注意看过蜻蜓吗？在天地之间自由自在飞翔，低下头来捉住蚊虫当饭吃，仰起头来接着雨露当水喝，自己认为与别人没什么可争的。他却不知道十来岁小孩，正把调好的胶、织好的网，举得高高地捕捉它了！最后成为蝼蚁的食粮。楚王听后"身体战栗"，有了醒悟，嗫嚅着说："我愿听取你的意见。"于是封庄辛为阳陵君，并用了他的计谋，从而取得了淮北的土地。

先请教，然后肯定对方正确的东西，再指出对方不当之处，晓以利害，直接劝解，提出建议，这也是进谏的一种有效方法。请教是一种低姿态，表明下属尊重领导的权威，已仔细研究和推敲了领导已有的思路和方案，很可能是做些枝节性或局部性的改动，补充、完善领导的意图，从而消除对你建议的某种误解和反感。

首先以请教方式聆听领导的想法，可以使你进退自如，及时认同领导好的东西，寻找谈话的共同点，建立彼此相容的心理基础。还可以在请教过程中把自己相形见绌的见解体面地收回来，不至于弄得很尴尬。在请教中谈自己的看法，在聆听中对相关情况加以分析，只要讲得有理有据，领导一定会采纳你的建议的。

孟子的德行学识誉满天下，到处都受到诸侯的礼遇，连鲁平公也要屈尊拜见孟子。他的宠臣臧仓害怕鲁平公重用孟子，将影响对他的宠信，于是说，孟子办后死的母亲丧事，超过了先死的父亲的丧事，这是不贤也，鲁平公不应降低身份去拜见孟子。鲁平公不加分析，便听信谗言，不去拜见孟子了。

领导是人不是神，都有七情六欲。由于工作不顺利等原因，有的领导者总免不了会心绪烦乱，爱发脾气，或面部表情冰冷木然，或发出深沉的长叹声。这时，部下要善于择机，注意鉴貌辨色，分析其心绪不好的由来，不要在此时轻率进谏、据理力争。当领导出现轻松愉快的笑脸，倾听和接受别人意见的概率会增大，这时可抓住有利时机进谏，首先获得领导的心理认同。进谏时要做到摆事实而不空泛，有分析而不累赘，有条理而不啰唆。

进谏须注意方法。先肯定业绩，有点鼓励的作用，然后心平气和、实事求是地提出批评、建议，易被对方接受。正如莎士比亚所言："希望

下篇
外王：治国平天下论

别人有某种优点，你就赞美那人拥有你希望他的优点。"周宣王有一段时间贪恋床笫、早睡晚起，荒废了早朝的政务。姜皇后把过错全揽到自己头上：摘去头上的首饰，在皇宫中的永巷里等候治罪，同时让她的傅母向宣王传言禀报"臣妾无才又无德，导致大王您丢失早朝的礼数，很晚才去上朝，臣妾斗胆请大王治罪"。宣王说："这是寡人的过错，不是夫人的错。"主动承认了错误，从此励精图治，成就了西周中兴大业。

唐太宗到了晚年，看到天下太平，滋生出骄傲情绪，有点厌恶批评的话了。偏巧有几天，魏徵又在他面前絮叨，什么不要到南北游玩啊，等等。一天，魏徵在朝廷上当众批评太宗。太宗恼羞成怒，退朝回宫，连连自语："总有一天，我要杀掉这个庄稼佬！"长孙皇后听了，赶紧问道："又是哪个大臣触怒了陛下，惹你发这么大的火？"太宗道："还不是魏徵那个老东西，他每次都当着大臣的面讲我的过失，竟对我耳提面命，当众羞辱我，搞得我下不来台。"

长孙皇后听了，连忙换上朝服，向太宗施大礼。太宗吃惊地问："你干嘛这么庄重？"长孙皇后说："我听说有英明君主才有忠直大臣，今天魏徵能直言进谏，就是因为陛下英明啊！这是国家的幸运，妾怎敢不前来道贺呢？"唐太宗听了皇后的赞扬，不仅消除了怒气，而且反省了自己的过激。不久，即升魏徵为侍中（宰相）。

长孙皇后不是从批评皇上度量狭小入手，而是从表扬皇上的立场来维护魏徵的直言，这种方式让皇上接受了意见。长乐公主要出嫁了，因为是皇后亲生女儿出嫁，皇帝嘱咐多准备些嫁妆。结果朝廷准备的嫁妆十分丰厚，甚至超过了长公主。魏徵说这样于礼不合，于情未安。李世民把魏徵的意见转述给皇后，皇后深有感慨：对于陛下，夫妻之间的我尚且察言观色，魏徵真是难得啊。过去只听说陛下重用魏徵，不知道理由，现在终于知道了，魏徵是能够以义制情的人。忠言逆耳利于行，真是社稷之臣啊。

历史上平庸、昏聩的王侯并不少见，因此不能直截了当进谏言。寇准是一位治国的能臣，但为人轻狂，不注意礼节，得罪了不少人，被贬到陕州。临行时，张咏设宴送他。寇准握着张咏的手说："我今日被贬，张公可有什么话对我说吗？"张咏委婉地说："寇公以后如果有时间的话，《霍光传》不可不读啊！"后来寇准取来《霍光传》读之，当读到"不学无术"这句话时，忍不住笑了起来："这是张公在劝我啊！"

在领导工作顺时、心情好时进言，他通常会乐于听从你的劝告。要注意不要在领导发脾气、情绪化时进言（不排除温馨提示）。可以把对方话题先承接下来，表示一定程度的赞同和理解，使他愿意听取你的见解，然后再陈述你的不同看法，包括正话反说，将反面的话稍加引申，说服对方。可以，话中有话，话外有话，即有言外之意，让领导自己去感受去体味。

1948年全国转入大反攻。全国解放战争的大局要求毛泽东尽早东渡黄河，到一个对指挥战争最有利的地方去。但是毛泽东有言在先，非回延安不可。为了劝毛泽东过黄河，周恩来与任弼时反复研究，做了充分准备。毛泽东曾说："不打败胡宗南决不过黄河。"周恩来深知毛泽东的个性。他先问宜川一役，可以不可以说打败了胡宗南？毛泽东说："这是不可改变的历史事实。"

周恩来抓住机会马上说："主席讲过，不打败胡宗南决不过黄河，现在打败了胡宗南，为了夺取全国胜利，我们的前、后委与工委应该合并到一起了。"于是，周恩来把要说的话就让毛泽东说了出来："那么说，我们要离开陕北了？"周恩来立刻点头："对，中央留在陕北的目的已经达到，需要到一个对指挥战争最方便、最有利的地方。"就这样，毛泽东没有回延安，东渡黄河去了西柏坡。

一个人尤其是领导者受到批评，对其心理影响较大。批评不分场合、脱口而出，对方一时是很难接受。批评要合理、得宜、适时，就能起到澄清是非、教育本人的作用。批评之前要搞调研，搞清楚其过错的动机和详细的过程，批评时要讲究方法，注意保护其积极性，帮助他从错误认识中解脱出来，放下包袱，以崭新的姿态投入工作。

秉政尤须纳诤言

作出的决策要经得起实践的检验，就必须广开言路，兼听多方面的意见。由于受客观事物复杂性的制约，受自身认识局限性的影响，有时决策会难以取舍，或出现偏差，乃至失误。要想解决好这个问题，就不要惧怕他人提不同意见。

刘邦是知人善任、善于授权的典范，也是善于纳谏言勇于改错的典范。刘邦能战胜项羽而得到天下的一个重要原因，在于他的善听，从谏如流。无论是谁，包括他很反感的人，只要说得有理有据，他都会立即改变态度，虚心请教，言听计从。刘邦善于在用人中纳谏，保证了用人的正确性；善于在决策中纳谏，保证了决策的科学性；善于在有过错时纳谏，保证了改正错误的及时性。

汉朝建立以后，陆贾上书时常常引用《诗经》《尚书》中的句子，刘邦听得不耐烦，破口大骂："老子马背上得天下，哪里用得着这些破烂文章？"陆贾反驳道："陛下可以马背上得天下，但能马背上治天下吗？假如秦朝统一江山后，效法先王以仁义广布天下，陛下哪里还有今天！"

修齐治平札记

听了这话,刘邦登时面露愧色,虚心求教,还专门请陆贾开讲座,讲解天下得失的道理。后来陆贾还把讲稿整理成为《新语》一书。

治国理政,当把谏诤当成一面镜子,可以起到匡正过失的警诫作用。如果只喜欢奴颜婢膝,只愿听到诺诺之言,身边没有一个敢于直言的诤友,听不到一条不中听、不爱听的忠言,容易导致言路堵塞,错识之患,任其决策失误,这是很可怕的,这首先是缺少政治修养的表现。如果身边有敢于谏言的人,直陈利弊得失,让你时刻保持警醒,防止自我迷失,这真是一种福分。由此观之,刚正不阿、赤心拳拳,应当力倡。

《汉书·霍光传》记载了曲突徙薪的故事。有一户人家建了一栋房子,亲朋好友称赞房子造得好,主人十分高兴。这时,有一位朋友对主人说:"您家厨房上的烟囱是直的,灶膛的火很容易落到房顶上,极有可能引起火灾。您应该在灶膛与烟囱中间加一段弯曲的通道,这样就安全了。"主人不以为然地笑了笑。朋友又说:"您在灶门前堆了很多柴草,这样也很危险,还是搬远一点好!"主人没有听从这个建议。过了几天,新房果然发生了火灾,邻居们把火扑灭了。主人摆了酒席,感谢帮忙救火的人,把那位朋友也请来了。

多听不同意见,察纳雅言,多听劝告,有益无害,别一条道跑到黑。《说文解字》解释说:"诤者,止也,止其失也。"孔子曾说:"益者三友:友直、友谅、友多闻。"这里所谓"直"就是诤友。孔子说:"士有争友,则身不离于令名。"出于功利之心交友,则势必不能长久。正所谓"以势交者,势倾则绝;以利交者,利穷则散"(《中说·礼乐》)。诸葛亮曾说,当年在隆中时最初结交崔州平"屡闻得失",后来结交徐庶"勤见启诲",后在蜀国为政,董和"每言则尽",后又有胡伟度"数有谏止",皆是能够直言的诤友,难能可贵。只有本着忠信之道交友,才能

下篇
外王：治国平天下论

使友情长存。

当一个人能够听取不同意见时，他自然会耳聪目明，头脑清醒；反之，则有可能闭目塞听，做出错误的判断。唐太宗在位二十三年（627—649），善于纳谏理政，与下属保持宽松和谐的君臣关系；因为治理天下成效显著，历史上被誉为"贞观之治"。他曾问谏议大夫魏徵："作为一国之君，怎样才能变得圣明，明辨是非，不受蒙蔽呢？"魏徵认为关键在于君主对于不同意见的态度。有的能够兼听，有的则是偏听偏信。魏徵以历史为鉴。从前帝尧向民众了解情况，能将三苗作恶之事及时掌握。舜帝耳听四面，眼观八方，所以当时虽有坏人，也不会受蒙蔽。秦二世胡亥偏信赵高，结果在望夷宫被赵高所杀。梁武帝萧衍偏信朱异，在台城被软禁饿死。隋炀帝偏信虞世基，导致天下大乱，甚至江山易主，以此来说明偏信的危害。

一次，李世民阅罢一份奏疏，脸色变白，气得将奏疏向坐在一旁的魏徵一掷。魏徵捡起奏书，匆匆阅完。原来这是中牟县丞皇普德参的一份奏书，书中针对时政提出了三条尖锐的意见：一、国家向农民征收的地租太重；二、修建洛阳宫是劳民伤财；三、现在妇女的头发都梳高髻，这是从宫中流行出来的不好的风俗。李世民一怒之下，要给皇普德参治罪："诽谤朝政！下狱！"

魏徵不顾冒犯君威，上前苦劝，举了隋炀帝拒绝谏言，才致使败国亡身、江河改姓的例子，并对唐太宗说："您曾亲口说过，自己不学隋炀帝，大臣不许学虞世基，这些话余音在耳，臣永远不忘啊！"魏徵的话，言辞婉转，却句句千钧。唐太宗经过激烈的内心冲突之后，终于长嘘一口气，说道："卿的话很中肯，朕险些忘了隋炀帝的教训。"以魏徵为代表的大臣在很多时候采用的纳谏方式直截了当，皇帝多次难为情。

修齐治平札记

但毕竟凡是正确的，唐太宗就接受了。后来唐太宗几乎一刻都离不开魏徵，他不会觉得自己权力受限制，反倒觉得自己应该少犯错误。形容自己和魏徵是璞玉和玉工的关系，自身素质不是很高，因为魏徵雕琢才得到提升。

学习借鉴历史经验教训尤为重要。治国理政应该知道何去何从，怎么知道？就是温古鉴今。为了解前代得失，唐太宗下令魏徵等人整理历代帝王治国资政史料，撷取经、史、诸子百家中有关修身、齐家、治国、平天下之精要，汇编成《群书治要》一书。魏徵于该书序文中介绍这本治世宝典说："用之当今，足以鉴览前古；传之来叶，可以贻厥孙谋。"这部经典里面的确有许多值得掌权者借鉴的哲理，如"兴国之君，乐闻其过；荒乱之主，乐闻其誉""明主患谀己者众，而无由闻失也""汤武以谔谔而昌，桀纣以唯唯而亡"。真正的忠臣，绝不是那种谄媚巴结的人，而是能够指正过失的人。

唐太宗鼓励大臣直言进谏，把"水能载舟，亦能覆舟"作为治国箴言。他建立了前朝所没有的新制度：允许谏官、史官参加政事堂会议，及时了解朝政的消息，使得有所劝谏，使宰相及其他官员不敢谎报政绩，对敢于直谏有贡献者实行奖励政策，努力创造让人讲真话、讲实话的环境和条件，这些都是他治国理政的重要经验。李世民能够完善谏议制度，并能做到从谏如流，这是一件很了不起的事情，这是治理国家的重要之举，这使得贞观时期官员向皇帝进谏蔚然成风。

唐太宗在位的二十三年间，谏臣盈廷，仅因进谏而见于史籍记载者就不下三十人。魏徵前后所谏两百余次，数十万言，皆切中时弊，对改进朝政很有帮助，避免和防止了很多错误。唐太宗虚心纳谏，吸引了大批优秀的治国人才，贞观年间可谓是"人才济济，文武兼备"。魏徵、杜

下篇
外王：治国平天下论

如晦、房玄龄、长孙无忌、尉迟恭、褚遂良、马周等政治家、军事家，都在贞观年间担任要职，有的是敌对阵营里的人，也来到了他身边，为"贞观之治"贡献了聪明才智。

一个人看问题常有局限性，只有集思广益才能寻找出解决问题的最佳办法。陈云说过："哪个地方、部门有争论，哪里就出真理；反之，没有争论，大致要出毛病。"[1]陈云以自己的亲身经历，来说明听取反对意见的重要性："我从一九四四年起做财经工作，时间不比你们长，缺点不比你们少，主要是只找自己业务部门开会，偏听一面，现在证明这是不行了。"[2]通过不同意见的辩论、交锋，人们对事情和问题的认识能够比较全面和准确，作出的决策也才能比较科学和有效。陈云认为："这些敲锣打鼓的'反对派'，世界上是少有的，为什么我们不要呢？"[3]对于提出不同意见的人，绝不要生气，"他们的意见，对的或者错的，都有益处"[4]。

包容的可贵性在于对同类的认同和对异类的尊重。包容不同的颜色，世界才变得绚丽多彩；容纳不同的声音，交响乐才变得美妙动听。诸葛亮提出了"集思广益""咨诹善道、察纳雅言"的主张。他告诫下属，不要因为避嫌或怕得罪人而不敢提出相反的意见，那样会给国家带来损失。他专门下达《与参军掾属教》一文，表彰敢于和他反复争辩的董和，号召僚属效法他。对于不同的意见、相左的观点，党员干部要悉心听取，认真分析，切不可先入为主、自以为是，更不能对提出意见的人不予理

---

[1]《陈云文集》第三卷，中央文献出版社2005年版，第51页。
[2]《陈云文集》第三卷，中央文献出版社2005年版，第53页。
[3]《陈云文选》第二卷，人民出版社1995年版，第331页。
[4]《陈云文选》第三卷，人民出版社1995年版，第47页。

会、耿耿于怀。即使有些意见不能采纳,也能从中了解下属和群众的一些需求。

多方面听取不同意见才能辨明是非得失。如果只听一方面的意见,就容易偏信,做出错误判断。励精图治之君,繁荣昌盛之世,无不竭诚待下,从谏如流;无不直臣盈廷,竞献其策。有差异的思想碰撞,才能产生真理的火花,而权力不等于真理。只有在"不同"的基础上形成的"和",才能使言路畅通,才会产生"1+1>2"的合力。千万不要冷漠和排斥那些诚恳地指出你的缺点与错误的人,应视那些人为对自己有帮助、可爱的人。

陈毅是我们党内当面敢批评和勇于作自我批评的楷模之一。1940年10月,陈毅在苏北根据地时,苏北参政员施文舫向陈毅直言,指责东台潘微区委谭启民贪污腐化,欺上瞒下,言语中还夹有批评陈毅偏听偏信之意,陈毅感到十分刺耳,怒斥施文舫。施文舫冷笑一声,愤然离去。事后陈毅经多方调查,发现谭启民确有严重错误,于是责成东台县委对谭启民的错误严肃处理。又隔了两天,陈毅主动到施文舫家道歉,施文舫深为感动。陈毅担任上海市市长期间,曾回忆往事,写下了《六十三岁生日述怀》,表现出一个无产阶级革命家的博大胸怀:"难得是诤友,当面敢批评。有时难忍耐,猝然发雷霆。继思不大妥,道歉亲上门。"[1]

习仲勋任广东省委第二书记时,惠州地区检察分院麦子灿给他写来一封批评信,措辞用语之尖锐、尖刻,非一般人所能承受。习仲勋在会上却自曝来信,他说:"这封信写得好,还可以写得重一点。下面干部敢讲话,这是一种好风气,应当受到支持和鼓励。不要怕听刺耳的话,写

---

[1]《陈毅诗词集》(下),中央文献出版社2012年版,第638页。

下篇
外王：治国平天下论

信的同志相信我不会打击报复他，这是对我们的信任。"[1]这种善于兼听、闻过则喜的境界，体现了习仲勋海纳百川的雅量、从善如流的智慧、虚怀若谷的胸襟。

只有多听谔谔之言，才能广开言路，择善而从。兼听民意，察纳雅言，容纳不同的声音，是尊重对方、沟通协调的桥梁，是博采众长、补己之短板的良方，是办好事情、避免失误的法宝。2013年2月6日，习近平总书记与党外人士座谈时说："对中国共产党而言，要容得下尖锐批评，做到有则改之、无则加勉；对党外人士而言，要敢于讲真话，敢于讲逆耳之言，真实反映群众心声，做到知无不言、言无不尽。"[2]他的讲话体现了我们党善纳群言、广聚群智、闻过则喜、求同存异的胸怀，体现了我们党光明磊落的底气。千万不要文过饰非，把责任推给他人、推向客观，不要编造事实捏造假象。

最拙劣的赞美也要比最高明的批评好听，然而十句赞美不如一句批评的话给你有价值的东西多。正如《史记·商君列传》中所说："千羊之皮，不如一狐之掖；千人之诺诺，不如一士之谔谔。"也正如匈牙利的爱国诗人裴多菲所说："我宁愿以诚挚获得百名敌人的攻击，也不愿以伪善获得十个朋友的赞扬。"应把对党的事业忠心耿耿、爱护领导、敢于直言的同志视为"老师"。总的来说，这种批评体现了群众对党员干部的关心爱护。批评的意见中即使有百分之五的正确部分，也应该虚心接受。

闻过则喜是一个领导者能够改正缺点错误的关键环节。从内心意识到自己身上有许多不足、许多毛病，并随时准备改正，才能发自内心地欢迎和感激别人的批评，及时而迅速地改正自己的缺点和错误。党员干

---
[1]《历史选择：中共传奇人物档案》，现代出版社2018年版，第222页。
[2]《习近平同党外人士共迎新春》，《人民日报》2013年2月8日。

部要发挥表率作用,既要做到严于律己,也要勇于指出别人的错误,在原则问题面前不含糊。不管是上级、同级的批评,还是下级乃至群众的批评,也不管什么内容,只要批评得对,就应"对号入座",立知立改。

谨防小人须镜鉴

大千世界,勇士与懦夫同在;诸多官场,君子与小人并存。纵观朝代沧桑变迁,亲贤人、纳忠言、远小人,社稷兴也;亲小人、听谗言、远贤人,江山险矣。因此,借鉴历史经验,区别、警惕、谨防小人,对避免失败有其特殊的意义。

在中国吏治文化中,向来把无德、缺德的官员斥之为"小人"。提起小人,想到"君子坦荡荡,小人长戚戚",想到蝇营狗苟、忘恩负义、过河拆桥之辈,搬弄是非、诬良栽赃、兴风作浪之流,使人想到鲁迅笔下的走狗——见了阔人就摇尾巴,见了穷人就狂吠。有的君主像秦始皇、齐桓公也曾被奸佞小人迷惑。

历史的轨迹仍在继续。夏桀是我国历史上第一个亡国之君。一个名叫赵梁的小人,专门投其所好,教夏桀如何享乐,如何残害百姓,因而获得夏桀的宠信。曾经多次向夏桀劝告赶快改正错误的忠臣关龙逢被杀害,屡次劝说夏桀要亲贤臣、远小人的贤臣伊尹也险些被杀。伊尹以尧舜的仁政来劝说夏桀,夏桀听不进去。伊尹选择了离开,成为商汤的有力助手。从此,夏桀的朝内,贤臣绝迹,佞臣当道。夏桀最终在成汤发起的一场革命中被推翻。

汉桓帝和汉灵帝是汉王朝最后的两个皇帝,汉王朝的命运就是他们

下篇
外王：治国平天下论

亲手断送的。他们是怎样把汉王朝葬送的？诸葛亮在《出师表》中说："亲贤臣，远小人，此先汉所以兴隆也；亲小人，远贤臣，此后汉所以倾颓也。先帝在时，每与臣论此事，未尝不叹息痛恨于桓、灵也。"诸葛亮这段话表明后汉衰亡的原因在于吏治腐败。

落井下石是小人的突出表现。制造谣言、散布谣言都是小人缺德的表现；只要有人跌倒、失败，他们会追上来再补一脚。他们也是事后诸葛亮，常说一些幸灾乐祸的风凉话。曾国藩说："所谓小人者，识见小耳，度量小耳，井底之蛙，所窥几何？而自以为绝伦之学。"

清代张廷玉说："附小人者，必小人；附君子者，未必君子。"依附小人的，必定是小人；趋附君子的，则不一定是君子。君子孜孜不倦而成为众人敬仰的人，小人为所欲为终于落到受辱的地步。宁被认为无才的庸人，也不可被认为有才无德的小人。正如李世民所言："朕观前代谗佞之徒，皆国之蟊贼也。或巧言令色，朋党比周；若暗主庸君，莫不以之迷惑。"（《贞观政要·杜谗邪》）

处事奸猾，长于窥测，谄媚逢迎，败坏纲纪，玩弄权术，谋害忠良，是小人之徒、狡诈之辈最有代表性的特点。商纣王的身边有费仲、蜚廉、恶来和崇侯虎。这帮小人善于阿谀奉承、迎合商纣王而深得其信任。这帮小人仗势欺诈百姓，从中渔利，百姓恨之入骨，在天怒人怨的情况下，周武王联合各小国起兵讨伐商纣王，商纣王兵败，无路可逃，只得自焚而死。小人没有自己确定的观点和主张，所做的事是时时窥测方向，掂量实力消长，谁有用、谁"好使"，就投向谁。在势均力敌时，"脚踏两只船"，同时讨好对立的两面，见人说人话，见鬼说鬼话。人赢则帮人，鬼胜则帮鬼，没有骨气，就像当年宋之问那样，太平公主弄权，他媚事太平公主；武则天的侄子武三思主事，他投靠武三思；安乐公主得意，

修齐治平札记

他依靠安乐公主……甚至不要廉耻，为武则天的男宠张易之、张昌宗捧尿壶，目的就是为自己捞"一杯羹"。

有个成语叫"庆父不死，鲁难未已"。庆父，春秋时鲁国贵族，鲁庄公之弟。他惯于挑拨离间，制造内乱，先后杀掉两个国君，激起国人愤怒。后畏罪逃莒国，被押解回国，途中自缢身亡。成语即源于此，大意是如果不除去庆父，鲁国的灾难是不会终止的，比喻不清除制造内乱的罪魁祸首，国家就得不到安宁。毛泽东曾在《南京政府向何处去？》中指出："庆父不死，鲁难未已。战犯不除，国无宁日。这个真理，难道现在还不明白吗？"[1]

小人喜欢追随权力，谁得势就依附谁，谁失势就抛弃谁。这种人由于受上司所宠而趾高气扬，在上司面前说别人的坏话，阳奉阴违，掩饰内心的意图；人前肉麻地恭维、过分地捧场，背地却分化同事感情，制造纷争和事端，事后扮演和事佬、双面间谍，闽南语所谓"双面刀鬼"是也。这样的人施展媚术，且由此而获得的利益，也未必能够维持得长久。

唐玄宗早年何等英武，任用贤人，姚崇、宋璟等名相迭出，开创"开元盛世"。后期则因偏信小人，致国势由盛转衰。李林甫是唐玄宗时期养乱启祸的头号大奸臣，素质十分低劣，不学无术，言谈卑俗，为闻者所窃笑；他待人表面和善，一副君子形象，而内心则阴险狡诈，狭隘狠毒，常在暗中陷害忠臣，被称为口蜜腹剑的小人。《资治通鉴·唐纪三十》里说他："好以甘言啖人，而阴中伤之，不露辞色。"

李林甫的嫉妒心特别强，总担心别人获得玄宗的赏识，把他宰相的

---

[1]《毛泽东选集》第四卷，人民出版社1991年版，第1446页。

下篇
外王：治国平天下论

饭碗抢走。因此，他经常利用别人的矛盾，从中挑拨，暗算别人，以剪除异己。他对有才能的大臣和政敌公开进行打击和迫害。选拔官吏由他一人说了算，这导致了官员素质不高，且多为阿谀奉承之辈。

李林甫善于做两面派，表面和颜悦色，以好言拉拢人，使人以为他真是一位难得的忠臣良相，实际上却是个地地道道阴险狡诈的老狐狸。"笑里刀剐皮割肉，绵里针剔髓挑筋。"李林甫越是想整倒某人，就越与之交好，极尽恭维阿谀之能事。在背后却是另一副面孔，趾高气扬，暗箭伤人，不露痕迹，当这个人被整得很惨时，也不知道是他在暗中使坏。

安禄山也是个典型的小人。他抓住唐玄宗的弱点，大搞障眼法。他以假装不知殿下称谓而不拜太子。在他眼中，太子是眼下还没有用处的人，有用的是唐玄宗，因此他故意表演得比其他任何人都更忠诚于玄宗。大奸大猾总是貌似大忠大信，玄宗却看不透外憨内奸的安禄山的小伎俩。安禄山这样的小人没有人性良心，无论你施多少恩惠，都打动不了他的心，他把杀人利器深藏于笑脸背后。等到时机成熟，便发动叛乱，使唐王朝由辉煌的顶峰几乎跌入"深渊"。

历史上许多正直之士，都对小人鄙之、唾之、骂之、揭之、除之，可是几乎每个朝代都有小人得势，这是个值得深思的事情。"巧言令色，鲜矣仁"，"君子好人之好，而忘己之好。小人好己之恶，而忘人之好。"（汉代扬雄）"小狗穿了麻纱裤，就不认自己的伙伴了。"（西班牙塞万提斯）比喻势利小人一旦当道改变了身份，便得意忘形，目中无人了。"趋炎附势的小人，不可共患难！"（英国拜伦）可是历史上有些秉权者恰恰欣赏、支持这类小人。因为这类小人能想方设法满足秉权者花天酒地、声色犬马的生活，能满足其得小利、用不正当途径攫取财富的欲望（邪恶）。这也正是小人专宠擅权的客观条件。有了这种欣赏和支持，小人便

修齐治平札记

可为所欲为，兴风作浪。

南宋初年，宋高宗赵构曾向宰相赵鼎征求另一名宰相的人选。赵鼎当时还没有认清秦桧的嘴脸，于是建议由秦桧接任。秦桧得知后，感激涕零，一再向赵鼎打躬作揖。赵鼎对秦桧卖国乞降的主张不肯附和，遭到了秦桧忌恨与排挤，赵鼎被迫辞职。那些捧秦桧臭脚、看秦桧脸色行事的官吏乘机落井下石，于是赵鼎竟被贬到大海之边的泉州，最后被置于死地。他的两个儿子在这期间先后死去。

司马光在《资治通鉴》中有个振聋发聩的观点，也是通过总结历史经验教训得出的一个结论：在选拔官员的时候，如果遇不上德才兼备的圣人、"德胜才"的君子，那就情愿用"才德皆亡"的愚人，也不能用"才胜德"的小人！因为君子持有德，把它用到善事上；而小人持有才干，就会用来干坏事。持有才干做善事，能处处行善；而凭借才干作恶，就无恶不作了。

能干事的君子流眼泪，会钻营的小人有市场——小人以及小人之术在一些地方、场合盛行不衰。讲虚伪乖巧处世之术、阴险谋权为官之术的东西大行其道。大千世界，沧桑故园，美与丑、阴与阳、奸与忠、正与邪，无时不在共同的时间和空间中存在和延续。搞阴谋诡计之人不会随着善良的人们的揭露、批评而绝种。善良的人们要在充满险滩暗礁的激流中，驾驶生命之舟航行而不被颠覆，就必须具有识破暗礁的眼力和绕过险滩的本领。

为了使我们的事业获得成功，为了使中华民族全面复兴，一定要谨防小人，识别小人，勿用小人，教育并惩戒小人。不要让小人得势，不为小人干扰，"开直臣忠谏之路，杜小人幸进之门"，让小人四面楚歌，惶惶度日。

下篇
外王：治国平天下论

警惕小人、防范小人，首先在与人相处时，注意尊重每一个人，不要随意蔑视人，降低得罪人的概率，减少小人对自己的伤害。朱德说过："在革命军队中不应有亲、疏、厚、薄之分，不应有爱、恶、生、熟之别，不应有小团体观念和本位主义。"小人往往比君子敏感，心里也较为自卑，因此不要在言语上刺激他们，也不要在利益上轻易得罪他们，有时吃些小亏，就忍着吧。别和小人过度亲近，保持同事关系就可以了。与小人说话适可而止，千万不可敞开胸怀、全抛一片心，说些"今天天气暖和啊"的话就可以了。如果谈了别人的隐私，谈了某人的不是，或是发了某些牢骚，这些话绝对会变成他们兴风作浪和有必要整你时的资料。

为了成就事业，切莫以对待自己的亲热程度、凭自己的好恶和"私交"如何来识人用人，不要因为"偏爱"或唯命是从、揽权而重用庸人，不可因为"不喜欢"而疏远"耿介之士"，不可因为视野不宽而使千里马卧道哀啼。开基创业时重用人才，一旦开创局面就喜欢奴才，也是很不好的。千万不可将贤能之人看作奸佞，把奸狡之徒当作贤才！曾国藩成就了一番大事业，一靠以德服人，二靠知人善任。他喜欢拙诚，不喜巧诈。他选用人才，把戒巧诈作为一条原则。

每个地方都有道德低下之人，做人处事不厚道，常以不良手段达到目的。与这样的人相处，稍不谨慎，会吃大亏。因此，应学会分辨和防备这样的小人，教育并惩治小人，以纯洁干部队伍。自身有正气，揭露小人，批判、教育小人，纵使身边有几个小人存在，也是成不了气候的。小人虽然在品德和人格上存在严重缺陷，但有的仍在可转化之列。因此，不可视小人为瘟神，唯恐避之不及，放弃教育管理。党员干部应站在讲政治、讲大局的高度，通过教育转化、真诚感化、环境同化等有效措施，或当头棒喝,或敲山震虎,或循循善诱,使其认识错误,正确对待权力、地位、名利,回归和融入和谐的团队,团结奋进。

贪婪往往惹祸端

人的欲望与生俱来。人都有欲望,此乃生存之需要。良好的欲望是人的正当要求,是人生的动力,可以催人奋进,努力工作,奋力开拓。人的欲望又是无止境的,如果不加强官德修养,欲望就会无限膨胀,追求无法实现的欲望,他就缺少智慧与灵性,使欲望变为过强的色欲,使人失去温馨浪漫的爱情;过盛的权欲,就会使人走入吹捧、行贿的陷阱;过旺的钱欲,会使人不择手段,一味攫取,利令智昏。这三者都会使人蒙受损失,走向犯罪,因而没有平安和幸福可言。

贪心好比一个套结,把人的心越套越紧,结果把理智闭塞了。《格言联璧·存养类》中有这样一段话:"人之心术,多欲则险,寡欲则平。"猛兽易伏,人心难降。王阳明说:"破山中贼易,破心中贼难。"很多时候,贪廉"只系于一念之消长,一息之依违"。贪欲拒绝与淡泊联络,却愿与奢侈通邮,这只能加重生命的负荷,加速心灵的浮躁,无缘与幸福拥抱,哪会善待人生,赢得成功呢?纵贪欲如落水,不用吹灰之力,终成灭顶之灾。《围炉夜话》云:"明犯国法,罪累岂能幸逃?白得人财,赔偿还要加倍。"

晋朝时,有人问弱冠而有美名的殷浩:"我要出任某一官职时梦见了棺材,快要得到钱财时梦见了粪土,这是什么缘故啊?"殷浩说:"官本来就腐臭,所以人要得官职就会梦见死尸;钱本来就是粪土,所以人要得到钱财时,会梦见粪土。"此言把某些为官者的腐臭、攫取钱财的肮脏

下篇
外王：治国平天下论

揭示得挺到位。

宋代罗点的《武陵闻见录》载，南宋时期，有一个人装作精通占卜之术，以铜钱给众人看相，还言称世间之人必然和天上星宿相对应。众人啧啧称奇，纷纷让他占卜。轮到清河郡王张俊时，这人煞有介事地仔细观察后，说道："我的观察范围内看不见星，只见张郡王在钱眼里坐着。"殿内哄堂大笑。大家都知道，张俊家财万贯，富可敌国，因此就用"钻钱眼"讥讽他。

贪污腐败古已有之，即使是康乾盛世，也莫能例外。和珅是中国历史上最大的贪官。他的财产达八亿两白银之巨，比国家十年收入的总和还要多。法国的暴君路易十四的私产折成白银也不过两千余万两，仅相当于这位大清帝国宰相的四十分之一。和珅生于1750年，这时候乾隆当皇帝十五年了。他十九岁时，参加了科举考试，名落孙山；二十三岁时，被任命为三等侍卫（正五品）；二十七岁时，爬上了军机大臣的高位。

乾隆晚年追求享受，为和珅聚敛钱财提供可乘之机。和珅欲壑难填，利用一切机会中饱私囊。在理财聚敛方面，他是个非常出色的高手。以权谋私是和珅敛财的主要手段。全国各地以及外国给朝廷进贡，不论什么珍贵物品，首先都要经过和珅这一关。他竟胆大包天地扣留了他所喜欢的物品，将各省的贡品私吞了十之八九，以致和珅家中拥有的珍宝多出内宫好几倍。

那些趋炎附势之徒，为了稳坐官位和升迁，为了犯罪后寻求和珅的周旋保护，纷纷向和珅送厚礼，有的宗室子弟为了继承爵位，通过和珅向乾隆求情。对于陕西抚台派员送来二十万银两，和珅连正眼也不看便吩咐听差勉强收下，因为嫌它太占地面，没处存放。他愿收价值千金的珍珠。至于南方各省和海外诸国送来的珍宝，他总是设法据为己有，以

修齐治平札记

至皇帝库里有的珍宝他有，皇帝库里没有的，他家库里也有。

一朝天子一朝臣。嘉庆四年（1799）正月初三，八十九岁的乾隆帝去世。为先发制人，嘉庆帝在大丧之日动起手来，免去了和珅军机大臣、九门提督等职，剥夺了他手中的兵权，并命他留在宫中守灵，不得擅自出入，实际上是将他软禁起来。接着，下旨发动大臣弹劾和珅，将和珅逮捕入狱。嘉庆赐令和珅自尽，将其二十大罪状公布于世。和珅囚在狱中写了不少感怀之诗，流露出他身陷囹圄后的愁苦和哀叹。"对景伤前事，怀才误此身"，和珅在自缢前如是说，可惜他领悟得太迟了。和珅五十岁自杀，数亿家产被没收，真是"竹篮打水一场空"。

我们要牢记"奢靡之始，危亡之渐"的古训，唯俭足以养廉。只有俭朴才能保持廉洁，只有廉洁的人才能具有高尚的道德。不要丢掉艰苦奋斗的传统美德，反对奢侈浪费之风，以两袖清风养一身正气。我们应视俭朴为宝，奢侈为祸；只有俭朴才能保持廉洁，只有廉洁的人才能具有高尚的道德。

党员干部手中有一定的权力，在钱财、名利上犯错误的可能性总会比一般人大一些。一些官员放纵自己的欲望，将公共权力当作购物券，任意挥霍；或者将公共权力当作兑奖券，及时兑现；有的张口"廉洁"、闭口"清正"，私底下却疯狂敛财。当欲望得不到满足却想得到时，就会产生烦恼或痛苦，就没有幸福可言。贪欲是永难填满的无底洞，金钱多了还要多，美色占了还要占，权位高了还要高，贪得无厌将使欲壑永难填满。"世人如何不心安，只因放纵欲望船。"

靖大荣曾任江苏省徐州市开发区管委会主任、政府副秘书长、建设局局长，因犯受贿罪被判处有期徒刑十三年。"我有着三十四年的党龄……不是敬爱的党抛弃了我，而是我背叛了党，脱离了党的怀抱，公

下篇
外王：治国平天下论

职没了，党籍丢了，多年的辛苦努力毁于一旦。"她说："恰恰是我贪婪追求的'钱'，不仅使我倾家荡产，一无所有，而且还蛀空了我的灵魂，带给我牢狱之灾……钱能买来自由吗？不能；钱能买来幸福吗？也不能。相对于漫漫刑期，再多的财富又有什么意义……失去自由是人生最大的痛苦，渴望自由的感觉也许只有失去自由的人才能真正体味到。"[1]

追求贪财、贪权、贪色的路上充满了陷阱和荆棘，稍有不慎就会跌入深渊，抱憾终身。一个人成为贪官，付出的代价太大，实在划不来。贪污受贿时胆大妄为，事过之后又胆战心惊，怕昔日的风光一去不返，更怕法律的无情制裁。这样忧心忡忡，无一日安宁。一旦受到党纪国法的惩治，轻者警告、降职，重者开除党籍和公职，甚至锒铛入狱，断送前程。古往今来的无数案例证明过分贪欲，会使人迷失自我，失去良知，失去做人的准则；放纵贪欲，会成为降低幸福感的慢性毒药，甚至成为摧毁幸福的定时炸弹。

为什么跌进坑里才知道痛、撞到南墙才回头呢？《红楼梦》里的一首诗：世人都晓神仙好，唯有金银忘不了，终朝只恨聚无多，及到多时眼闭了。一个落马贪官如是说："肮脏的金钱啊，昔日你像美女一样诱惑着我，今天又像魔鬼一样害得我家破人亡。这时，只有这时，金钱在我眼中变成了毫无价值的符号，因为，金钱能买来人格的尊严吗？能买来阖家欢聚的幸福生活吗？能弥平亲人、朋友心中的伤痕吗？"

鸟之将亡，其鸣也哀；人之将死，其言也善。原本优秀的党员干部，伴随着得志环境，围绕着鲜花掌声，人前风光无限时，是绝不会想到有一天会成为失去自由的阶下囚。他们临刑时的悔恨之言，在今天看来，

---

[1] 参见谭浩：《账账惊心笔笔悔恨——一名腐败干部细数落马前后"七笔账"》，《党建》2007年第4期。

依然具有警示的效果,可惜对那些贪官污吏而言,一切都悔之晚矣!如果他们在违反党纪国法并滑向犯罪深渊的路上能早些警醒,不让拜金主义的尘埃蒙蔽了双眼,不让邪道来的金钱给心灵套上沉重的枷锁,可能结局会完全不同。

戒奢靡倡节俭

俭朴是为官之道,是领导之艺术。俭成奢败是历代兴衰的常规。简朴的生活历来是清廉的保障,享乐和奢侈从来就是腐败的温床。商初大臣伊尹曾对刚继位的太甲提出建议:"慎乃俭德,惟怀永图。"(《尚书·太甲上》)只有节俭,示天下以节俭,才能号令百官,和谐四方,维持王业。节俭会营造整个社会良好的道德风尚,使社会保持稳定且具有凝聚力,有利于国家的长治久安。提倡一粥一饭,当思来之不易;半丝半缕,恒念物力维艰。

一切政治的腐败往往是由生活的腐败开始的。"玉杯饮尽千家血,银烛烧残百家膏",只顾自己享乐,花天酒地,荒淫无道,终无好下场。《尚书·五子之歌》记载了民本思想的渊源,其二曰:"训有之:内作色荒,外作禽荒。甘酒嗜音,峻宇雕墙。有一于此,未或不亡。"这是告诫统治者,纵情声色犬马,贪于享乐安逸,就会使国家灭亡。《左传》早有所言:"背离正道追随歧途,祸患就到来得快。"欧阳修《新五代史·伶官传序》有言:"忧劳可以兴国,逸豫可以亡身。"忧患劳苦,可以使国家兴盛;一味贪图安逸享乐,可以葬送自身。权势、贪欲、奢侈,一胞二胎,恶果累累。贪欲与骄奢导致了对金钱的狂热追求和世风的沦丧,倘若"刹不住车",还会导致国家的衰亡。

下篇
外王：治国平天下论

春秋时，卫国国君卫懿公在位九年，纵情享乐，不理朝政，非常喜爱仙鹤。卫国人投其所好，纷纷前来献鹤领赏。懿公在整个宫廷花苑中养鹤处处都是，而对百姓的冻馁却全然不顾，引起百姓的不满。公元前660年，狄人攻打卫国，卫懿公急忙敛兵授甲，命百姓受甲迎敌。卫国的百姓说："国君给仙鹤官位俸禄，你让仙鹤去迎战吧！"拒不受命，溃散而去。卫国在荧泽（今河北）被狄人打得大败，卫懿公被杀死，卫国灭亡。

汉灵帝派人修建了裸游馆，与美女们裸体游玩，然后饮酒纵欲。沉睡以后，天亮了还不知道。内监便学鸡叫，来唤醒灵帝。汉灵帝选择宫女执篙划船，命人将船沉没水中，观看落在水中的裸体宫女的玉色肌肤。汉灵帝流连于聚敛财富的快乐中，迷恋于香艳女色的诱惑中，忘却了身为帝王的职责和尊严。宦官弄权朝廷，掠夺百姓，文武大臣也多为非作歹，全国一片奢华浮靡之风，使本已摇摇欲坠的汉王朝走向灭亡。正如史学大师蓢伯赞所言：汉灵帝的这些看似荒唐可笑的做法，正是亡国之君的作风。

石崇因奢侈淫逸招来祸患，是个很典型的事例。石崇，西晋开国功臣石苞之子，曾任散骑常侍、荆州刺史等职，称霸一方。石崇的生活不仅奢侈而且淫逸。石崇与王恺斗富，皇帝暗中帮助王恺，仍斗不过石崇，然而石崇还不满足，仍贪得无厌。螳螂捕蝉遭黄雀，黄雀身后挟弹人。石崇用假扮强盗抢劫的来往商客的财宝设置金谷园，蓄养大群美女姬妾，整日泡在美女与美酒之中，骄奢淫逸。赵王伦的宠信孙秀亦闻绿珠绝美，便向石崇索要，石崇不允，结果孙秀诬告石崇谋乱，石崇最后也因美女而致祸。

贪财好色，骄奢淫逸，终究要自食恶果。不义之财潜伏着看不见的祸患。当人们无节制地去敛财聚富而没有人情味的时候，特别是穷奢极侈到了极点，往往就是灾祸的开端。

后唐王朝的建立，是李存勖武功达到极盛的标志，也是李存勖南征北战十多年的收获。以他的前半生所作所为可称得上是一个成功的统帅，可是后来，却没有成为一个成功的君主。即位后，他开始热衷于声色犬马，沉湎于骄奢淫逸，逐渐疏远了曾与他并肩夺取天下的将领与大臣，在位仅四年后便死于乱兵之中。历史上因无敬畏之心、为所欲为而最后败亡的人并不在少数。

宋朝的腐败也是很出名的。宋徽宗1100年至1125年在位。为帝时他不励精图治，唯穷土木，崇奉道教，大兴苑囿，专务游乐，与高俅等一帮市井无赖混迹于球场，重用蔡京、童贯等一群奸臣。政治腐败，民不聊生。宋靖康二年（1127），金兵攻破汴京，夺去宋朝大半江山，掳走徽宗、钦宗北去，八年后，宋徽宗客死于金国的小镇，终年五十四岁，延续一百六十七年的北宋江山，画上了句号。宋朝南迁，也把腐败奢靡之风带到了江南，暖风熏得游人醉，直把杭州作汴州。

侈则多欲，败德丧身。以史为鉴，可以使人们深刻认识奢靡之害的严重性。蔡京是宋朝大奸臣、大贪官，在宋徽宗一朝任宰相十八年，是历史上任宰相时间最长的一个。他手握大权时，与童贯等六人狼狈为奸，卖官鬻爵，贪赃受贿，搜刮民财，被称为"六贼之首"。全国上下大小官吏，争相向他献媚送礼。蔡京的生活也极其奢侈豪华，他喝一碗鹌鹑羹，就要数百只鹌鹑为代价。蔡京宴请客人时的一盘菜就值中等人家一家之产。蔡京的管家翟谦也浪费无度。有一次，翟谦宴请朝臣，客人有五百多人。为每人端上一碗鸭舌汤，每碗里都有三只鸭舌。一位客人戏言："这还不够，能再添一些吗？"翟谦说："既然有心请客，还怕大肚

下篇
外王：治国平天下论

汉吗？"于是又给每人添了一碗鸭舌汤。翟谦这一次请客，就杀了三千多只生灵。宋徽宗让位宋钦宗后，钦宗在朝野的压力下，不得不把蔡京贬官流放。在流放途中，他向居民买食物，居民不仅不卖，反而尾随唾骂。翟谦后来也落到了贫无立锥之地的地步，最后沿街乞讨，凄凉无比，饿死在街头。

孔子把节俭上升到了政治高度，与国家兴衰、政权存亡联系在一起："道千乘之国，敬事而信，节用而爱人，使民以时。"（《论语·学而》）孔子推崇俭朴的生活，"饭疏食""在陋巷""居陋室"，而不移其志，不改其乐。孔子阐述了俭与奢对人的品德之影响："奢则不孙，俭则固。"奢侈挥霍会导致人的品格降低、狂妄而不谦逊；俭朴节约有时会显得简陋寒酸，但可以让人固守本心，不忘进取。因此，宁肯穷困一点，也不奢侈。

清官喜欢简朴的生活，因为生活简朴是清官廉吏应有的本色。清正廉洁的为官者视简朴的生活为高尚的生活，是一种自觉的行动，而不是来自外界的压力。汉文帝为了给天下做个勤劳俭朴的榜样，他穿的衣服是用黑色厚帛做的。他最宠爱的夫人衣着也很朴素，不华贵也不讲排场。汉文帝珍惜百金的费用，停止露台的建造；把臣民上书用的布袋收集起来，做成宫殿的帷帐。文帝、景帝在位共三十九年，政治比较清明，被后世称为"文景之治"。

《后汉书·第五钟离宋寒列传》记载，第五伦是汉代一位享受二千石俸禄的高官，待遇优厚，但他从来不骄不奢，不淫不逸，生活十分节俭。他在担任太守时，常常自己动手割草喂马，妻子亲自下厨房烧火做饭。每领到俸粮，除留下自己一家食用之需，全部赠送或以最低价格卖给百姓中较为贫困的人。升任司空后，他依然"不修威仪"。除上朝时乘着一辆瘦马拉的旧车外，平时穿布衣，吃糙米，徒步而行。

海瑞步入仕途后，也仍然穿布袍，吃糙米和自己种的菜。有一次，在为母亲做寿时，他只买了两斤肉，在百姓中传为佳话。他去农村巡视时，命部下挑着菜和米随行，自己开伙，从不扰民。他一生未置田产，只依靠祖上留下的十亩地养活一家。海瑞离世前三天，兵部派人送来的柴金费多了七钱银子，他命部下送了回去。

节俭是善行中的大德，奢侈是邪恶中的大敌。崇尚俭朴、力戒奢侈，是中华民族的传统美德。"尚俭"不仅仅是消费观念，还是一种高尚的品德。节俭使人养冰操，而冰操亦可养节俭，两者相辅相成。荀子认为，俭就是用人的理智、理性来节制人的过分的感官欲望，节制人对物质消费的过分追求。婆罗门谚语："俭朴是我们美德的可靠卫士。"法国孟德斯鸠说："奢侈总是跟随着淫乱，淫乱总是跟随着奢侈。"宋代邵雍《奢侈吟》云："侈不可极，奢不可穷，极则有祸，穷则有凶。"奢侈浪费就会招来祸患和灾难。这些好格言，令人深思，值得记取。

节俭能使人对各种自发的物质欲望进行节制，从而奠定道德自律的基础。物质欲望的节制，可以使人追求高尚的道德精神境界；而沉湎于酒色之中，追求奢侈和纵欲，坚强意志和刚毅精神则荡然无存，节俭能帮助你清廉。"静以修身，俭以养德。非淡泊无以明志，非宁静无以致远。"（诸葛亮：《诫子书》）潜心努力来提高自己，用俭朴的生活来培养高尚的品德，不能做到恬静寡欲、心灵净化，就无法确立远大的志向；不能做到潜心专一，就无法达到远大的目标。唐太宗于贞观之初，采取了一系列厉行节约、限制奢侈的措施，如停止诸方进贡奇珍异宝、限制营造宫室、规定葬制一律从简等，如有违反，依法问罪。在他的影响下，许多重臣也开始崇尚俭约的生活方式和简肃的工作作风。

下篇
外王：治国平天下论

节俭在"修身"中有着最基本的作用。鲁迅一生俭朴，帽子破了照样戴，也不穿皮鞋。是因为鲁迅穷吗？显然不是。鲁迅一生总收入（含稿费）并不少，他的钱足以使他过上奢侈的生活。可他为什么要这样克制自己日常的用度？因为节俭是人格与品质的表现。

承平时期，崇俭、防腐、戒奢不容易。只有俭朴才能保持廉洁，只有廉洁的人才能具有高尚的道德。从布衣到为政者，应视俭朴为宝，奢侈为祸。节俭乃充分利用生命之艺术，崇尚节俭乃诸美德之本。毛泽东一生粗茶淡饭，一件睡衣穿了二十多年，打了七十三个补丁。电视纪录片《毛泽东》中有这样一个镜头，毛泽东的保健医生拿起一条毛泽东生前用的毛巾毯，上面满是补丁。他曾多次劝主席换条新的，都被拒绝了。这是毛泽东真实生活的写照。毛泽东在延安时穿的一套旧军装洗得发白，补丁就有十六块。他的一双旧拖鞋，鞋底都出了洞，鞋帮绽了线，缝补好继续穿。他曾说："一条毛巾毯我换得起，但共产党人艰苦奋斗精神丢不起。"周恩来生活俭朴，二十六年间只穿三双皮鞋。董必武以"性习于俭，俭以养廉"八个字勉励自己。

我们正处于向第二个百年奋斗目标前进的关键时刻，光荣的历史使命、宏伟的奋斗目标、复杂的国内外环境等都需要我们大力弘扬中华民族优良传统，需要以艰苦奋斗、勤俭朴素为荣，以奢侈挥霍为耻。李商隐《咏史》云："历览前贤国与家，成由勤俭破由奢。"遍观历代圣贤治国治家的经验教训，成功皆因勤俭，败亡皆因奢侈。应常忆"汗滴禾下土"的艰辛，倍加珍惜资源，厉行节约，勤俭办事，力戒奢靡，有权不忘责任重，位尊不移公仆心。

官商交往守住底线

"官"是一种特殊职业,即专事领导或管理之责的职业,有其特殊的道德要求。在医德、师德等诸多职业道德中,官德影响最大,最为世人所关注。市场经济条件下,官员和商人免不了要打交道。作为官员,有责任、义务与商人交往,为商人服务,要定期听取他们对党的政策、政府工作的意见建议,有助于改进工作、推动地方经济健康发展,尽力提供公共服务、维护公共利益、捍卫公平正义,这是职责所系,也是社会所需。这种交往要讲原则,君子之交淡如水,要时刻把握好分寸。

"官"与"商"身份不同、职责不同,只要双方的"互动"是纯洁、和谐、良性的,就能成为助推经济发展的有力"引擎"。作为官员,要认清自己的角色,当官与发财是两条道,要始终保持如履薄冰、如临深渊的警觉,不能盲目攀比,切记交往有原则,守住官商交往不能破底线、碰红线:保持对党纪国法、党性原则、道德准则的敬畏,不越法、不越轨、不越德,不能以利益交换为筹码,用公权去谋私利。商人应限于政策法律规定的范围内,享受官员提供的服务和便利,而不能拿利益去贿赂官员。

有的官员以认识有钱的老板为能事,趋之若鹜;一些老板以结交有权的官员为幸事,一味巴结。这等交往的背后,必然是利益相互勾连,大搞权钱交易。2013年3月8日,习近平总书记在参加十二届全国人大一次会议江苏代表团审议时,告诫官员处理好"官商关系",保持高尚情操。现在的社会诱惑太多,围绕权力的陷阱太多。面对纷繁的物质利益,要做到君子之交淡如水,"官""商"交往要有道,不要勾肩搭背、不分彼此,要划出公私分明的界限。习近平总书记的讲话语重心长,发

下篇
外王：治国平天下论

人深思，体现了对领导干部的爱护。

现实生活中，确有少数官员与一些商人特别是少数善于投机钻营的商人交往，公私不分，勾肩搭背，超出了正常范围的交往。官员看重的是商人的钱，而商人看重的是官员手中的权，想方设法接近官员、围猎干部，为的是让官员为他们"创造"更多的经济效益，进行某种"投资"，导致政治生态恶化和腐败现象蔓延，有的官员往往像"温水煮青蛙"一样逐渐被腐蚀、被围猎乃至被拉下水。

官员的身上，意味着权力；商人的背后，支撑着资本。二者的过度结合会使人丧失政治原则，衍生出各种明患和隐忧，最后沦为上害国家、下害自己的罪人。如果干部不分青红皂白就答应商人的诉求，与"玩火"相比有过之而无不及。一些贪腐的领导干部在开始时，对别人送来的钱财做到了断然拒绝，但一旦换一种方式，投其所好，就缺少警惕，渐渐被俘虏了，被某种东西在一瞬间左右了，花了眼，昏了头。

重庆市长寿区原副区长林某，37岁官至副厅，手握重权。2007年，一家公司经理为继续承包长寿湖渔场，将林某当成重点公关对象，事成后，送钱，林某拒收，公司经理不死心，请求以入干股的方式收取红利，林某难抵诱惑，入股15万元，后因其他案件牵连事发，以受贿罪受到惩处。

这种现象是"温水煮青蛙"，商人一开始和官员交往时不会提要求，但慢慢地，就会腐蚀官员……在纷繁的物质利益面前，一些领导干部的腐败之路，从官商勾肩搭背开始。有些领导干部对不法商人一时一事的拉拢、腐蚀还能拒之门外，但天长日久，耐不住寂寞，面对不法商人不怀好意的拉拢、腐蚀，逐渐麻木不仁，听之任之，披上了一层"友情"的外衣，拿着权力做交易，为其谋取特殊利益。云南省委原书记秦

修齐治平札记

光荣与不法私营企业主沆瀣一气，肆无忌惮聚钱敛财，最终都付出了沉重代价。

习近平同志《之江新语》有言："领导干部手中握着权力，权力用得好可以用来干大事，为人民谋利；用得不好就会被污水沾染，有时不知不觉之中就会陷入了'温水效应'之中。这样的教训是十分深刻的。领导干部一定要时刻保持清醒的头脑，时刻注意自重、自省、自警、自励，时刻注意自身的形象，干干净净地做人、踏踏实实地做事，真正做到为民、务实、清廉。"[1]

"官"与"商"交往必须恪守原则，心中时时有条不可触碰的高压线，不把个人交往与行使公权混在一起。政商之间一定要保持好"亲"和"清"的关系，相处得很好、交往较密切，也要注意分寸和界限，亲而有间，保持距离，不要互相走进对方的生活。如果"两家子变成一家子"，就会你利用职权输送国家和集体的利益给我，我则用小恩小惠予以回馈，必将会一步错，步步错。市场经济条件下，官员与商人有"交集"很正常，但不能有"交换"，有交往但不能有"交易"，不该办的事情绝对不办，不该拿的东西坚决不拿，不该去的地方一定不去。

清正廉洁不爱钱，对于官员来说最重要。官员的作为远非金钱可以衡量。因此，官员不能以权谋私、搞权钱交易。作为官员，要保持清醒头脑，切记交往有原则，守住官商交往的底线：保持对党纪国法、党性原则、道德准则的敬畏，知道什么是高压线，要心存敬畏、手握戒尺，在纪律和法律规定范围内为他们创造良好经商环境，做到"工作联系等距离、服务企业零距离、私人交往远距离"，做到清白、纯洁，守住底

---

[1] 习近平：《之江新语》，浙江人民出版社2007年版，第256页。

下篇

外王：治国平天下论

线、把好分寸。

鱼和熊掌以及其他好多东西都想得到是不可能的。"纵有大厦千间，不过身眠七尺；任凭黄金万两，不过一日三餐。"有的贪官在人生十字路口掉进金钱的陷阱，咎由自取，自毁前程，付出的代价太大，是再多的钱也买不回来的，得到的是痛苦和懊悔。人生在世，才学出众，求得"功名"的可能性就大，获取权力的机会相对会多，同时获取私利的机会也会随之增加。越不修德政、不守廉洁，对党、国家和人民造成的危害就越大，其个人也可能登高跌重、败家丧身。面对物质利益，"官""商"交往要有道，君子之交淡若水，划出公私分明的界限。2013年3月17日，李克强在中外记者见面会上答记者问时说："自古有所谓'为官发财，应当两道'。既然担任了公职，为公众服务，就要断掉发财的念想。"要成为一个清廉正直的官员，首先必须明心见理，懂得为官者头上是有青天的，任何时候都绝对不能胡作非为。

理政从来真诚始

先哲强调诚信这种品德是淳厚的。孔子强调"言而有信"。信的基本含义是守诺、践约、无欺。《论语·为政》有言："人而无信，不知其可也。大车无輗，小车无軏，其何以行之哉？"一个人如果不讲信用，就像车子没有关键部件一样，是不能行走的。司马迁《史记·季布栾布列传》云："得黄金百斤，不如得季布一诺。"《资治通鉴·晋纪十六》中说："夫立功者患信义不著，不患名位不高。"意思是说，立功的人担心自己的信义不显著，而不必忧虑自己的名誉和职位不高。正如"无忠信则如在虚空中行，德何以进？""人道惟在忠信，不诚无物。人若不忠

信，如木之无本，水之无源，更有甚底！一身都空了。"（《朱子文集》卷一二）

孔子的弟子子张问如何待人接物方可修身养性。孔子回答说："言忠信，行笃敬，虽蛮貊之邦行矣；言不忠信，行不笃敬，虽州里行乎哉？"（《论语·卫灵公》）显然孔子认为，诚信是放之四海而皆准的做人的准则。而且孔子甚为鄙视花言巧语、出尔反尔、弄虚作假的操行举止，斥为"不仁"："巧言令色，鲜矣仁。"（《论语·学而》）

做人实实在在，用心去换心，彼此才能心心相印，成为经得起考验的挚友。当你用真诚感动了人们，你也就打开了成功的大门。实实在在做人、真诚守信是中华民族的传统美德。《礼记·中庸》指出"君子诚之为贵"，把诚实看成是做人最重要的品质。宋代大学者朱熹曾说，圣贤千言万语，只是教人做人而已。做人要实，就是要表里如一，知行合一，夯实为官之基础，经得起道德良知的拷问，宁可别人负我，而我不负别人。

唐代胡曾有《南阳》诗云："世乱英雄百战余，孔明方此乐耕锄。蜀王不自垂三顾，争得先生出旧庐。""三顾茅庐"的精彩故事，最早见于诸葛亮的《出师表》，该文提到刘备"三顾臣于草庐之中，谘臣以当世之事，由是感激"。历史事实也是如此。刘备在兵微将寡、"山穷水尽"时，求贤若渴。躬耕南阳、满腹经纶的诸葛亮，在徐庶的力荐、刘备的真诚感召之下，"受任于败军之际，奉命于危难之间"，出山辅佐，使刘备如鱼得水，事业有了转机，于是天地间发生了沧桑巨变。

诸葛亮二十七岁出山，辅佐刘备复兴汉室二十余年，其思想和行为都始终出于一个"诚"字。故而刘备在临终时，当着诸葛亮的面诚恳地说："我的儿子没有治国才能，您可以取而代之！"诸葛亮感其知遇之恩，于是披肝沥胆竭尽全力地辅佐阿斗，鞠躬尽瘁，成为千古佳话。他

下篇
外王：治国平天下论

的六次伐魏、连续出兵，还平衡内部的阻挠和非议，这真正是诸葛亮生命中最劳累的日子！如此拼命之势，是在告诉世人：一个人既然真诚地做出承诺，就要尽全力去做！其中真诚、守信起着核心作用。感慨于斯，笔者赋七律《咏诸葛亮》（新韵）：

> 漫云管乐云雷际，睿智吕张起自耕。
> 三顾茅庐抒伟略，七擒孟获著勋名。
> 卧龙妙策挥神笔，得鹿神威报主明。
> 末路英雄尤可敬，惟惜廖化做先锋。

真诚就是真实诚恳，无丝毫虚假，并且融入了人们执着的情感。你对人家真诚，人家对你也真诚；你把别人当亲人，人家也会把你当亲人，此乃人际交往的一般规律。

历史上有诸葛亮"七擒七纵"的故事，以诚信安抚西南边疆少数民族，则是以诚信处理民族关系的典型事例。225年初春，诸葛亮率领大军出发，去平息叛乱。临走的时候，马谡对诸葛亮说："南方的少数民族依仗地形险要，离都城又远，我听说用兵之策，主要在于'攻心'，攻城是次要的。丞相这次南征，只有叫南人心服，才能够长久安宁。"马谡的话，正合诸葛亮的心意。到了南方，诸葛亮打听到孟获打仗勇猛，很有威望，于是下了一道命令：只许活捉孟获，不能伤害他。

蜀军和孟获军队交锋，孟获被活捉，押到大营。孟获心里想，这回一定没有活路了。没想到进了大营，诸葛亮立刻叫人给他松了绑，劝说他归降。孟获不服气，说："我自己不小心，中了你的计，怎么能叫人信服？"

诸葛亮笑了起来，说："既然这样，咱们来个约定吧，如果我抓到你七次,你就归顺蜀国,怎么样?"孟获答应了。孟获被释放,回到部落重整旗鼓,再次组织军队进攻蜀军,结果又被活捉了。像这样捉了放,放了又捉到了孟获第七次被捉时,诸葛亮还要再放了他。孟获却不愿意走了。他流着眼泪说:"丞相七擒孟获,信守诺言,说到做到,待我真是仁至义尽。我打心底里佩服,哪里能不遵守约定呢?从今以后,不敢再反了!"

历史的回音壁在诉说:真诚是感动天地的赤诚深深,真诚是生命之神的挚情默默。有了心灵的庄严盟约,才有千古传诵的"高山流水",才有令人感叹的"管鲍遗风",才有马克思和恩格斯的动人故事……人生含金量才不会在岁月沧桑中失重。人的尊严和光荣不在于精明而在于真诚。真诚是高于云天的品格。真诚,是一个人踏入这个世界的通行证,是我们必须具备的一种最基本的能力和素养,是可以胜任工作必备的"软件"之一。

在毛泽东身边工作十五年的李银桥,有一种突出的感受:在党的领袖人物中,毛泽东是最不肯掩饰自己的好恶、不愿掩饰真实感情、不愿牺牲真诚的人。毛泽东在早年致新民学会会友彭璜的信中说自己的做人准则是"立志真实","自己说的话自己负责,自己做的事自己负责,不愿牺牲真我,不愿自己以自己做傀儡"[1]。毛泽东追求本色、真诚、实在的为人处世风格。他青年时代创办新民学会时,曾要求加入学会的人在品行上诚实不华。他一生喜欢和坦率、洒脱的人接近,厌恶虚伪做作的人。

罗荣桓是毛泽东的同乡,1927年他跟随毛泽东参加秋收起义,一同走上井冈山。他在新民主主义革命各个时期,南征北战,屡建功勋。

---

[1]《毛泽东书信选集》,人民出版社1983年版,第18页。

下篇
外王：治国平天下论

1963年12月16日，罗荣桓病逝。毛泽东悲痛异常，几天之内不能入睡，写成七律《吊罗荣桓同志》，投笔问苍天："君今不幸离人世，国有疑难可问谁？"[1]这都是出自至诚的。

一个真诚的人是真正有力量的人，他对人、对事皆出于真心，不会虚伪做作，自然能赢得大家的尊敬。党员干部不论是为政、从业，还是交往、处世，都要把握一定的尺度，依情况不同而采取不同的处理方式，包括适度的弹性、必要的变通，而且内心一定要诚实守信，不可伪善、巧诈。化用外国的一首诗来说：生命很可贵，真诚价更高，狡诈如粪土，信义不可抛。诚实是为人的行为支撑，守信是立业的道德基石。衡量党员干部官德的天平上，诚信何其重要。社会的诚信和政府的公信力提升了，社会发展就会天天向前。呼唤诚信，就是对真善美的礼赞和讴歌；坚持诚信，就是对假丑恶的抵制和鞭挞。让我们从自身做起，把诚信作为"常修为政之德"的重要途径，自觉培养纯真、质朴的良好品质，高擎诚信的旗帜，高唱诚信之歌，用诚信的坚固桥梁连接亲情友情与爱情，用诚信的无形资产支撑理想信念与承诺。

丙吉问牛不问人

丙吉是西汉"昭宣之治"时期的宰相，日理万机，却忙而不乱，有条不紊。有一天，丙吉乘车在路上，碰见有人群斗，但他却若无其事地路过现场，什么话也没说。不久又看到一头拉车的牛，吐出舌头气喘吁吁，他却急忙派人去问牛的主人到底是怎么一回事。陪同的官员感到不

---

[1]《毛泽东诗词集》，中央文献出版社1996年版，第140页。

解，就问丞相为什么不问看似情形紧迫、亟须解决的民众斗殴之事，而去关心过问牛喘粗气这样的小事？

丙吉对他说："处理群殴事件是长安令、京兆尹的职责。宰相对于所有琐碎小事不必一一参与。我的职责是使国家风调雨顺、国泰民安。现在这个时节，天气不应该太热，那头牛没走多少路就喘，那是时令失调，不符合节气的征兆。气候反常对农作物和人都可能带来灾害。所以，我亲自过问牛喘气吐舌的现象了。"众随从听后恍然大悟，纷纷称赞宰相关注影响国家社稷之本的农令时节变化问题，不为小事分心，不为杂事所扰，政治头脑清醒，工作导向准确。

丙吉问牛不问人，不在细枝末节上纠缠，其"知大体"，意在倡导一种严守自身职责定位、严格把控管理边界的治理理念。作为丞相，他有明确的职责范围，并非需要亲自去管的事，就不应随意过问，否则就容易陷入繁杂琐事，也容易干扰甚至削弱部属的职权。丙吉所言"宰相不亲小事"，与宋太宗所指"吕端大事不糊涂"，双璧相辉，有异曲同工之妙，构成我国传统管理智慧的精髓。现代管理智慧的要义之一在于明确管理边界。所谓"不缺位""不越位""不错位"，这九字箴言构成管理边界的核心要旨。领导者与其事必躬亲，不如"抓大放小"，让下属各尽其能。事必躬亲会使下级感到不被信任，还会导致下级的下级不听上司的话而直接亲附于你，从而造成职责不明、政令不通。那些心术不正者也会乘机钻空子，在正职和副职之间挑拨是非，影响班子团结。

早在尧的时代，舜作司徒，契作司马，禹作司空，后稷管农业，费管礼乐，垂管工匠，伯夷管祭祀，皋陶判案，益专门负责训练用于作战的野兽。尧不做这些具体的事，让这九个人各司其职，个个都成就了一番事业。

下篇
外王：治国平天下论

为政者各司其职，各负其责，既不能搁置权力，疏于管理，也不能滥用权力，越俎代庖。早在春秋战国时期，"将在外，君命有所不受"就已成为定则，将军享有充分的战争指挥权。战场上的时机瞬息万变，而每个计谋都要请示千里之外的朝廷，怎么会打胜仗呢？子曰："不在其位，不谋其政。"（《论语·宪问》）你在什么位置上，就要做好本职工作，对副职、下属要放权，不要越俎代庖，不要跳过你的职责去做不该你做的事。

有一次，晋国派使者晋见齐桓公，负责接待的官员向桓公请示接待规格。桓公只说了一句话："问管仲。"接着，又来一位官员向齐桓公请示政务，桓公还是说："问管仲。"为官者各司其职，主政一方，责任重大。作为上级如果不肯授之以相应的权力，而是怀犹疑之心，时时遥控，处处掣肘，甚至越权代职，必然严重束缚下属的手脚。官员手中没有相应权力，就会萎靡不振，得过且过，无所作为。因此，除了必须解决的问题，大多数问题可放手，不必事事操心、件件督办，才能统筹诸多有才能的人。正如美国军事家巴顿所言："挑选管理者，要挑选那些能够把事情管好而不是做好的人。"

有一次，汉文帝上朝，问右丞相周勃：国家一年判决多少案件？一年支出和收入是多少？周勃答不上来，感到惭愧。文帝便转过脸去问左丞相陈平。陈平不慌不忙地回答说："各有主事的官员。陛下要知道判刑之事，我可以去找廷尉；要知钱粮的出入，我可以找治粟内史，他们会告诉您详细的情况。"

文帝听后略带愠怒地说："既然各有主管的官员，还要你丞相何用？"陈平不卑不亢地回答："丞相的职责是帮助皇上管理大臣，使他们各得其位，各司其职，各尽其能。"汉文帝听后赞赏说："爱卿高见，孤

修齐治平札记

茅塞顿开！"

周勃十分佩服陈平能言善辩、辅政有方，深感自己的才能远不如陈平，主动辞去右丞相之职，左右丞相由陈平一人担任。陈平历任高祖、惠帝、文帝三朝，巩固了新兴的汉朝政权。

一般而言，正职处于统领全局、协调指挥的位置上，对整个工作都负有责任。正职要用好副职，关键是要明确职权，合理分工。应从全局角度出发，注意哪些权力应由自己行使，哪些权力应由集体行使，哪些应归副职行使，使副职有职、有权、有责、有威。《资治通鉴·汉纪七》记载，古代国王派遣将军出征时，国王跪着推动战车，对将军说："国门以内的事，我来决定；国门以外的军事，由将军全权决定。"军功爵赏皆由将军在外决定，回来时再奏明国君。古代政治家、思想家们认为，"将在外，君命有所不受"同样适用于国家管理的其他领域。

作为正职，应该把工作重点放在合理授权、明确副职的工作职责上，抽出一些时间去做全局的决策，对副职的权力及其分管的工作要避免直接插手，应该由副职做的工作要让副职去办，同时要与副职加强沟通。如果说，做部属的以自己能干为有才能，那么领导者以善于让别人发挥出才干，并把潜能也发挥出来，才算是有才能。

诸葛亮六出祁山时，工作起来废寝忘食，凡是处罚二十棍以上的都要亲自过问，只注重受先帝托孤之重，忽视了对下属的高度信任。手下杨颙曾对诸葛亮直言相劝，认为"为治有体，上下不可相侵"（管理工作有自己的规矩，对下级之间的工作不能越级代劳），并以丙吉"问牛不问人"、陈平"不知钱谷之数"等为例加以论证。

授权不能随便跨越层次，只能逐级进行；只能授予自己职权范围内的权力，而不能把别人的权力授给自己的下属。越职擅权，就是超越自

下篇
外王：治国平天下论

身职权的范围，去管不该自己管的事情。有的副职不懂与上级相处的规矩，不分场合、不注意身份、不讲分寸地乱表态、乱做主，无视正职。这是下属侵权行为，会造成正职领导心中不快，甚至会造成双方反目，关系破裂。

作为下属，摆正自己的位置，不侵犯领导的职权，这是很重要的。副职是正职的助手，具有某种决策建议权，担负着某一方面具体工作的直接指挥和协调任务。通过建立这种全局与局部的分工与合作关系，使组织任务得以完成。副职要出以公心，以大局为重，破除名利思想和虚荣心，坚决维护正职的威信和地位，积极主动地支持和配合正职工作，甘心当好辅佐和助手。

居高应有畏惧心

人如果怕招灾惹祸，做事时就会有畏惧之心；有了畏惧之心，就会小心谨慎；小心谨慎，就会远离祸患；远离祸患，就可以安居乐业，做事就容易成功。无论做人还是从政，都应有敬畏之心。人不应敬畏鬼神，但不能没有敬畏之心。敬畏有消灾增福之效，敬畏自然会远离天灾，敬畏生命会远离人祸，敬畏道德会远离是非，敬畏法律会远离罪恶。

西汉刘向在《说苑·君道》中说，"明主者有三惧：一曰处尊位而恐不闻其过，二曰得意而恐骄，三曰闻天下之至言而恐不能行"。刘向在《说苑·敬慎》中说得好："身已贵而骄人者，民去之；位已高而擅权者，君恶之；禄已厚而不知足者，患处之。"身份高贵却很骄傲的人，民众离开他；官做大了而又独揽大权的人，国君憎恶他；俸禄优厚而又不知满足的人，灾祸会跟随他。《尚书·周书·囧命》："怵惕惟厉，中夜以兴，思免厥愆。"意思是说，君子因为害怕工作出错误而恐惧警惕，夜间思考如何改正过失。

宋太祖赵匡胤喜欢弹射鸟雀，一日玩兴正浓，一史官路过，加以劝阻，且言辞犀利。宋太祖不听，并用弹弓打掉史官的两颗门牙。史官一声不响地把两颗门牙捡起来，揣进口袋里，说要把此事写到正史中去。宋太祖害怕了，忙向史官赔罪，并大加赏赐。

要用怕字约束自己，居高位而不骄狂，掌权而不揽势，可以避免许多矛盾和纷争。怕是悬崖勒马的"惊回首"，能受益一生，可一生无悔，一世无忧。"怕"字在心中，就会想到自重、自省、自警、自励。《淮南子·说林训》中说，君子治理百姓，他的心情就像用腐烂的缰绳驾驭奔马，就像踩在薄冰上而下面藏着蛟龙一样战战兢兢。

人总是要有所敬畏的，即敬畏自然、敬畏历史、敬畏人心。明代吕坤《呻语》载，"畏则不敢肆而德以成，无畏则从其所欲而及于祸"。《宋史·贾谊传》记载，为官从政有"五畏"，一畏上下相蒙，而毁誉不得其真；二畏政事苟且，且官人不任其责；三畏经费不足，而生财不得其道；四畏人才废缺，而教善不得方；五畏刑赏失中，而心中不知所向。曾国藩在给两个弟弟的信中，对于官运透着一股深深的畏惧之情：日过正午要偏斜，月到圆满则亏缺，曾家眼下正处在日正月圆时刻，时时有走下坡路的可能。应当勤政、廉洁、谨慎从事，推迟这一时刻的到来。

"敬畏之心"是"敬"和"畏"两种情感互动统一。"敬"强调实践主体的价值追求和人生态度，"畏"强调实践主体的自我警醒和忧患意识；"敬"是"畏"的前提和基础，"畏"是"敬"的延伸和支撑。党员干部常怀敬畏之心，尤其要在权力上始终保持敬畏之心。孙悟空怕唐僧念紧箍咒，就老实取经，忠心护主，最后修成正果；唐太宗怕魏徵批评，

下篇

外王：治国平天下论

就励精图治，勤政善政，成为一代明君。

敬畏之心理应成为共产党人执政的政治品格和精神气质。习近平总书记在庆祝中国共产党成立95周年大会上的讲话中指出："各级领导干部要牢固树立正确权力观，保持高尚精神追求，敬畏人民、敬畏组织、敬畏法纪，做到公正用权、依法用权、为民用权、廉洁用权，永葆共产党人拒腐蚀、永不沾的政治本色。"[1] 2022年3月1日，习近平总书记在中央党校（国家行政学院）中青年干部培训班开班式上发表重要讲话强调："要守住权力关，始终保持对权力的敬畏感，坚持公正用权、依法用权、为民用权、廉洁用权。要守住交往关，交往必须有原则、有规矩，不断净化社交圈、生活圈、朋友圈。要守住生活关，培养健康情趣，崇尚简朴生活，保持共产党人本色。要守住亲情关，严格家教家风，既要自己以身作则，又要对亲属子女看得紧一点、管得勤一点。"

党员干部必须确立"有所怕"和"有所为"的意识，要有一种敬畏心理。日常工作生活中，经常检查自己的一言一行、一举一动，是否对得起党和人民，是否正确履行自己的职责，在追求真理、执政为民中寻找快乐，在做出实绩中得到快乐。与此同时，又要"有所不为"，越是仕途顺利、踌躇满志，越要管好自己，注重节操，懂得珍惜，不能胡来。"有所不为"才能保证"有所为"。做到"有所不为"，有敬畏之心，就不会触犯法律，不会蒙人生污迹之羞，不会受身败名裂之辱，从而远离穷奢极欲、中饱私囊的贪婪，自然就不会担心东窗事发，活得坦荡洒脱。

要敬畏党纪国法，慎用权力，在遇到可能违反党纪政纪的时刻，要有临深渊、履薄冰的心态，努力预防问题的发生，"畏法度者最快乐"。

---

[1] 习近平：《在庆祝中国共产党成立95周年大会上的讲话》，《求是》2021年第8期。

敬畏道德则珍惜荣誉,轻易不会违背人伦,拆掉善心这堵防火墙;敬畏法律则珍惜自由,轻易不会以身试法,触碰国法这条高压线。邓小平有一段精彩论述:"共产党员谨小慎微不好,胆子太大了也不好。一怕党,二怕群众,三怕民主党派,总是好一些。"[1]这是对党员干部心有"怕"字的最好诠释,其中的道理是值得深思的。

高飞之鸟,亡于贪食;深渊之鱼,死于诱饵。官有所畏,业有所成。如果无视党纪国法这条高压线,把党纪国法当成吓唬鸟儿用的稻草人,不自觉接受监督,放纵自己的私欲,让富贵所淫,被金钱所惑,为美色所迷,任性而行,为所欲为,以权代法,"前腐后继",那么,到头来就会损害事业发展,失去家庭幸福,断送前途,又怎么可能立党为公、执政为民、成为人民的忠实公仆呢?

平流无石须兢慎

安与危、胜与败、福与祸,都不是截然分开、一成不变的,在一定条件下都可以相互转化。"平流"中隐藏着险礁,胜利中潜伏着危机。今天的"平流"常常是从昨天的"险流"转化来的,但如果把握不当,志得意满,骄傲放纵,眼前的"平流"就会稍纵即逝,重新走向它的反面。《左传·襄公十一年》:"《书》曰:'居安思危',思则有备,有备无患。"倘若只看到"平流"的风平浪静,却觉察不到浪花下面还潜伏着漩涡逆流,水流湍急、滩多石险,就会在小溪里翻了船。

唐代诗人杜荀鹤有首《泾溪》:"泾溪石险人兢慎,终岁不闻倾覆人。

---

[1] 《邓小平文选》第一卷,人民出版社1994年版,第271页。

下篇
外王：治国平天下论

却是平流无石处，时时闻说有沉沦。"这首诗以"兢慎"两字为枢键，湍急险恶、礁石林立的河流引起了主观上的高度重视，路过时都小心谨慎，一年到头没听说出过翻船落水的事故。而在平流无险石的平静水面上，却经常传来有人遇险的消息。因而道路越平坦，环境越舒适，越要谨慎小心，居安思危；否则，灾难就很可能降临。

由此观之，面对成功不能得意忘形、志得意满、骄傲放纵，要从成功中看到潜伏着的隐忧。大风大浪都过来了，有时稍有不慎，小河沟也能翻船。

贞观十五年（641），唐太宗问臣子守天下难易，魏徵说甚难。太宗曰："任贤能，受谏诤，即可。何谓为难？"魏徵回答说："观自古帝王，在于忧危之间，则任贤受谏。及至安乐，必怀宽怠，言事者惟令兢惧，日陵月替，以至危亡。圣人所以居安思危，正为此也。安而能惧，岂不为难？"（《贞观政要·君道》）魏徵劝诫唐太宗要有忧患意识，安而不忘危。唐太宗听取魏徵的劝诫，执政期间尚能居安思危，善始敬终。唐太宗有言："天下稍安，尤须兢慎；若便骄逸，必至丧败。"（《贞观政要·政体》）

翻开历史上的那些事，功成名就也好，小人得志也好，无论忠臣还是奸臣，因为行为不加检点而导致桀骜不驯、目中无人、身败名裂的悲剧，总是在重复上演。李自成不是败在艰苦创业时期，而是败在夺取政权、胜利挥师进京之后，骄傲自满，功败垂成。

当做错事、坏事还处于萌芽状态时，比较容易改正；危害不严重时，容易找到补救措施，但"千里之堤，溃于蚁穴"。如果认为自己的小节可以不拘，小的过失不在乎，不防微杜渐，不是"有过则改之，未萌则戒之"，日久积深，就会逐渐萌生和积累犯错误的因素，从而酿成大的错误，后悔莫及。《说苑·谈丛》说："福生于微，祸生于忽。"忧患产生于忽视之处，祸害起始于细微之处。不能谨慎办事的为政之人，大都会后悔终身。

事物永远是处于变化之中的，矛盾随时都可能发生转化。老子曰："祸兮福之所倚，福兮祸之所伏。"（《老子》第五十八章）其意是在提醒人们特别是为政者、成功者和富贵者，祸是造成福的前提，祸中有福的因，而福又含有祸的因素，福中又潜伏了祸的果。在一定的条件下，幸福和灾祸、好事与坏事相依相存，可以互相转化。因此，遇到顺心的事情不要得意忘形，应处之泰然；遇到挫折的时候不要灰心丧气，当冷静面对。

"祸兮福之所倚，福兮祸之所伏"亦是一种忧患意识。"舟必漏而后水入焉，土必湿而后苔生焉。"小事发展下去也可能成为大事。坏了一个马掌，毁灭了一个王国，真是细节也能决定成败。医生做手术，哪怕还有一点点病菌没有消灭干净，也可能引起溃烂。因而，在人生的轨迹上，要严格从日常小事做起，经常注意小毛病的修正。现实生活中，如果不"兢慎"，大大咧咧，目中无人，官升脾气长，对自己的生活情趣、个人爱好恣情放纵，即使在"平流无石处"，也会跌跤、"沉沦"的。真可谓"成名穷苦日，败事得志时"。正如《尚书·周书·毕命》中所言："骄淫矜侉，将由恶终。"骄横、淫逸、自大、自伐（夸耀功劳）的人，将会招来坏的后果。

自负骄横、贪欲过多、得陇望蜀、奢侈淫逸，是低劣品德的行为，是衰败之气的突出表现。我们应以《泾溪》诗的深刻内涵作为警示，居安思危，注意工作和生活小节，谨防积小恶成大恶，谨防因小失大，走好人生之路！

下篇
外王：治国平天下论

常怀远虑　居安思危

　　增强忧患意识，做到居安思危，保持奋发有为、不懈奋斗的精神状态，防止出现战略性、颠覆性错误，是我们党从历史兴替中得出的一条重要经验，也是治党治国必须始终坚持的一个重大原则，更是保持长期执政必须具备的素质。党的十九届六中全会通过的《中共中央关于党的百年奋斗重大成就和历史经验的决议》，从五个方面总结了我们党百年奋斗的历史意义，概括总结了"十个坚持"的历史经验，强调"全党必须铭记生于忧患、死于安乐，常怀远虑、居安思危"。这一论断的内涵很深刻，彰显出强烈的忧患意识，是在告诫全党，我们肩负的使命光荣而艰巨，仍在前进的路上，任重而道远，仍然需要继续奋斗。

　　纵观人类文明史，"常怀远虑、居安思危"是治国理政的重要智慧，也是我们党在艰苦复杂的环境中取得伟大成就、生存发展的成功经验。

　　魏徵在《谏太宗十思疏》中提出宝贵的箴言，"居安思危，戒奢以俭"，提醒唐太宗在安居乐业之时，想到危险将要来临，戒除奢侈，摒弃奢靡之风，厉行节俭，厚积仁德，不忘艰苦奋斗。

　　历史的经验和教训告诫我们，前进道路不可能一帆风顺，绝不是一马平川，我们还会遇到"欲渡黄河雪满山""将登太行雪满山"的风险挑战。我们必须增强忧患意识，越是取得成绩的时候，越是要有如履薄冰的谨慎，越是要有居安思危的忧患，绝不能犯战略性、颠覆性错误，充分做好防范和化解各种重大风险的各项准备。

　　毛泽东率领中央领导机关将要从西柏坡进入北京时，比喻这是"进京赶考"，并提出"不当李自成"，就是告诫全党务必使同志们继续保持谦虚、谨慎、不骄、不躁的作风，务必使同志们继续地保持艰苦奋斗的作风。三百七十多年前的甲申年间，历经艰难困苦建立的大顺农民政权，仅仅四十多天就灰飞烟灭。为什么李自成领导的农民军亡得这么快？起义军推翻了明王朝，崇祯帝在北京煤山悬树自尽，经得起枪林弹雨考验的李自成，在巨大的成功面前，没有看到内忧外患，反而迅速滋长了骄傲自满、麻痹轻敌、贪图享乐、不思进取的思想和作风，犯了导致失败的严重错误。

豪华尽出成功后，逸乐安知与祸双。胜利使义军的许多将士忘乎所以，缺乏忧患意识，产生了骄傲自满情绪，滋长了贪图享乐思想，很快变得骄奢淫逸、腐化堕落起来。军中官兵从上到下花天酒地，尽情享乐。大堆的金银珠宝使他们眼花缭乱，革命精神迅速丧失。在四十多天里，几十万大军驻屯京城，杀烧抢掠，追赃变成了分赃，掠夺民财，强占民女，往昔严明的军纪荡然无存。"其兴也浡焉，其亡也忽焉。"闯王李自成没有走出胜即骄傲、盲目喜悦、胜即变质的怪圈。

常怀远虑、居安思危，是以一种思接千载、视通万里的宏大视角，忧党之安危、虑国之盛衰、念民之冷暖，体现了共产党人的忧患意识。在2018年1月5日新进中央委员会的委员、候补委员和省部级主要领导干部学习贯彻党的十九大精神研讨班开班式上，习近平总书记深入阐述了增强忧患意识的重要性，体现了高远的战略视野，为全党同志上了居安思危的重要一课。习近平总书记强调："功成名就时做到居安思危、保持创业初期那种励精图治的精神状态不容易，执掌政权后做到节俭内敛、敬终如始不容易，承平时期严以治吏、防腐戒奢不容易，重大变革关头顺乎潮流、顺应民心不容易。""我们党要始终成为时代先锋、民族脊梁，

下篇
外王：治国平天下论

始终成为马克思主义执政党，自身必须始终过硬。"[1]这"四个不容易"彰显了深沉的忧患意识，提醒全党对居安思危必须保持清醒的认知。

新时代，面对世界百年未有之大变局，我们正处于一个船到中流浪更急、人到半山路更陡的时候，这个时候，尤其需要党员干部胸怀安不忘危、存不忘亡、乐不忘忧的忧患意识。习近平总书记强调："面对波谲云诡的国际形势、复杂敏感的周边环境、艰巨繁重的改革发展稳定任务，我们既要有防范风险的先手，也要有应对和化解风险挑战的高招；既要打好防范和抵御风险的有准备之战，也要打好化险为夷、转危为机的战略主动战。我们要继续进行具有许多新的历史特点的伟大斗争，准备战胜一切艰难险阻，朝着我们党确立的伟大目标奋勇前进。"[2]要既见已然、更思将然，应对国内外种种可知和未知的风险挑战，需要常怀远虑、居安思危，图患于将来，继续推进新时代党的建设新的伟大工程，不断清除一切损害党的先进性和纯洁性的因素，不断清除一切侵蚀党的健康肌体的病毒，确保党不变质、不变色、不变味。

共产党人的先进性不是一成不变的，过去先进不等于现在先进，现在先进不等于永远先进。现实生活中，如果身处精神懈怠、能力不足、脱离群众、消极腐败等危险之中却浑然不觉，思想上不谨慎，目中无人，官升脾气长，对自己的生活情趣、个人爱好恣情放纵，即使在"平流无石处"，也会像盲人骑瞎马，终究要跌跤、沉沦。正可谓"成名穷苦日，败事得志时"。当前，在复杂的国际国内执政环境下，影响党的先进性、弱化党的纯洁性的各种因素客观存在，而且具有很强的危险性和破坏性。

---

[1] 习近平：《推进党的建设新的伟大工程要一以贯之》，《求是》2019年第19期。
[2]《习近平在学习贯彻党的十九大精神研讨班开班式上发表重要讲话强调 以时不我待只争朝夕的精神投入工作 开创新时代中国特色社会主义事业新局面》，《人民日报》2018年1月6日。

我们决不能盲目乐观，躺在功劳簿上止步不前，应增强忧患意识，不忘居安思危，防祸于未萌，临深履薄、慎终如始，时刻谨言慎行，以行百里者半九十的清醒，走好人生之路，不负人民重托，不辱历史使命，奋力夺取新时代建设中国特色社会主义的新胜利。

接受监督莫特殊

马克思曾强调无产阶级国家的"勤务员总是在公众监督之下进行工作的"[3]。英国学者阿克顿和法国学者孟德斯鸠都指出，没有监督的权力必然导致腐败。在权力面前，任何政党、政府、组织和个人都没有天然的免疫力，更没有终身的免疫力。党内不允许有不受制约的权力，也不允许有不受监督的特殊党员。党员干部只有自觉接受监督，把监督当作镜鉴，找出不足、改正缺点，才能赢得组织和人民的信任，不辱光荣的使命。

党章规定："每个党员，不论职务高低，都必须编入党的一个支部、小组或其他特定组织，参加党的组织生活，接受党内外群众的监督。党员干部还必须参加党委、党组的民主生活会。不允许有任何不参加党的组织生活、不接受党内外群众监督的特殊党员。"一个政党只有自觉接受来自各方面的监督，才会不犯或少犯错误；一个党员干部只有自觉接受监督，将自己置于阳光之下，才能防微杜渐，始终保持蓬勃朝气、昂扬锐气和浩然正气。

一些案例表明，权力越大，越容易出现"灯下黑"；越是位高权重，

---

[3]《马克思恩格斯选集》第三卷，人民出版社2012年版，第141页。

下篇
外王：治国平天下论

越要有更高的标准和更严格的监督。党员干部要增强监督意识，正确对待监督，不仅要自觉履行监督责任，规范权力运行，不破规矩、不越底线，而且还要主动接受监督，习惯在监督下开展工作，绝不能拒绝监督、逃避监督。要常怀敬畏之心、戒惧之念，加强自律、慎独慎微。

要完善并严格执行党内民主集中制，加大民主决策的力度。在一个支部、一级党委内要认真解决党内民主氛围不足、权力过分集中、个人凌驾于组织之上，搞家长制、一言堂、"一把手"说了算、个人独断专行等现象；真正从制度上打破"一言堂""一支笔"。严格按照集体领导、民主集中、个别酝酿、会议决定的原则，完善党委内部的议事和决策机制，严格执行重大决策、重要干部任免奖惩、重大项目安排和大额度资金使用事项集体决策制度，以避免个人说了算。要坚持议事规则，规范议事内容，酝酿讨论充分，议决果断高效，决议执行有力，注重执行反馈。

要进一步增强权力运行的透明度，不断完善了解民情、反映民意、集中民智、珍惜民力的机制。坚持对"一把手"执行民主集中制情况实行定期考评制度。

党员干部自身廉洁自律出了问题，按照党风廉政建设责任制规定，直接追究责任；身边的工作人员和亲属出了问题，党员干部也要因教育失当而负连带责任。党员干部在选拔任用干部中失察，给予责任追究。对党员干部因官僚主义、独断专行、急功近利、以权谋私等引起重大事项决策失误造成损失的，追究决策人的责任。对党员干部不认真履行岗位职责导致单位年度目标任务没有完成的，也要进行责任追究。

头头抓，抓头头。上级领导督促监督下级"一把手"，就要坚持对下级"一把手"严格考核。党员干部考核结果是组织部门提拔任用干部的主要依据，也是发现问题、听取民意、避免"买官卖官"等用人腐败行为的关键环节，如果干部任用考核工作把握不好，就容易导致用人失误。

要全面地考核下级"一把手"的德。既看政治思想觉悟和品行，又看创造政绩过程中表现出的思想和作风，防止以绩掩德或用成绩代替对德的评价。对下级"一把手"德的考核要注重群众公论，听取方方面面的意见和反映，防止"走马观花""雾里看花"。突出德在干部标准中的优先地位和主导作用，把德的考核结果体现到干部的选拔任用、培养教育等各个方面。要敢于坚持原则、坚持标准，以品德作风和工作绩效论优劣，该提醒的及时提醒，该警示的及时警示，对考核和测评结果较差的"一把手"，按相关要求做出相应处理，不要怕得罪下级丢选票，不要借口"没有功劳也有苦劳"而予以迁就袒护。应强化监督者的权威，赋予监督者应有的权力，对监督者工作失察、监督不到位，或故意放松监督的，都要予以责任追究。

党员干部要过好双重组织生活，积极开展批评和自我批评，增强党内生活的针对性与有效性。健全和完善民主生活会制度，民主生活会是我们党的光荣传统，是加强班子成员互相监督的形式之一。党委查找存在的突出问题，听取群众意见，由党委书记如实反馈给本人，确定民主生活会的主题，或按上级党组织要求，结合实际确定重点解决的问题。在民主生活会上，大兴批评和自我批评之风，以增强党内生活原则性和实效性。

要拓展监督的外延，加强对党员干部八小时之外的监督。建立有效的群众监督机制，使党员干部的"生活圈""娱乐圈"和"交际圈"始终置于群众的监督之下。要认真执行党内监督条例，加强对述职述廉、诫勉谈话和函询等制度执行情况的检查，严格执行党员干部报告个人有关事项

下篇
外王：治国平天下论

的规定，深入开展巡视工作。

要不断加强人民代表大会对权力的监督。通过实行代表质询制、代表视察制、提案答复制等制度形式，对政府工作提出意见和建议，充分发挥各级人大作为权力授予机关的监督职能，实行党员干部述职制度，健全重大事项报告制度、质询制度和民主评议制度，增强这些专门机构的独立性，充分发挥他们的监督作用。

应建立重要线索报告制度。凡是接群众举报党员干部的来信来访及举报电话，都要初核，不准压下，并向上级纪检监察机关报告情况；构成违纪的按程序立案检查；对有重大线索不报告的，追究纪委领导责任。要保持对"跑官要官"不正之风的查处力度。有"跑官要官"者，就应切断其"能上"通道，并实施"能下"机制，保持持续高压，从而实现能者上、庸者下、劣者汰，压缩乃至消除"跑官要官"者的生存空间。

来自方方面面的监督，包括组织的监督、部门的监督、群众的监督、舆论的监督等，看起来像是种种约束，但实际上，各种监督是对权力运行的提醒和督促，促使党员干部重新审视决策和举措，及时修正错误，因而监督是一种关心、一种爱护、一种保护，是被监督者难得的福分。如果热衷于监督别人，自己却不愿接受监督，或表面上接受监督，实际上视监督为对自己的束缚、否定，想方设法躲避、拒绝监督，也就失去了一种宝贵的校正机制，失去了一道安全的屏障，对自身成长有百害而无一利。

学会真心接受党和人民监督，是衡量党员干部党性修养的一个重要尺度。党员干部要习惯于在"聚光灯""探照灯"下工作和生活。接受监督是对自己的一种保护，因而要摆正心态，乐于接受监督，秉公办事，让监督促使自己清廉。党员干部接受监督时要心存敬畏，想着有"众目睽睽",要以"心底无私天地宽"的心态,敞开心扉,时常把自己拿出来在阳光下"晒一晒",不怕露丑,不怕被"挑刺"。有的党员干部拒绝组织监督,殊不知,"距谏者塞,专己者孤"。如果把监督当成挑刺儿或者当成摆设,就会听不到真话、看不到真相,有了失误、犯了错误也浑然不觉。

能否自觉接受监督、敢于面对监督、欢迎各种监督,是一名党员干部是否清正廉洁的试金石。各级党员干部要养成在"探照灯"下、"镁光灯"下、"显微镜"下和人民群众目光下工作的习惯,只要为公而谋,行正走直,依法办事,就评不倒、"照"不倒、"盯"不倒、"晒"不倒,但自己有问题,就必然倒。江西省一名领导干部蜕变成一个腐败分子,他在《悔罪书》中写道:"我没有把自己置身于民主监督之下,以此来约束自己的言行,而是视民主为聋子的耳朵——摆设,不愿意接受来自任何方面的监督。""在权与钱的天平上慢慢失衡。"接受群众监督,往往体现在舆论监督之中。在网络发达的今天,舆论监督经常显得比较公开、直接、不留情面,甚至有时还被误解、曲解以致中伤。党员干部要有自觉接受监督的思想认识和胸怀雅量,有则改之,无则加勉。不要害怕被误解,清者自清,只要胸中有正气,行事公道正派,何惧监督?

拒绝阿谀奉承

有的人在上司面前,不顾及自己的脸面,或献拍马之言,或做献媚之事,或指控别人过失,企图换来一点蝇头小利,名之曰"一脸忠贞学"。明朝开国皇帝朱元璋与才子解缙到池塘钓鱼。解缙一连钓了好几条,而朱元璋的鱼竿却纹丝不动。他见朱元璋面有愠色,便赋诗说:"数

下篇
外王：治国平天下论

尺丝纶落水中，金钩抛去永无踪。凡鱼不敢朝天子，万岁君王只钓龙。"

官场上有个"官周率"，是春秋时期魏公子牟总结出来的。大意是，有权就有势，有势就有人阿谀奉承、送礼行贿，收礼、收贿多了就必然骄奢淫逸，骄奢淫逸就必然犯罪，而罪大恶极者必然走向不归之路。为官者欲跳出"官周率"，应从拒绝阿谀奉承开始。如果一个人升官得势后，太把自己当回事，喜欢阿谀奉承、众星捧月，以被人追捧为荣，就可能跌跤。

有篇妙文描述了拍马屁的媚态和特技表演。一文士死见冥王，王忽放一屁，士即拱揖进词曰："伏惟大王，高耸尊臀，洪宣宝屁，依稀丝竹之音，仿佛兰麝之气。"王大喜，命牛头卒引去别殿，赐以御宴。至中途，士顾牛头卒曰："看汝两角弯弯，好似天边之月；双目炯炯，浑如海外之星。"卒亦喜甚，扯士衣曰："大王御宴尚早，先在家下吃个酒头了去。"

巧嘴滑舌、鬼头鬼脑的人，很少是仁德厚重的。鲁迅说："临下骄者事上必谄。"那么，对上谄者，对下必骄。在权势面前，溜须拍马者既无灵魂，亦无人格，极尽阿谀奉承之能事，说的都是违心的话，大搞"精神行贿"；在权势之外，他们又排挤别人，施展"厚黑"手段，不顾廉耻，整垮对手，落井下石。

阿谀奉承、溜须拍马的人，爱给领导"戴高帽子"，并不是一件容易事，会累心费神，低三下四，有时弄不好还要倒霉。《现代厚黑学》记载，北齐时期，有些人为升官发财而不知羞耻。有一个小官，曾去参见和士开，正碰上和士开生病。医生说："大王的伤寒十分严重，吃药没有效，应该喝陈粪。"和士开面有难色。这个小官说："这种药很容易喝，大王不要疑惑，让我为大王先尝一尝。"端起碗来一口气喝了下去。像这种被记载下来的阿谀奉承的行为实在是令后人耻笑。

可见，做人、从政，溜须拍马，出卖人格，虽然能得宠于一时，但不会得益于一世，而且会给自己带来不好的名声，不亚于拿宝贵的珠玉去换取砖瓦，实在不可取。

"人生芳秽有千载，世上荣枯无百年。"为官者的一举一动，或高尚，或无耻，皆如日月之明蚀，对上至同僚下至百姓影响既深又广。因此，无论何时何地，都应自尊自重，自警自励，切莫忘记做官先做人！

唐朝的郭弘霸，凭借阿谀奉承的本事侍奉武则天，当上了监察御史。当时御史中丞魏元忠生了病，魏元忠的下属同事都去问候他，而郭弘霸最后才一个人去，他请求察看病人的大小便，并且把手指头伸进去沾了一点，放到嘴里品尝，用来检验病情的轻重程度。他尝后高兴地说："如果是甜味就让人担忧了。现在它的味苦，没有什么大碍了。"魏元忠因此十分讨厌他的阿谀奉承。

趋附谄媚现象常常是与趋附谄媚的对象有意无意的鼓励分不开的。他们能从中得到一种精神上的尊荣感和满足感，必然会以投桃报李的方式鼓励趋附谄媚者。这种精神贿赂是一种依靠虚荣心和歪风才得以流通的伪币。为政者一旦对精神行贿者宠爱有加，他在上司面前也会奴颜婢膝，而对下属必定不可一世。长此以往，就会混淆是非，失去公正，就会"亲小人""远贤臣"，贻误事业。

这些善于拍马、"抬轿子"、媚上欺下的人大都是不自尊、不讲究自己的人格、肯于牺牲自己的独立意志和见解之人。这些人经常窥测领导的意向，潜心体察领导的心思，细心揣摩领导的嗜好，看风使舵，不择手段地讨领导欢心，以达成自己不合理、不合规甚至不合法的非分之想。

为政者要防备那些向你献媚的人。宋代辛弃疾说："有心雄泰华，无意巧玲珑。"有心与泰山、华山争雄,无意阿谀奉承、八面玲珑。法国拉罗什富科说:"奉承是一枚依靠我们的虚荣才得以流通的伪币。"凡是献媚者都是私利的追求者。英国斯威夫特说:"阿谀奉承是傻瓜的食粮,然而智者偶尔也会屈尊吃上几口。"若想防患于未然,必须在拆桥之际及时掌握信息,识破其面目,予以揭露,使他们无以立足。

作为领导者,万不可听到逆耳之言,便以为是不尊重你,而一股脑儿地顶回去。要虚怀若谷,听得进逆耳忠言,并经常反省自问:我是谁?为了谁?怎样做才符合党和人民的期待,进而约束自我,虚心纳谏,从"不愿听逆言忠言"变为"我要听逆言忠言"。

把握适度乃赢家

做事情要把握度。度作为一种客观标准,犹如一把无形的尺子,随时随地衡量着人们的言行。适度,就是分寸、程度、限度适当,恰到好处,适可而止。做过了头,使事情发展到反面,其害不小,如果做不到位,也不会有好效果。

审时度势,美酒饮到微醉处,好花赏在半开时,十五的月亮十六圆。喝醉了酒,就要出洋相;花一旦全开,很快就要凋谢;月一旦全圆,就要亏损。明朝许相卿说:"富贵怕见花开,此语殊有意味。"因为开则意味着谢。任何人不可能一生总是"春风得意马蹄疾"。世间精彩总在短瞬间。得意时莫忘回头,着手处当留余步。《老子》第四十四章说:"知足不辱,知止不殆。"知道满足的人,不会受到侮辱;知道适可而止的人,不会遇到危险。所以,见好就收便是最大的赢家。

"适"字摆正了主观与客观的关系,又适度摒弃了极端主义。"春色满园关不住,一枝红杏出墙来。"这一佳句流传千古,其中重要一点是适度展现满园春色。正如王安石在《咏石榴花》中所云:"浓绿万枝红一点,动人春色不须多。"同样,欲望也应当适度。放纵七情六欲,就会走向反面。总是胡吃海喝,厚味不断,胃肠就受不了。世事如棋难自料,权衡得失见好收。《贞观政要·慎终》说:"嗜欲喜怒之情,贤愚皆同,贤者能节之不使过度,愚者纵之,多至失所。"

从唯物辩证法的角度讲,度是事物保持自己质的数量界限或范围,适应这个范围,事物的质没有发生根本变化;超出这个范围就会引起质变,变成另一种事物。任何事物都有其发展限度,一旦超出这个限度,事物必然走向其反面。不懂得适可而止、见好就收,无疑是临渊纵马。

三国时期魏国人刘劭博学多才,思虑玄远,著作丰厚,特别善于品评鉴别人物。刘劭所著《人物志》,是我国第一部人才学专著。刘劭认为,金无足赤,人无完人。正直坚毅的人,成在矫正邪恶,失在性情耿直,言辞激烈,不留情面;柔顺安恕的人,优点是宽容大度,但有时优柔寡断,缺少主见;雄悍倔强的人,侠肝义胆、勇于赴难,但易生猜忌之心;精细审慎的人,优点是谦恭谨慎,有时会多虑多疑;刚强坚劲的人,可做栋梁之材,缺点是容易固执;能言善辩的人,善于解释疑难,但容易流于诡辩,失去根本;圆通周到的人,交往广泛,左右逢源,缺点是交往流于滥杂;清正廉洁的人,能安于俭朴,固守节操,但有时拘泥固执、不善变通;光明磊落、志向超远的人,能够攀登上进,但容易脱离实际,流于空想;深思内秀、行为审密的人,长于深思熟虑,处事周密,但缺少雷厉风行,常会错失机遇;质朴无华、坦诚无隐的人,忠诚老实,但有时死板,不够灵活;富于智慧、胸怀韬略的人,足智多谋,缺点是城府太深,缺少厚道。

下篇

外王：治国平天下论

《菜根谭》说得好："清能有容，仁能善断，明不伤察，直不过矫，是谓蜜饯不甜，海味不咸，才是懿德。"冰清玉洁却含垢纳污，宽厚仁德却能机敏善断，明察秋毫但不吹毛求疵，刚直严正但不矫枉过正，这就是所谓用浓糖浆浸渍的蜜饯不会过分的甜，生长在咸水中的海味不会过分的咸。

明代民族英雄于谦，在国家有难时挺身而出、扶危定鼎，永远值得人们讴歌，但他性格上有明显弱点。于谦个性刚直，遇有贪生怕死的同僚或部属，如主张南迁的徐有贞，即当众喝责之。于谦与石亨在危城中共御强敌，保全了明朝之命脉，两人在战火中相许为平生知己。石亨认为于谦保卫北京的功劳大于自己，推荐于谦之子于冕为千户时，于谦非常生气，反应过度地对石亨严词拒绝，使石亨当场下不了台，使两人情谊从此蒙上阴影，埋下日后相残的伏笔。于谦这种守正不阿、清廉如水的品格令人敬佩，但他强硬的态度使徐有贞与石亨在自惭形秽后转变为憎恨，石亨后来在"夺门之变"中成为陷害于谦的元凶。于谦的命丢在小人之手。

缓急之间，不可不慎。当缓而不缓，动机和效果不能统一。当缓而缓，是处世之秘诀、成熟之标志。《牧鉴·急缓四》记载，朱熹说："天下之事，有急缓之势；朝廷之政，有急缓之宜。当缓而急，则繁细苛察，无以存大体，而朝廷之气，为之不舒。当急而缓，则怠惰废弛，无以赴事几，而天下之事，日入于坏。"黑格尔说过："举凡一切人世间的事物——财富、荣誉、权力甚至快乐、痛苦等——皆有一定的尺度，超越这尺度就会招致沉沦和毁灭。"[1]从这个意义上说，盛时要作衰时想，上场欲作退场思。百尺竿头，不必都要再进一步。

为政操之过急不好，会带来一系列"负效应"。办事急于求成，往往

---

[1] ［德］黑格尔：《小逻辑》，贺麟译，商务印书馆1980年版，第235页。

欲速则不达，事倍功半，甚至会适得其反。曾国藩本是个急性人，天不怕地不怕，但他后来发现，心急易坏事，尤其是用兵过速会惨败，因为太快则欠考虑，一失误，就会招致灾祸。逐渐变得稳重老练，正是曾国藩办事、用兵的超人之处，收到意想不到的效果。

领导者综合素质不同，表现出的领导风格也不同，但都要把握好刚与柔之间的度。刚是指原则性、坚定性；柔是指灵活性、策略性。在处理问题时，要刚中有柔，柔中有刚，刚柔相济，做到刚强而不固执，刚毅而不刚愎。灵活的人不要失分寸，机警的人不要多疑，退让的人不要怯懦，随和的人不要放弃尊严，谦逊的人不要掺杂虚假，活泼的人不要轻浮，谨慎的人不可拘泥，仁爱温良的人要力戒优柔寡断，坚强刚毅的人要防止刚愎自用，才能做到潇洒但不失严肃，持重但不失智慧。

领导者处世、为政，要坚持原则但不固执，有城府但不圆滑，善谋但不奸诈，自强但不独斗，正直但不清高，勇敢但不轻率，果断但不莽撞，和善但不懦弱，得胜但不骄矜，豪放但不失深沉。应努力做到：有头脑、有主见而不偏激执拗，勇往直前、披坚执锐而不鲁莽，严厉正直、刚强坚毅而不忽视策略，柔顺宽恕、安详文静而不忽视果决，壮怀激烈、侠肝义胆而不轻慢法规，强硬刚直、刚健有为而不专断固执，精细谨慎、精思远虑而不行动迟缓，衣着得体、大方而不过于赶时髦。

列宁在《共产主义运动中的"左派"幼稚病》中提出了一个经典的论断："只要再多走一小步，看来像是朝同一方向多走了一小步，真理就会变成错误。"[1]切莫多走"一小步"，这是对把握"度"的生动描述，更是一项高超的领导艺术。

---

[1] 列宁：《共产主义运动中的"左派"幼稚病》，人民出版社 2016 年版，第 86 页。

下篇
外王：治国平天下论

事物的发展一旦走向极端，便会向相反的方向转化，盈满之后便会亏损。所以，精明强干、富于智慧的人，有时要用愚鲁的方式来固守；博闻强记、善于雄辩的人，有时要用收敛简约的方法来固守；强健刚勇的人，要以畏惧的方式来固守；成为富豪的人，要通过主动削减财富的方法来固守；恩德博施天下的人，要通过谦让的方式来固守。

当事业处于顶峰时期，要时时以"人无千日好，花无百日红"提示自己，不要陶醉于鲜花和掌声之中，不可忘乎所以，不要贸然向前走。张弓不能过满，要留有余地。清代金樱在《格言联璧·持躬类》中说："谦，美德也，过谦者怀诈；默，懿行也，过默者藏奸。"得意时莫忘回头，防止"过"与"不及"。

须知忍让可图谋

一提到"忍让"，有些人往往把它同软弱联系在一起，认为忍让者无能。这实在是一种误解。忍让不是懦弱可欺，不是一味退缩和消极沉默；相反，忍让是大智若愚的表现，是智慧性情锤炼的最高境界，更需要自信和坚强。人的一生中，忍让、谦让、忍受、忍耐，往往比精明更重要。

战国时赵国将领廉颇，以勇猛善战闻名。蔺相如机智勇敢，面斥强秦，晋升上卿。廉颇不服气，宣称要当面侮辱相如。相如屡屡示弱回避，不与之争高下。宋代晁礼之有《渑池道中》诗云："不畏秦强畏廉斗，古来只有蔺相如。"廉颇得知相如多次避让，是为国家利益，于是主动"肉袒负荆"（赤膊背着荆条），登门向相如请罪。诚然，廉颇不应归在"小人"之列，但其争名于朝、斗势于巷的所为，也不是明智之举。蔺相如包容、礼让廉颇的所为使廉颇羞愧、感动，认识到了错误。

韩愈任刑部侍郎时，因直言进谏而触怒唐宪宗，被贬为潮州刺史。韩愈没有悲观消极、一蹶不振，而是先后办成了驱鳄鱼为民除害、请教师兴建乡校、修水利排涝灌溉等好事实事。韩愈调任袁州刺史后，又计庸抵债，释放奴隶，发展教育，亲民爱民，政绩斐然，当地百姓建状元楼、昌黎书院纪念他。

忍个人之辱，负事业之重，忍受各种屈辱与误解而毫无怨恨之心，乃是为政者应具有的品格和情操。人得学会忍，学会忍受、忍耐、忍让。白居易有言："孔子之忍饥，颜子之忍贫，闵子之忍寒，淮阴之忍辱，张公之忍居，娄公之忍侮。古之为圣为贤，建功树业，立身处世，未有不得力于忍也。凡遇不顺之境者其法诸。"忍得一时气，既能"免遭忧"不乱大谋，又能修身养性。发泄、发飙、发狂虽然一时痛快，却常常让人追悔莫及。把脾气发出来是本能，把脾气压下去是本事。

杜牧《题乌江亭》云："胜负兵家事不期，包羞忍耻是男儿。江东子弟多才俊，卷土重来未可知。"兵家打仗胜负难以预料，暂时蒙羞忍辱才是真正的男子汉。江东子弟中有很多豪杰，卷土重来也说不定。他感慨项羽自刎乌江，是逞一时之英雄，惜一时之名声，不能忍辱负重，包羞忍辱，失去了东山再起、卷土重来、再续人生辉煌的机会。由此观之，忍个人之辱，负事业之重，忍受各种屈辱与误解而毫无怨恨之心，乃是为政者应具有的品格和情操。

在《三国演义》中，诸葛亮为了激司马懿出战，派人送了巾帼素衣侮辱他。司马懿虽然心中大怒，但却佯装笑脸收下，"坚壁固守，勿与交锋"，拖延了劳师远来、急欲速战速决的蜀军，后来蜀军退兵于汉中。

狄仁杰做了宰相后，有些瞧不起、看不惯娄师德，便把他排挤出朝

下篇
外王：治国平天下论

廷，娄师德只好出京城而远到边地任职。武则天知道后，就拿出往日娄师德举荐狄仁杰的奏章给狄仁杰看，说："你怎能这样对待有恩于你的人呢？"狄仁杰惭愧不已，连连感叹道："娄公贤德，气度宏阔，他容忍了我，我竟然一无所知。比起娄公来，我实在差得太远了！"（参见《旧唐书·娄师德传》）

儒家和道家都反复强调忍耐、忍让的非常意义。"事不三思，但恐忙中有乱；气能一忍，方可过后无忧。"学会冷静、理智地处理问题，在一些非原则的是非面前，坚持"忍让哲学"，容人让人。季羡林在《做人与处世》中说："日子久了，难免有点磕磕碰碰。在这时候，头脑清醒的一方应该能够容忍。如果双方都不冷静，必致因小失大，后果不堪设想。"

"烈火炎炎终灭烬，须知隐忍可图谋。"当你无故受到屈辱、侮辱时，应微笑冷静，以静制动，以柔克刚，瓦解对方的攻势，摆脱窘境，稳控局面。只有忍耐、忍让到最后一刻，才会发生意想不到的变化，看到柳暗花明的转机。冬天到了，春天还会远吗？

以宽厚之心待人

与人交往，很重要的一点是宽容，常想着别人的长处，不计较他人的短处。将军额上能跑马，宰相肚里可撑船。一个人的胸怀能容得下多少人，才能够赢得多少人。是否具有不计前嫌的胸襟，直接关系到他能否纳才、聚才和用才，更关系到他自身的发展。

宽容、忍让，是力的作用、毅的展开、志的展示、胜的体现。"泰山不辞抔土，长江何拒细流"，"高怀同霁月，雅量洽春风"。"富者能忍保家，贫者能忍免辱，父子能忍慈孝，兄弟能忍义笃，朋友能忍情长，夫妇能忍和睦"(《六忍歌》)。退让一步，不与之争，不与之斗，可以化解矛盾，柳暗花明；可以回避冲突，从而海阔天空。宽容孕育智慧，乃天下通宝也。

老子即老聃，姓李，名耳，古代著名的思想家，道家学派的创始人。他曾提出"柔弱胜刚强"的思想，"柔弱"是柔中带刚，弱中有强。老子推崇"柔弱"，以"柔弱"为手段，达到战胜"刚强"的目的。

领导者是群众和部下的带头人，对于不愿意服从自己的人，可不急于展示自己的强悍，不要个人的权威，不宜与对方论一时之对错、争当众之高低，还是把架子放下来好，用一个淡淡的微笑，说一句轻轻的歉语，来显示包涵与谅解，让对方心理满足，使其敌对心理黯然失色。

对那些消极、散漫、桀骜不驯的人，不可随意指责、训斥，要发挥他们的长处，肯定他们的成绩，引导他们改正缺点，使他们心悦诚服。

学会宽容，乃是达到人和、成就事业的重要保证。对人宽容，才能促进和谐，才能凝聚人、掌管人、使用人。孟子认为，人和胜过天时地利。《尚书》载，周公告诫周成王："小人怨恨你、骂你，那你应当加强修养，放宽心胸，不要计较他们。"加拿大前总理特鲁多下野后，向邓小平请教复出的"秘诀"，邓小平的答案是："忍耐和信仰。"泰山不拒土壤，故能成其大；河海不择细流，故能就其深；官者不却布衣，故能明其德。处事、待人宽容些，容人之过，谅人之失，以德报怨，看淡得与失，能因这份平和而获得宁静和从容，有时也可以避免得罪小人，从而保护自己。

学会用要求别人的心要求自己，用宽容自己的心去宽容别人，其实是给自己留下一片海阔天空。胸中天地宽了，就会常有渡人船，人生就

下篇
外王：治国平天下论

不会有那么多的藩篱和栅栏。有一句富有哲理的格言："量小非君子，无度不丈夫。"意思是没有度量就不是君子，不是大丈夫。你宽宏大量，使你的精神进入一个新境界，你的形象也会高大些，会越来越受到人们的重视和拥戴。

细酌事理须豁达，何为计较烦此身。心狭为祸之根，心旷为福之门。豁达、包容是人际交往的"维生素"。谦让、涵容、洒脱是待人处世、养心保身的第一要务。怨恨就像一个不断扩大的肿瘤，挤压着生活中的快乐神经，使人们失去欢笑，整日愁容满面。怨恨是一种极为被动的感情，不能缓解心中的伤痛，仅有的用处便是伤害自己、折磨自己。吕坤说："两个君子无争，相让故也；一君子，一小人，无争，有容故也；争者，两小人也。"（《呻吟语》）两个君子在一起不会争斗，因为他们能互相忍让。一个君子、一个小人也不会争斗，因为君子能宽容小人。争得不可开交的是气量狭窄、思想境界不高的人。

"君子之交不出恶声。"一个有修养的人，绝不张牙舞爪，而是外圆内方，柔中有刚，无论发生什么情况，即使中断往来，也绝不会口出恶声、诽谤对方。反之，只会陷入关系紧张、破裂的恶性循环，还可能付出很大代价。

北宋太宗雍熙年间的宰相吕端一生贤明，参政两朝，拥有定策之功，饮誉天下，称得上是位有大智慧、大胸怀的人。宋史《吕端传》用四个字描述吕端的长相：姿仪瑰秀，亦即身材魁梧、面目清朗、仪态端正。还称赞吕端有气量，宽厚豁达，喜欢与人交往和开玩笑，同时又轻财好施。吕端在仕途中曾被数次降职，都不以个人得失为念。

毛泽东曾称赞叶剑英"诸葛一生惟谨慎，吕端大事不糊涂"[1]。吕端

---

[1] 吴直雄：《毛泽东妙用典故精粹》（上），人民出版社2009年版，第473页。

修齐治平札记

虽是元老重臣，身有策定天下之功，却不以此矜功自傲，而且"宽厚多恕"，对得罪他的人，从不介意。别人误会了他，把不相干的事加在他头上，到宋太宗赵炅那里告他的状，他也不加辩解，只是说："吾直道而行，无所愧畏，风波之言不足虑也。"

宽容，是做人的学问和人格的涵养，是待人处世的艺术和事业成功的保障。对于别人的一些小失误，如果放过去无伤大局，那就没有必要较真，没有必要纠正，这既是顾及别人的面子（自尊），保持人际关系的和谐，也是为了避免不必要的烦恼和人事纠纷，体现了豁达大度。

能受苦方为志士，肯吃亏不是痴人。清代左宗棠说得好："凡小事精明，必误大事。"因此，在一些小事上，他很少计较。胡雪岩的许多行为是左宗棠所不能容的，但左宗棠从未去计较，而是关注粮饷的筹集，从而保持了与胡雪岩的朋友关系，又保证了军队的供给。

列宁说得好，"应当把对共产主义思想的无限忠诚同善于进行一切必要的实际的妥协、机动、通融、迂回、退却等等的才干结合起来"[1]。为政者学会宽容，既能容亲近之人，也能容异己之士，才能从好政、履好职，才能把反对力量稀释到最低限度。

宽容是鲍叔牙多分给管仲的绸缎，是光武帝焚烧投敌信札的火炬，是冬天皑皑雪山上的暖阳，是荆棘丛中长出来的谷粒，是留在踩扁紫罗兰的脚跟上的香味。宽容解开了胸中的心结，宽容融化了眉宇的忧伤，宽容集纳了人言的荆棘，宽容消除了内心的忧痛，宽容吹散了世俗的风尘，宽容增添了岁月的含金量，宽容蕴藉以柔克刚的坚韧，宽容包含着人际关系的温馨。

---

[1] 列宁：《共产主义运动中的"左派"幼稚病》，人民出版社2016年版，第77页。

下篇
外王：治国平天下论

明代学者杨继盛在写给儿子的书信中说："宁可我让人，不要使人让我；宁可我容人，不要使人容我；宁可我吃亏，不要人吃亏；宁可我受气，不可使人受气。别人有恩于我，我终生不忘；别人有怨于我，我及时丢掉。看到别人的好处，就称赞不已；听到别人的缺点，就守口如瓶。"

当然，杨继盛的信中断言也不全对。比如"听到别人的缺点，就守口如瓶"。按照共产党人的品格衡量，我们要勇于开展批评和自我批评。因此，对班子成员间的缺点，在开展民主生活会时就不应"守口如瓶"，而是实事求是地指出来，以达到帮助别人又教育自己的目的。

要做到宽容、容忍，离不开修身养性、修心修德。无意去留无媚骨，不惊宠辱不妒人——不是疏于观察自己，而是经常审视解剖自己，剜去灵魂深处的恶浊，培养海纳百川的胸怀，具备肚里撑船的涵养，保持先忧后乐之心。宽容，是一种人文素养的彰显、一种政治智慧的反映，是一种事业成功的因素、一种人际相处的润滑剂。遇到矛盾和冲突时，原谅对方的过错，设身处地地多想想对方的感受和处境，团结大多数人共同奋斗。欢迎别人超过自己，多想一想别人在成功路上付出的艰辛，"秋天不在夏尽处"啊！

屈辱毁誉皆泰然

中国古代流行着一句话："治国安邦平天下，自有周公孔圣人。"周武王领导的牧野之战一举克商，周人以"小邦周"克"大邑商"，但是商朝的统治并没有彻底结束，商故地仍由纣王之子武庚统治。如何稳定政局？面临着内忧外患、重重危机，武王为防武庚作乱，就派他的三个弟弟去监视他，称为"三监"。

修齐治平札记

武王在深知命不久矣之时，将周公旦（武王的弟弟）定为王位第一继承人。面对唾手可得的王位，周公旦选择了拒绝并辅佐周成王即位。周武王早逝，周公旦担心天下动乱，辅佐十二岁的周成王，摄政以治天下，"制治于未乱，保邦于未危"（《尚书·周官》），处理天下政务，但招来不少猜疑和诽谤。三监以为周公要取代为王，就联合纣子武庚叛乱。

周公旦忍辱负重，先团结兄弟，弥合宗族，安抚诸侯，团结一切可以团结的力量，进而开始讨伐叛逆，率兵东征，经过三年的浴血奋战，灭掉了叛军，才彻底地消灭了殷商的残余势力。七年之后，成王成人，周公旦毅然还政于成王，正式确立了周王朝的嫡长子继承制，自己退居臣位，面向北站在臣子之位，仍谨慎恭敬，如履薄冰，用实际行动表明忠诚于国家，稳定了西周初期的政局。

这种忠心耿耿、无畏无私的品质，是周公旦领导权威形成的重要因素。周公旦的一生可以说是为周朝鞠躬尽瘁，难怪后世会将他奉为周王朝的奠基人。周公旦在社会治理实践中，吸取商纣王昏庸误国的教训，把文治与武功有机结合，不断进行治理制度创新，创立礼乐制度，坚持以文化人、以德治国，使得周王朝的势力在其摄政期间不断壮大。西汉思想家贾谊评价周公说，文王有大德而功未就，武王有大功而治未成，周公集大德大功大治于一身。孔子之前，黄帝之后，于中国有大关系者，周公一人而已。

人生如一场修行，得意时"一日看尽长安花"，艰难时"潦倒新停浊酒杯"，但生命的跋涉却不能回头，要"猛志固常在"，从而历练出"也无风雨也无晴"的豁然。要伸必先屈。需要屈时就屈，需要伸时就伸。能够忍受屈辱，忍受误解，忍耐失败，终究会有出头之日。正如陈毅所言："大雪压青松，青松挺且直。要知松高洁，待到雪化时。"一个人要成就一番事业，有时会蒙受屈辱、经受打击，此时能挺住而不辱使

下篇
外王：治国平天下论

命，可谓忍辱负重。忍辱是手段，而完成使命才是目的。屈辱能使人发奋、催人奋进，是一种无形的动力。

世间多少祸，常常消亡"忍"字中。在恼怒时要控制情绪。孔子说："小不忍，则乱大谋。"（《论语·卫灵公》）要忍耐、包容一点，如果一点小事不能容忍，脾气一来，则坏了大事。能忍得一时之气，省得百日之灾。有容德乃大，有忍事竟成。

冯梦龙在《醒世恒言》中说："事不三思终有悔，人能百忍自无忧。"古希腊柏拉图说："稍许忍耐片刻，是压制恼怒的最好办法。"卢梭有句箴言："谁要是遇到一点点痛苦就不能忍受的话，他注定要遭到更大的痛苦。"小忍有小的好处，大忍有大的好处，暂时忍有暂时的好处，长久忍有长久的好处。

曾国藩这样总结自己的忍辱负重之术："好汉打脱牙和血吞。这句话是我生平咬牙立志的秘诀，自出道以来，无不遭求屈辱。我在庚戌、辛亥年间被京城的权贵们所唾骂，癸丑、甲寅年间被长沙的权贵所唾骂，乙卯、丙辰年间又被江西人所唾骂，以后又有岳州、靖江、湖口三次打败仗，都是打脱牙的时候，没有一次不是和着鲜血往肚里咽。"

古往今来，富贵者欺辱贫穷者，强悍者欺辱弱小者，邪恶者欺辱善良者，年轻者欺辱年老者，可以说是屡见不鲜。如果没有一点忍辱负重的精神，是很难生存的。受污辱、受欺侮之时，要勇于忍，不怒、不忿、不争、不仇，以一种平静的心态对之，使污辱你的人自讨没趣。暂时忍受屈辱，为的是等待开创事业的机遇，实现自己的抱负，这与"宁为玉碎，不为瓦全"同样是大丈夫之举！

楚汉战争中，项羽从垓下（今安徽灵璧南）突围到乌江。乌江亭长备船，劝项羽东渡乌江："江东虽小，地方千里，众数十万人，亦是王也。"项羽却认为他的失败乃是天意，况且当初率江东八千子弟兵渡江西征，如今只回来他一人，无颜见江东父老，乃自刎。感慨于斯，笔者赋七律《怀项羽》(新韵)：

> 破釜兵仙灭暴秦，拔山举鼎气凌云。
> 何曾天意偏刘季？徒是沽名惑鸿门。
> 舞剑项庄疏赦汉，弃船乌水撼羞身。
> 江东忍辱能崛起，或许称雄烁古今。

忍辱负重不是懦弱、胆怯，不是不讲原则、不分是非，而是有修养、有智慧的表现，展示着自强不息的内在力量。"觉尺蠖者，甘屈以保伸；识通塞者，不惨悦于否泰。"(《抱朴子·任命》)意思是了解尺蠖的人，甘心暂时受屈以求得后来伸展；懂得处境顺逆的人，不会因暂时失利而悲伤，也不会因眼前顺利而喜悦。强良屈身替人拾鞋，韩信能忍胯下之辱，陆逊于强兵压境之时原谅无礼的将领，都体现了"大丈夫能屈能伸"，大智若愚，大勇若怯，不因小失大，后来战胜了对手，取得了成就。现实工作生活中，有些人甚至党员干部，遇到一些挫折或灾难，以至丧失了忍辱负重力求东山再起的斗志，自此一蹶不振，甚至走上了轻生之路，这是不可取的。

周恩来把忍受屈辱当作磨炼意志和增长才干的手段之一。美国人谢伟思在重庆美国驻华大使馆工作时，同周恩来接触较多，他谈及亲身体验时说："我未见过周恩来发怒、发火或心烦意乱，他总是那么平静、镇定；我没有见过他克制不住自己的时候。"国外有人把周恩来比拟为"有弹性的优质钢"。冯玉祥就皖南事变一事，曾与周恩来交谈，他在日记中写道："他很能忍耐。"的确，忍辱负重、忍中求进，是周恩来作为一个政治家显著的特征之一。

下篇
外王：治国平天下论

人生会遇到许多冲突和挑战，在小处忍让、妥协，才能积累力量，在大处获胜。能够甘于吃亏、委屈自己、调整心态的人，能够挺直腰杆、义无反顾、奋然前进的人，能够对他人的遭遇感同身受的人，能够为他人提供宝贵资源的人，能够设身处地思考对方需要什么样的帮助的人，方能与其他人和谐相处，方能成为赢家！越是出色的人越会被人评说。世间没有不被评论的事，也没有不被评说的人。别人的嘴我们无法去控制，但我们可以抱一颗淡然的心去看一切纷扰。心静才能听到万物的声音，心清才能看到万物的本质。应当感谢绊倒你的人，因为他强化了你的能力；应当感谢伤害过你的人，因为他磨炼了你的心志；应当感谢轻视你的人，因为他激发了你的潜能。人生在世，不可能一帆风顺。应当感谢挫折和逆境，它使我们磨炼出坚强的意志，"咬"住目标不放松，走出人生低谷，将我们的生命演绎得波澜起伏、跌宕有致、日臻完美。

修齐治平须读史

历史是一个民族、一个国家形成、发展及其盛衰兴亡的真实记录，是前人各种知识、经验和智慧的总汇，是最好的老师、最好的教科书，也是最好的清醒剂。党员干部在奋斗的征程中思考问题、作出决策要有历史眼光，要以历史人物为镜鉴，鉴前世之兴衰，考当今之得失，从以往的历史经验中汲取智慧，提升修齐治平能力，提高历史文化素养，把握时代发展大势，提升领导工作能力。

历史具有继承性。历史是现实的源头，现实是历史的发展，是历史长河中的一定阶段。中国历史悠久，各种史料浩如烟海、博大精深，没有任何一个国家可以相比。江山社稷最大的事莫过于盛衰兴亡。在漫长

修齐治平札记

的历史进程中,中华民族历尽沧桑风雨,几经倾覆磨难,然而一次又一次地衰而富强,展现出强大的生命力和凝聚力。中国盛衰兴亡的史实比世界上很多国家都更丰富,为我们提供了丰富的资源和开阔的视野。习近平同志在中央党校2011年秋季开学典礼上指出,中国历史"既有升平之世社会发展进步的丰富经验,也有衰乱之世的深刻教训以及由乱到治的经验智慧;既有当事者对时势的分析陈述,也有后人对前人得失的评论总结。可以说,在中国的史籍书林之中,蕴涵着十分丰富的治国理政的历史经验"[1]。

历史是前人的"百科全书",是一幅气势恢宏的画卷,是党员干部的必修课。历史的基本功用是"资治"。司马光说过:"人之患,在于不读史。"龚自珍说:"欲知大道,必先知史。"中华民族的历史,是一部博大精深的创业史和发展史,蕴含着十分丰富的治国理政的历史经验和宝贵的思想文化遗产,记载了老聃、孔丘、管仲、庄周、孟轲、荀况、韩非等一大批了不起的圣贤治国理政的丰富经验和非凡智慧;记叙了伍子胥、屈原、苏武、范仲淹、岳飞、文天祥、于谦、海瑞、林则徐、谭嗣同、秋瑾等杰出人物忠贞报国、浩然正气、为官清廉、忠于职守、自强不息的优秀品质;展示了周文王、秦始皇、萧何、贾谊、诸葛亮、曹操、魏徵、赵匡胤、王安石、康熙、孙中山等思想家和政治家的文韬武略以及修齐治平、治国安民的政治理想,以人为本、民惟邦本的治国理念,载舟覆舟、居安思危的忧患意识,顺应民心、为民请命的爱民情怀,礼贤下士、知人善任的用人之道,善谋全局、立足高远的战略思维,舍生取义、视死如归的英雄气概,"天下兴亡,匹夫有责"的担当品格,国而忘

---

[1] 习近平:《领导干部要读点历史》,《学习时报》2011年9月5日。

下篇
外王：治国平天下论

家、公而忘私的价值理念，不尚空谈、苦干务实的优良作风，锲而不舍、屡败屡战的顽强毅力，革故鼎新、开拓进取的创新精神，豁达大度、包容忍让的博大胸怀。这都有助于党员干部从历史中挖掘智慧的宝藏，从民族兴衰、政治清浊、社会治乱、人生荣辱的历史鉴戒中吸取教训和经验，开阔视野，感悟人生，洞明世事，加强从政修养，筑牢正确信仰，升华思想境界，陶冶道德情操，正确使用权力，励精图治，不懈奋斗，不辱使命，开创未来。

提高历史文化素养，可以给人以智慧，以历史为镜鉴，鉴前世之兴衰，考当今之得失。鲁迅在《华盖集》的《答KS君》中有言，"我们看历史，能够据过去以推知未来"。学习历史发展的轨迹，了解历代兴衰治乱的历程，包括涉及对国家、民族及个人的成与败、安与危、正与邪、荣与辱、义与利、廉与贪、得与失等方面的经验与教训，可以给人以警示，把握时代发展大势，提升修治齐平之能力，"嘉善矜恶，取是舍非"，提高成功概率。

妙笔评点中华史，神采风骚识见深。一代伟人毛泽东一生酷爱历史，研究历史，尤其青睐于二十四史、《资治通鉴》。他汲取前人的智慧，形成自己的思想，作了大量具有真知灼见的批注，称得上是一位杰出的历史学家。毛泽东一生阅读、圈点《资治通鉴》十七遍。他不以成败论英雄，注重从大节方面和政治得失来辩证地评价商纣王、秦始皇、曹操等诸多历史人物的功过是非，关注各个王朝的兴衰治乱、文治武功、成败得失的根由，从中寻释宝贵的经验教训，读之思之，令人耳目一新，备受启迪。

毛泽东在他的文章、报告、诗词、书信、讲话、闲谈中，常常恰到好处、幽默风趣地提及、妙评历史人物，少则几个字，多则数百字，或深情褒扬,或鲜明批驳,或恢宏慨叹,或引申发挥,见解精辟独到,提纲挈领,妙趣横生,世所罕见。

毛泽东对于历史人物不仅评得妙,而且用得好。他善于围绕政治、军事、经济、党的建设等方面高屋建瓴地借古说今,恰到好处地引经据典,而且信手拈来,巧借历史人物来阐发观点、以事说理、指导工作,丰富人们尤其是党员干部的政治智慧、工作经验和情感世界,提升综合素质和领导艺术,使人终生受益。

在古今中外的革命家、军事家、政治家中,像毛泽东这样酷爱读书、博览文史的伟人,实属罕见。周恩来说:"读古书使他的知识更广更博,更增加了他的伟大。"[1]毛泽东写道:"一篇读罢头飞雪,但记得斑斑点点,几行陈迹。"[2]毛泽东锲而不舍地攻读二十四史,其所作的批注、圈点,成为20世纪中国共产党人指点江山、激扬文字的可贵参考,也是他留给后世的宝贵的精神财富,是汲取历史经验的思想遗产。

历史与现实有许多相似之处,现实中的很多事情都能够在历史上找到影子,历史上的很多事情也都可以作为今天的镜鉴。读史可以明鉴、知古方能鉴今。人们总是在继承前人的基础上向前发展的。列宁说:"忘记了过去就意味着背叛。"党员干部学习历史,可以从中学到治国理政的历史经验,拓展思路,找到最好的工作方法,推进事业蓬勃发展。正如习近平同志所言:"我们学习历史,要结合我们正在干的事业和正在做的事情,善于借鉴历史上治理国家和社会的各种有益经验。"[3]党员干部尽管经历不同、岗位职责不同,但都应当结合思想和工作实际学习历史,

---

[1] 《周恩来选集》上卷,人民出版社1980年版,第333页。
[2] 《毛泽东诗词集》,中央文献出版社1996年版,第145页。
[3] 习近平:《领导干部要读点历史》,《学习时报》2011年9月5日。

下篇
外王：治国平天下论

从中汲取历史营养和政治智慧，洞彻历史规律，培养浩然正气，借鉴经验，永葆共产党人的本色，坚持从历史走向未来，从延续民族文化血脉中开拓前进。

增强本领靠学习

极少人是"生而知之者"，大部分人是"学而知之者"。马克思曾用家犬与猎犬的差别，来说明人与人的聪明先天差别很小，主要是在后天学习和分工逐渐拉大距离的。勤奋学习能使丑陋变为美丽，能改变气质，去掉俗气。学习是心灵的美容，可以使党员干部由丑陋变得帅气，由卑琐变得高尚，由庸俗变得高雅，由平庸变得有本领。

南朝江淹早期刻苦学习，年纪轻轻就成为鼎鼎有名的文学家，受到许多人的称赞，然而后来变得平庸，江郎才尽，主要原因是放松了学习，不像原来那么勤奋了。由来玄烨气轩昂，可比雄才秦始皇。康熙智商很高，五岁就会写诗，被誉为最聪明的皇帝、最有学问，主要是他几十年坚持勤奋学习、锲而不舍。

古往今来，聪明与愚笨都可以转化，聪明和取得成功主要在于个人修己、勤奋学习、笨鸟先飞、熟中生巧。杜甫在《题柏学士茅屋》中说："富贵必从勤苦得，男儿须读五车书。"长时间在同一个工作岗位，本领的大小、能力的强弱，从根本上说也是由学习拉开距离的。通过多种途径学习，不断给自己"充电"，就能有小小的成就感。

在农耕时代，读几年的书，可以管用一辈子；到了工业经济时代，读十几年的书才能够用一辈子；到了知识经济时代，只有终身学习，才能够用一辈子。人要想在竞争中不落后、竞上游，就必须保持一种"本

修齐治平札记

领恐慌"的危机感、责任感和使命感,多读书、善读书、读好书。

曾国藩从入私塾念书到考取秀才,将近二十年,屡败屡试,勇敢面对。当门外的小偷把文章一字不差地背诵下来时,他显得很笨拙,但他穷且益坚,坚韧不拔,笨鸟先飞。他总是起得最早,睡得最晚,每一节课都反复研读,直到真正透彻理解,熟练掌握。他成为"中兴第一名臣",成就一番伟业,来源于孜孜不倦地学习。他数次告诫弟弟们,"盖世人读书,第一要有志,第二要有识,第三要有恒……此三者缺一不可"。曾国藩给兄弟们提供的课程表,提出读书应当"主敬""静心""早起""写日记",并且提出读书重在"专注""有恒"四个字。他认为一旦确定奋斗目标以后,若能持之以恒,目标就可以达到。

我们不提倡党员干部有"书生气",但应推崇"书卷气",做"书香干部"。多读书,读好书,少应酬,摒弃"市侩气",沐浴内心世界,领悟人生真谛,提高道德修养,提升理政能力,实现人生价值。群众喜欢既有正气又有思路、处理问题有办法,而且讲话精彩、思想深刻,让人心悦诚服的党员干部。《书卷气是最好的气质》一文认为,通过读书学习,浊俗可以变为清雅,奢华可以变为淡泊,促狭可以变为开阔,偏激可以变为平和。拥有了书卷气,便消除了傲气、娇气、霸气、激愤气、粗俗气、痞子气、卑微气、小市民气,精气神就会渐入佳境。

放松学习,忙于事务,就不可能自觉改造自己的主观世界,很多事理就不知道或若明若暗,"不知有汉,无论魏晋",政治上就不可能成熟,就会使精神世界陷于低级趣味。如果光是为了拿到文凭、学位而读书学习,或抱着临时抱佛脚的态度急用才学,就不可能提高本领、有真才实学。习近平同志把领导干部读书中存在的问题归结为四个方面:"一是追求享乐、玩物丧志,不好读书;二是热衷应酬、忙于事务,不勤读

下篇
外王：治国平天下论

书；三是浅尝辄止、不求甚解，不善读书；四是学而不思、知行不一，学用脱节。"[1]

成功不可心中无智，成长岂能身边无书。《易·乾》说，有道德的人总是通过学习来扩充知识面，通过探讨来辩明事理。宋代黄庭坚曾说："士大夫三日不读书，则义理不交于胸中，对镜觉面目可憎，向人亦语言无味。"《菜根谭》中说，真正的贫穷是无知，而不是无钱。《红楼梦》有言："才华馥比仙，气质美如兰。"勤于读书、敏于思考、善于研究，历来是人生成长之梯、政党巩固之基、国家兴盛之要。情况在不断地变化，不学习怎能跟上变化？学习只有进行时，没有完成时。如果不珍惜宝贵的时间，让时间白白地"从酒桌上过去，从闲谈中过去"，等于在缩短自己的生命。

忽略学习，重"术"而轻"道"，忽略政德修养，就难以抵挡利欲诱惑，就会丢掉理想信念，倒塌精神支柱，在前进中落伍。一些落马的官员在悔过书中说，由于不学习、不懂法，干了许多违法的事，牟取私利，以为自己所说的就是法。一些落马的官员没有参加过一次党的组织生活，没有参加过一次党委中心组理论学习，其结果可想而知。有的贪官不信马列信鬼神，其教训是沉痛的。党员干部要不断提高自己、完善自己，经受住各种考验，坚持在读书学习中坚定理想信念、锤炼道德操守、提升思想境界，坚持在读书学习中把握人生道理、领悟人生真谛、体会人生价值，努力使自己成为一个高尚的人，一个纯粹的人，一个有道德的人，一个脱离了低级趣味的人，一个有益于人民的人。

把学习作为增强本领的重要途径和根本方法，是我们立党、兴党、

---

[1] 习近平：《领导干部要爱读书读好书善读书》，《学习时报》2009年5月18日。

强党的优良传统。早在1939年,毛泽东就提出有些共产党人"本领恐慌"的问题,解决的根本办法就是学习本领,充实知识,讲究学习方法,提高学习能力。毛泽东把学习形象地比喻成"开铺子",如存货不多,取一点、少一点,不久就要告罄;"不进货"甚至就要关门倒闭,旨在告诫各级领导干部要有"紧迫感",别闹"本领恐慌"。"开铺子存货不多",就要根据"顾客需要"组织货源,看新时代需要什么"货物",加强学习,才能从容应对本领恐慌。

本领不可能生来就有,要靠学习、锻炼。要勤于学,敏于思,坚持博学之、审问之、慎思之、明辨之、笃行之,以学益智,以学修身,以学博才。通过学习来增强本领,这是新时代党员干部的内在要求和必经之路。一个政党的学习能力有多高强,她的执政本领才会有多高强。在新征途上,来自各方面难以预测的困难、风险和挑战会不断出现,问题是要看党员干部有没有驾驭困难和克难制胜的本领。2022年10月16日,习近平总书记在党的二十大报告中指出:"全面加强党的思想建设,坚持用新时代中国特色社会主义思想统一思想、统一意志、统一行动,组织实施党的创新理论学习教育计划,建设马克思主义学习型政党。"[1]我们党始终在学习中奋进,在学习中不断提升并用于实践之中。

爱学习、勤读书,是走向卓越的阶梯。不能仅仅从个人习惯和爱好上来看待学习,而要从精神状态和事业成败的高度来认知。面对新时代中的新东西、新情况、新问题,有的党员干部表现出"本领恐慌",知之较少,若明若暗。群众掌握的知识越来越多,群众利益诉求不断增加,对干部的领导能力的期望值越来越高。如果你的本领和服务水平达不到

---

[1] 习近平:《高举中国特色社会主义伟大旗帜 为全面建设社会主义现代化国家而团结奋斗——在中国共产党第二十次全国代表大会上的报告》,《人民日报》2022年10月26日。

下篇
外王：治国平天下论

群众要求，交不出群众满意的答卷，就不能聚民心，不能更好地为人民服务。

人们掌握知识的多少与能否敏锐地发现问题成正比。列宁指出："为了能够弄清各个不同的情况，应该有自己的头脑。"[1]善思即善于释疑，力求甚解，加以鉴别，决定取舍，掌握真谛。习近平总书记指出："领导干部阅历丰富，独立思考能力比较强，要带着问题读书，养成边读书边思考的习惯，在广泛阅读的基础上，联系实际，开动脑筋，对现实中的疑惑进行深入思考，力求把零散的东西变为系统的、孤立的东西变为相互联系的、粗浅的东西变为精深的、感性的东西变为理性的。要敢于拿起批判的武器，在思考中发现新的问题，在继承前人的基础上努力形成新的认识。"[2]

我们的学习条件比古代不知好多少倍，理应比古人更勤奋、更刻苦。要把学习当作终身的任务，学习工作化，工作学习化。《读书的三重境界》一文认为，读书也有三重境界，可以围绕"书"来表达。

第一重境界，书，就是"诗和远方"。从一个人的谈吐间、言辞间、行走间就可以看得出来有没有读过书，可以看得出是一个平庸的人，还是一个高雅的人。如果读的书多，读的书好，那肯定能摆脱平庸。阅读了，修养体现出来了，就是一个有知识的人。但是，这还只是关乎一个人的修养，还不能算高的境界。

第二重境界，"文章是案头之山水，山水乃地上之文章"，这是林语堂先生的话。书要读活，要在大自然中阅读，在阅读经典的同时，阅读自然、阅读社会，才能真正读懂书，才能真正汲取书的精华，化为人生的正确信念。所谓"世事洞明皆学问，人情练达即文章"，但是，这还

---

[1]《列宁选集》第四卷，人民出版社2012年版，第178页。
[2] 习近平：《领导干部要爱读书读好书善读书》，《学习时报》2009年5月18日。

不是最高境界。

第三重境界,"腹有诗书气自华,读书万卷始通神",这句话出自苏东坡。佛家有"心能转物"的说法,当读到一定程度,一切都可以化解,一切都可以把控。也可以说,第一重境界,是"知"的境界;第二重境界,是"知行合一"的境界;第三重境界,是"智"的境界。[1]

加强学习的主要目的是开阔眼界,增长学识,陶冶情操,提高道德修养,增强党员干部素养、工作本领和精神境界,掌好权、用好权,有效地防止和遏制腐败。党员干部应始终把读书学习与加强道德修养融合起来,坚持在读书学习中汲取精神食粮,用高尚的精神塑造自己,用前人的智慧提高自己,锤炼道德操守,涵养心灵家园,坚定理想信念,提升思想境界,创新工作理念,构筑共产党人的精神高地。

要大力提倡学习工作化,工作学习化。把学习与工作看成一个问题的两个侧面、两个视角,学习和工作有机结合。习近平同志在中央党校2009年春季学期第二批进修班暨专题研讨班开学典礼上强调,领导干部要读当代中国马克思主义理论著作、做好领导工作必需的各种知识书籍和古今中外优秀传统文化书籍,并特别强调要坚持阅读与思考的统一,坚持读书与运用的结合,要锲而不舍、持之以恒。党员干部不能把大量的时间花在打牌搓麻、喝茶调侃、喝酒跳舞、观光旅游等兴趣爱好上,而应该把读书学习作为第一爱好、第一习惯、第一行为,利用"针头线脑"的时间和业余时间读书,"苦其心志,劳其筋骨,饿其体肤"。通过持续学习,达到学习的四种境界:熟能生巧,举一反三,无师自通,融会贯通——将学到的知识灵活运用于工作和生活实践,精通一两门专业,

---

[1] 参见孙杰远:《读书的三重境界》,《中华读书报》2018年6月13日。

成为游刃有余的行家里手。

📍 经典故事 >>

美哉禹功与天齐

　　夏禹是继尧、舜之后又一个古帝王，有着很高的知名度和美誉度。宋代苏辙描述了大禹治水的功绩："娶妇山中不肯留，会朝山下万诸侯。古人辛苦今谁信，只见清淮入海流。"

　　夏禹姓姒，名文命，相传为黄帝的玄孙，颛顼的孙子，鲧之子，出生于今四川的北川，被百姓尊称为"大禹"。他生活于距今四千多年前，是夏后氏部落领袖、夏朝的奠基者。

　　尧舜时代，洪水泛滥，淹没高地，人或为鱼鳖，百姓忧惧。尧对四岳（四位主要大臣）说："浩浩荡荡的洪水漫天而来，把山陵都包住了，下面的民众对洪水都没有办法，你们说，有谁可以治水？"四岳都说：可以派鲧去治水。尧说："鲧不听命令，带坏了一批人，不能派他做这样重要的事情。"四岳坚持说："比较起来，我们还没有发现比鲧更适合的人，希望帝能试用他。"

　　尧接受了四岳的意见，派禹的父亲鲧前往治理洪水。鲧采用筑堤挡水的办法，治水九年，做得很辛苦，但由于方法不对，怎么也挡不住咆哮的洪水。尧叫舜检查鲧的治水状况。舜看鲧治水无功，劳民伤财，很不称职，犯了渎职罪，就把鲧流放到羽山。

　　据《五千年演义·华夏上古志》记载，一天，舜将众首领召集到一起，说道："你们谁能帮我治理洪水，光大帝尧的功业，使天下百姓安居啊？"众首领听后，一致推举禹担当平治水土的重任。禹是一位聪明能干的人，办事周密勤谨，通达守信，待人仁爱可亲。舜也素知禹的为人，便点头同意。这时禹却慌张起来了。"治水之事实在关系重大。我自己可以舍生忘死，尽力去办，治不好洪水，可关系着天下百姓的性命啊！"禹诚惶诚恐地推辞着。"唉，是的。可是天下百姓也正翘首盼望着你啊！你就不要推辞了，去努力地办吧！"舜毫不动摇地答道。

好几天过去了，夏后氏的一些长者，从早到晚聚集在禹的茅草棚里，议论纷纷："鲧为治水栉风沐雨，不辞辛苦，可是他也的确太自信、太固执了。人们早就指出他那种挡水的办法，会给百姓造成祸患，可是他硬是不听，一意孤行，这能怪谁呢？""什么？什么？治水不用挡，难道能让水到处流吗？不挡，那还叫什么治水？""听说益担任山泽之官以后，率领人们用火把虎豹熊罴都驱赶到了深山中，使人们解除了猛兽的威胁。我们也应该把洪水赶走才好。""洪水是赶不走的，只能引，只能疏，只能导。"

人们七嘴八舌地争论着，站在一旁的禹却眉头紧蹙，一言不发。当他听到益率众驱走了猛兽，民得安居；又听到人们建议疏导洪水时，愁容顿消，大声说道："好！好！疏浚河道，导水下流！我们不是把'猛兽'赶走，而是把'猛兽'引走。我们要用疏导的办法，洗雪夏后氏的耻辱，解除天下的水患，报答帝尧、帝舜对我们的恩德！"

新的治水工程就这样开始了。他们继续加固和修建了一些堤墙，但更主要的是设法疏导洪水，减小水势。尽管这种方法很好，但是做起来很费功夫，一做就是十三年。大禹的足迹遍及中华大地，偌大中国的名山大川几乎无所不至，他领导人民开山修渠，疏通江河，栉风沐雨，劳神焦思，救百姓于水患危难之中。

下篇
外王：治国平天下论

大禹四处奔波，曾三次路过自己的家门，都没有进去看看。有一次，他妻子涂山氏生下儿子启，启正在哇哇地哭。大禹在门外经过，他多想看看自己的妻子和刚刚生下的儿子啊！可是他一想到任务的艰巨，害怕耽误工作，只向家中那茅屋看了几眼，狠了狠心，就匆匆奔向那被水淹没的河滩。

大禹治水讲究的是智慧。黄河中游有座龙门山，挡住了河水的去路，把河水挤得很狭窄。奔腾东下的河水常常溢出河道，酿成水患。大禹观察好地形，带领人们将龙门山开凿一个八十步宽的缺口，奔腾咆哮的黄河水通过这个缺口，欢畅地向下游流去。但龙门太高，许多逆水而上的鱼，到了这里游不过去，只有极少数鱼能够跳过去，这就是所谓"鲤鱼跳龙门"的故事。

大禹治水用了十三年的时间，终于根治了水患，昔日咆哮的河水平缓地向东流去，昔日被淹没的山陵露出新绿。清代胡渭《禹贡锥指》序赞曰："禹功之美，莫著于河。"

一天，帝舜把众大臣召到一起，让禹谈谈治水的经验。禹谦逊地说："这次治水，没有采用过去那种筑堤挡水的老办法，而是查明地势，深测水道，疏导为主，疏通九州，引水下泄，这办法全是大伙想出来的。至于我自己，不过是每天都是蓬头垢面地劳作，孜孜不倦罢了。我娶了涂山氏的女儿，在辛日结婚，到甲日（前后只有四天）这天，就出外治水了，即使后来生了启，我也没有能亲自爱护教养他……"

"好啊！广开言路，择善而从，勤勤恳恳，孜孜不倦，这就是帝尧留给我们的美德，你都继承下来啦！"帝舜兴奋地说。

帝舜说："天降洪水，曾使我万分震惊。大禹你信守诺言，治理好了洪水，你是最能干的。你能勤勉治国，勤俭持家，并且不自高自大，只有你是最贤明的。你不矜夸自己的功劳,天下无人能与你的才能相比。你不炫耀自己的功德,天下无人能与你一较高下。我感叹你的高尚德行,嘉许你的巨大功绩,上天赋予的使命就落在你的身上,你必将成为万邦之王!"在舜帝推荐下,大禹被选为舜的继承人,受禅让而继位。

禹在位十年,做了许多有益的事情。他在有五音的乐器架上,写着这样的话:"要给我指点治国之道的人请敲鼓,要给我说明道理的人请敲钟,有事要告诉我的人请振动铎铃,有忧伤的事情要向我倾诉的人请击磬,有官司要打的人请摇响鼗鼓。"这大概是最早的听取民众声音的纳谏措施了。

禹很重视律法并建立了一套法律制度。他委托部下皋陶专门负责司法工作,制定法律并监督执行。

禹对自己要求很严格。他出门看见有罪犯被押着行走,就下车来问犯人为什么犯罪,而且哭着对左右的人说:"尧舜时期的人,都以尧舜的想法为自己的,如今我当了国君,人们都以自己的想法当作支配行动的思想,所以我很痛心。"他把人们犯罪看作是自己教化不及造成的。

有一次,有个会酿酒的臣子仪狄,酿了一瓦罐好酒献给大禹。大禹越喝越爱喝,喝得头晕乎乎。仪狄以为大禹一定会夸奖他。第二天,大禹把仪狄传进宫,严肃地说:"酒越好,就越容易喝上瘾,越容易耽误正事。以后不要再酿酒了,免得误了国事啊!"

禹后来到南方巡视,走到会稽山,病死了,群臣把他葬在会稽山。现在浙江绍兴还有大禹陵。大禹陵旁有禹王庙,历代香火不绝。

大禹不负重托,不辱使命,含辛茹苦,三过家门而不入,皋陶颂其"孜孜美行"。大禹由"堵水"变为"疏导"的经验证明,正确把握客观事物发展规律,则事如人愿,兴利除弊。

下篇
外王：治国平天下论

大禹奠定了私有制国家的基础，为儿子启建立夏王朝开辟了道路，这是大禹对历史的另一贡献。五帝承传，用的是禅让制。禅让的基础是公有制，世袭的基础是私有制。两种制度在尧舜禹时期处于过渡转化之中。禹让位伯益，确立他为继承人，进行试用，却又让儿子启及其同党辅佐伯益，进行实际的政权控制。禹死后，启夺了伯益的政权，建立了夏朝。

孟子在《孟子·公孙丑上》中称颂三件事：子路这个人，别人提示他的过错，就感到高兴。禹帝每听到别人对他的劝告和批评时，便十分感激，向人家拜谢。舜帝更加伟大，能与别人一起行善。他能放弃自己的错误想法，乐意接受别人的正确意见，把从别人身上学到的长处作为最大快乐。

鲁迅曾多次游览禹陵，对大禹深表敬意。他的小说《理水》歌颂了大禹的功绩。我国许多地方都有关于大禹的遗迹和传闻。感慨于斯，笔者赋七律《咏夏禹》：

洪波泛滥漫丘陵，百姓寒饥苦难中。
多载奔波惟治水，百川归海贵疏通。
推贤容谏承先制，善政怡民继舜风。
崇俭尚实遗后世，千秋鼎铸禹王功！

平扫六合成一统

秦始皇刚毅果决、雄才大略，用十年时间统一了中国，采取一系列措施巩固新生的、充满生机的中央集权制国家，对中国的历史发展作出了重大贡献。我们从现存的万里长城、秦始皇陵以及秦兵马俑等文化遗址，仍可以想见秦王朝昔日的风采。

秦始皇（前259—前210），即嬴政，秦庄襄王之子。他亲政后的两年时间里，果断、顺利地清除两大敌对势力。嬴政驱逐了吕不韦奉养的三千门客，但看了李斯的《谏逐客书》，从秦国统一大业的成败高度醒悟到逐客的错误，立即撤销了逐客之令，注意搜寻人才，重用人才。嬴政采取了李斯的推荐，重用了精通兵法的尉缭。

嬴政即位时，能充分听取臣下的意见，勇于改错。顿弱是秦国的一介平民，富有智谋。嬴政面见他时，顿弱不卑不亢地说："大王允许我不施参拜之礼，我就与您谈一谈。"嬴政不由怒火攻心，但他马上明白了顿弱的用意，这是对秦王待人的肚量和诚意的一种试探，于是允许他不跪拜。

顿弱开口就说，天下有这样的三种人：有其实而无其名的人，无其实却有其名的人，无其名且无其实的人。而大王不能供养父亲，在母后面前威风，是既无其名也无其实的人，闹得朝野舆论哗然，实在是不明智的、不可取的。嬴政强忍住恼怒，问顿弱："山东的六个诸侯国该怎样兼并呢？"顿弱见嬴政未恼，便将话切入正题，提出"资臣万金"以离间韩、魏、燕、赵的计谋。他向秦王分析天下大势："韩国是诸侯各国的咽喉要冲，魏国是各国的心腹重地。大王如果以重金资助我游说韩、魏，把他们的将相之才搜罗到秦国，其国势也就渐趋衰微，不得不顺从秦国。只要韩、魏顺服，大王您就可以图霸天下了。"嬴政听了他的计谋，给予顿弱很多财货，派他游说韩、魏。顿弱为秦灭六国先行立了奇功。

公元前230年至公元前221年，嬴政采取中央突破、由近及远的方略，对六国实施各个击破的政策。具体方法是：先拉拢收买与秦国相距较远的楚、燕、齐三国，从而使与秦国相邻的韩、赵、魏三国腹背受敌，且处于孤立无援之地。在攻占韩、赵、魏三国之后，随着战线的东移，

下篇
外王：治国平天下论

再——吞并楚、燕、齐国。嬴政指挥大军南征北战，终于翦灭了韩、魏、楚、赵、燕、齐六国，建立了中国历史上第一个统一的中央集权的封建国家，"雕塑出江山的新姿，奠定了朝廷的威仪"[1]。

秦王已统一天下，即召集群臣议论帝号之事。群臣反复讨论后，取天皇、地皇、人皇的"皇"字，再取上古五帝的"帝"号，而称"皇帝"。秦王自认为德侔"三皇"、功迈"五帝"，遂将这种称号集于一身，于是对大臣们说："三皇五帝，我只做皇和帝，朕就是秦朝的始皇帝。"秦始皇想把皇位永传子孙。

全国统一了，该怎样治理这样幅员辽阔的国家呢？丞相王绾认为应当建立分封制。秦始皇从历史中看到分封使得政权分散，造成割据，战争不息，因此采用了廷尉李斯的建议，决定废除分封的办法，在全国设立郡县制（划分为三十六个郡，郡以下设县），实行中央集权制。还统一了货币（一律使用圆形方孔的铜钱），统一了文字和度量衡，统一了政令和法律，做了许多大事好事，有利于加强全国统一，有利于社会经济文化的进一步发展。而他的"代表作"是万里长城，"发表"于苍茫的神州大地，象征着中华民族坚强不屈的脊梁。防御匈奴，统一南越，体现了他的雄才大略。

贾谊在《过秦论》中说，秦始皇终以强大的秦国实力扫灭六国，统一天下，"振长策而御宇内，吞二周而亡诸侯，履至尊而制六合"。李白的《古风》（其三）刻画了开基秦王雄姿英发、叱咤风云的伟岸形象："秦王扫六合，虎视何雄哉！挥剑决浮云，诸侯尽西来。"

秦王广招天下第一流英才，委以国政。如张仪、范雎是魏国人，吕不韦是卫国人，李斯是楚国人……秦王对他们宠信有加，把国家大事托

---

[1] 李松涛、刘万石：《神州魂》，辽宁教育出版社1996年版，第29页。

给他们谋划治理，没有猜疑之心，秦国很快富强起来。

公元前213年，秦朝博士淳于越反对中央集权的郡县制，指斥皇帝有天下，"子弟为匹夫"，要求根据古制，分封子弟。李斯给秦始皇出主意说："这些儒生看见新法令就引经据典议论纷纷，我看把那些书烧掉算了。"秦始皇采纳李斯的建议，凡是民间所藏的《诗经》《尚书》和诸子百家的书籍，皆送交地方官那里烧毁，只有秦国史籍、医药、占卜、种树一类的书籍不烧。第二年，又发现方士、儒生背地里说秦始皇是暴君。秦始皇听到了议论，便将犯禁的多名方士、儒生坑杀于咸阳。

"焚书坑儒"的目的在于实现思想统一，巩固多民族的统一国家，但采取的手段是非常残暴的，它毁灭了许多文化典籍，杀害了许多精神财富的创造者，开了"文字狱"的先河，是中国文化史上第一次浩劫，使其政权丧失了传统文化的根基，丧失了激活创造新文化、新制度的文化原动力。秦朝开始走下坡路了。

秦始皇专横暴虐，实行了许多人民不堪忍受的暴政。其长子扶苏很不赞成父亲的暴行，担心用严刑峻法制裁百姓，如此下去天下难以安宁。秦始皇很生气，于是命令扶苏到北边的边陲去监督蒙恬的军队。

秦始皇横扫六合，统一天下，实现了自己的理想。于是他醉心于他的荣誉与奢华，陶醉于战争的胜利、统一的成功、至高无上的皇权和臣僚的歌功颂德。

秦始皇在统治期间，不断巡察，游山玩水，到泰山封禅，滥用民力，修建阿房宫和山墓，求不死之药，销毁民间兵器，租役繁重，严刑酷法，连年用兵，破坏了社会生产，阻碍了社会进步。宋代钱惟演《始皇》："已觉副车惊博浪，更携连弩望蓬壶。"

秦本是僻处西陲、被当作夷狄看待的一个小国，却一步步发展壮大

下篇
外王：治国平天下论

起来。秦始皇用了整整十年时间苦心征战，对内除掉毐、吕两大政敌集团，对外采用远交近攻、各个击破的战略和策略，消灭了东方六国，终于结束了分裂状态，实现了天下统一，彰显了他的雄才大略，立下了千秋不灭的巨大功绩。贾谊在《过秦论》中高度评价秦始皇："振长策而御宇内，吞二周而亡诸侯，履至尊而制六合。"他为建立和巩固新生的国家日理万机，励精图治。郡县这种垂直统治体制延续了两千年之久，与封建王朝的历史相始终，这不能不归功于秦始皇的开创之功。

秦始皇重用尉缭、李斯、王翦、蒙恬、姚贾等一大批一流人才。他们有的是军事家，有的是政治家，有的是外交家，尽心竭力地为秦国效劳。统一了天下，这是开天辟地的大事件。它证实了秦始皇及其谋臣"远交近攻"、先弱后强、各个击破和离间诸侯的正确性，展示了秦始皇审时度势、知人善任、多谋善断的才智和谋略。

毛泽东在1964年接见外宾时说，"秦始皇是第一位把中国统一起来的人物。不但在政治上统一中国，而且统一了中国的文字、中国各种制度如度量衡，有些制度后来一直沿用了下来。中国过去的封建君主还没有第二个人超过他的"[1]。

香港女诗人蔡丽双深情地写了一首《万里长城》："长城穿越时空/定格成历史的完美/凝固的石头和泥土/铸成一部史诗/许多故事和传说/在无尽的岁月中演出/在它面前/无论谁都是孩子/我进入它的梦/它支撑我的脊梁。"

夺取政权和巩固政权的方略是不同的，亦即马上得之，不可以马上治之。为什么秦朝兴也勃焉，亡也忽焉，反差如此之大？贾谊作了入木

---

[1]《毛泽东评点古今人物》，红旗出版社1998年版，第45页。

三分的判断和总结："攻守之势异也。"秦统一六国前，战略形势是攻，即以暴力方式统一中国，形势的要求与策略的运用是一致的。统一以后，战略形势改变了，应以"守"的战略方针处理统一后中国的方方面面。"守"就应当施仁义，重民生，不能采用暴力。这是由统一前后矛盾的变化决定的。"仁义不施，为天下笑"，就是因为不懂"攻守之势异也"的变化法则和相应对策。换言之，秦朝短命而亡的重要原因，是秦始皇没有看到和抓住攻守转换的机遇，及时调整自己的治国方针和策略：实行仁政，轻徭薄赋，缓刑宽法。他不爱惜百姓，横征暴敛，大兴土木，劳民伤财，穷兵黩武，而且焚书坑儒，人民积怨很深，种下了灭亡的种子。

萧何恭谨貌万金

萧何是许多中国人熟知的历史人物。"萧何月夜追韩信"的感人故事，是人们耳熟能详、深情向往的。萧何，沛县（今属江苏）人，汉初谋略家，汉王朝开国名相。萧何从小读书学习非常刻苦，钻研诸子百家著作，努力学习治国平天下的各种本事。

萧何在秦朝时任文职小吏，通晓法律，有方略，能办事，待人诚恳，没有官架子。萧何注重发现和网罗各种有用的人才，用心结交天下各路英雄豪杰。当时在沛县担任泗水亭长的刘邦、在县衙任书吏的曹参、任捕快的樊哙，以及吹鼓手周勃等，都是萧何的心腹之友。在众多朋友中，他最看重同乡、下属刘邦的志向不凡和豁达大度，给予刘邦很多帮助，后随刘邦起义。刘邦令他为丞，督办军队的后勤供应。

公元前206年10月，刘邦率军进驻霸上，秦王子婴在大路边跪拜求降。于是刘邦的军队首先攻占了秦朝的都城咸阳，宣告了秦王朝的灭亡。

下篇
外王：治国平天下论

其部属争先恐后抢掠金帛财宝，只有萧何面对金银财宝、宫室美女不动心，首先入秦宫，将秦朝的律令、地图、书籍收藏。萧何得到了这些宝贵资料，对秦朝的法律制度、关河要塞、郡县人口、强弱之处、经济发展状况了如指掌，为刘邦得天下、治天下提供了非常有利的条件。

在楚汉战争序幕即将拉开的时候，一心辅助刘邦打天下的萧何，深知身份卑微而内心高贵的韩信是能做大事的，于是多次向刘邦推荐韩信。刘邦，按说不比韩信强，但刘邦对萧何推荐韩信，不以为然，"如呼小儿耳"。

一天晚上，萧何得知韩信"身背宝剑，跨上战马"，出了东门，便顾不得山高水深，路途遥远，策马相追，忍饥挨饿，用真诚感动了韩信。韩信看萧何真心想推荐他，便跟着萧何回来了。当萧何月下追韩信的时候，有些人以为宰相萧何也跑了，便向刘邦报告。刘邦大吃一惊，坐卧不安。

两天后，萧何突然来见刘邦，刘邦又气又喜。经过萧何再三推荐，陈说利害，刘邦终于答应起用韩信为大将（三军统帅）。韩信用"明修栈道，暗度陈仓"的计谋，轻取关中；后来指挥许多大战，都取得了胜利。

公元前206年5月，刘邦率兵东进，平定三秦，萧何以丞相身份留守巴蜀，安抚百姓，供给军食。公元前205年，萧何镇抚关中，颁布政令，筹备军粮，输送士卒，支援对项作战，使刘邦"兵复大振"，化险为夷。

汉初，社会经济、政治各方面都很混乱，萧何作为最高行政执行官员，率领群臣进行了艰难的草创工作。在吸取秦王朝制度的优点及教训的基础上，厘定了一系列从民所欲的缓和的法律、赋税制度，使社会很快安定下来。有名的《九章律》就是在他的主持下制定的。

修齐治平札记

"萧公俯仰系安危,功业君王心独知。"公元前 202 年,楚汉战争结束。刘邦在洛阳南宫大宴群臣。刘邦说:"运筹策于帷帐之中,决胜负于千里之外,我不如子房;治理国家,安抚百姓,提供军需,输送粮饷,我不如萧何;指挥百万大军,战必胜,攻必取,我不如韩信。这三个人,都是人中豪杰!我能够用这三个人,这就是我取得天下的原因!项羽有一个范增,但他不能用,这就是项羽被我所擒的原因!"

"韩生不是萧君荐,猎犬何人为指踪。"(周昙:《前汉门·酂侯》)后来,刘邦论功封赏时,定萧何为首功,封他的食邑最多。很多功臣为此愤愤不平,一片反对之声:"臣等披坚执锐,多者百余战,少者数十合,攻城略地,大小各有差。今萧何未尝有汗马之劳,徒持文墨议论,不战,顾反居臣等上,何也?"意思是说他们披坚执锐,出生入死,立过战功,萧何只做些舞文弄墨的事情,为什么他的食邑反而比我们多?

刘邦说:"各位,你们知道打猎吗?打猎的时候,追杀野兽的是猎狗,而指示行踪,放狗追兽的是猎人。诸位能猎获野兽,相当于猎狗的功劳。至于萧何,他能放出猎狗,指示追逐目标,那相当于猎人的功劳。况且诸君只是一个人跟随我,萧何却是率全家数十人跟随我,这些功劳怎么能抹杀呢?"刘邦的话虽然听起来刺耳,但说明了一些真实情况,大家都无言可答。

萧何怕得罪吕后,接受吕后(背后是刘邦)的旨意,出面邀请韩信进宫。长乐宫的钟室是个陈列宫廷乐器的地方。韩信还以为,到钟室里来是为了听宫廷乐师演奏乐曲以庆祝平叛胜利。谁知一进钟室,就被吕后害死。萧何深感愧疚,觉得是自己害了韩信,这正是"成也萧何,败也萧何"。

事后,刘邦派人将萧何由丞相进为相国,加封邑五千户,另派五百

下篇
外王：治国平天下论

人担任相国的卫士。萧何知道刘邦对自己已经大不放心了，就谦让不受，还将家财拿出来支援前线作战，刘邦果然十分高兴。

萧何深知刘邦对他信任之中蕴含着猜疑，豁达之怀掩藏着狭隘，不得不倍加谨慎，往往主动采取行动。有一次，萧何建议将皇家花园荒芜的部分给百姓耕种，这本来是利国利民的事情，但刘邦大怒，认为这是向百姓讨好，怀疑他和商民勾结，收取财贿，将萧何下入监狱。

已经上了年纪的一代名相戴上刑具，流着眼泪，直担心韩信、彭越、英布的命运轮到自己头上。过了十来天，刘邦在王卫尉的谏议下，把萧何释放了。一向恭敬谨慎的萧何，立即光着脚来谢皇上。刘邦让萧何官复原职，说："萧相国又一次为民请命而留下贤名，想要让百姓听说我的过错。"有点自我解嘲的意思，也含有得意心态：你的生死荣辱都尽在我的掌握之中。

公元前196年秋，萧何采纳了宾客的"自污"之计，大肆贱价强买关中百姓的田宅，自污声誉，忍辱负重，以消除刘邦的多疑嫉贤。没过多久，就有人将萧何的所作所为密报刘邦。刘邦并不查问。刘邦从前线撤军还京时，百姓拦路上书，控诉相国强夺、贱买民间田宅。刘邦听了，心中暗暗高兴，对萧何的怀疑也逐渐消失。

萧何在晚年更加敛迹束行，处处留心注意，就连给子孙后代谋占田地产业，他都挑选荒僻贫瘠之地，以免遭豪室所夺，累及子孙。正是：古代官场少有情，萧何勤廉重自贞。可叹伴君如伴虎，竟至自污谋善终。

萧何为巩固新王朝的事业孜孜以劳，鞠躬尽瘁。他在临终时，捐弃个人私怨，以宽广胸怀举荐曹参继位丞相。

曹参得知萧何向惠帝推荐他继任相国感到无比欣慰。他继任丞相后，完全按照萧何确立的大政方针及法律办事，使得百姓安居乐业，天下俱称颂其美善,史称"萧规曹随"。这说明萧何留下的施政措施,已成为汉朝初年奉若神明的圣典明经。当时民间歌谣唱道:萧何为法,讲若画一;曹参代之,守而勿失。载其清净,民以宁一。当时有人还常将"萧曹"与"管鲍"联称。

开国功臣萧何与刘邦是患难之交、贫贱之交。刘邦任泗水亭长时,萧何是沛县中的主吏掾。萧何在刘邦穷困潦倒时,多次帮助他。萧何一身系着天下的安危,对刘邦建立西汉王朝,可以说立下了头功。他是刘邦沛县起义的主要谋划者,在后方安抚百姓,重耕兴农,筹集粮饷,补充兵源,"同生死、共患难",帮刘邦打下了天下。他推荐任用韩信为将,将周围的将相团结在刘邦的周围。他帮刘邦治理天下,巩固了西汉王朝的内部。可以说,如果没有萧何,大汉王朝的建立,可能还是个未知数。萧何忠心耿耿,大智若愚,从不居功自傲,从不向刘邦伸手要这要那。

刘邦深知自己在治理国家方面的弱点,于是将帝国的政事托付给丞相萧何。萧何的权力很大,真正是"一人之下万人之上"。但萧何并不因有实权、有政绩就安全,其安全不系于自己无罪,而系于君主的喜或怒。

按常理说,刘邦对他的亲密战友应当是一往情深,信任有加。然而,帝制政权专制的本质是独裁。独裁政治,总是不断地降低着帝王与其官员们之间的信任度。萧何深得刘邦的倚重,却不能消除刘邦对他的猜忌,真是"君臣从古固多疑",君怕臣子威望高。作为功高汉室、位冠群臣的萧何,在关键时刻能顾全大局,功高不压主,位显不傲君。他把全部家财捐赠给军队,以讨好皇上;后来又买了许多田地,并利用手中的权势,鱼肉百姓,以激起民愤,污秽自己,表现出一副胸无大志的形象,才躲过刘邦猜忌之祸,得以善终。

下篇
外王：治国平天下论

试看子卿持节处

"苏武牧羊"的生动故事已经久远了，然而苏武"留胡节不辱"的高尚气节和浩然正气，永存于天地之间而不可磨灭！

苏武（？—前60），字子卿，杜陵（今陕西西安东南）人。他的父亲苏建，在汉武帝时多次跟随卫青同匈奴作战，是当时的名将。苏武在汉武帝时为中郎将。公元前100年，汉武帝委派中郎将苏武为正使，率团出使匈奴议和。

苏武虽然知道匈奴贵族不守信用，但为了国家和民族的长远利益，不顾危难，望险而趋。当苏武完成使命即将返回时，匈奴祸起萧墙，因匈奴重臣卫律干尽反对汉朝的坏事，卫律的部下虞常，密谋杀害卫律，劫走单于之母阏氏附汉，结果事败。苏武因其副手张胜参与此事而受牵连，被扣留。

匈奴王单于知道苏武非等闲之辈，是个难得的人才，先劝降苏武，以封王赏地、美女金银诱惑他，企图借苏武的影响，瓦解其他使臣。苏武对随从使者说："为了苟且偷安而丧失气节，又有何面目回到汉朝！"于是愤然拔刀自刎，以明心志，顿时颈部鲜血喷涌，经抢救才活了下来。

单于知道后对苏武更为敬重，也更想让他投降了。他下令把苏武禁闭在大地窖里，断绝粮水。当时正值天降大雪，苏武在饥渴难忍时，就咬一团旄毛，再吞一口雪，咽下充饥。

"历尽难中难，心如铁石坚。"单于见苏武几天都没有饿死，非常惊奇，以为有神在护佑他，就把苏武流放到荒无人烟的北海（今贝加尔湖一带）牧羊。单于说："等公羊生了小羊，就放你回来。"

北海，人迹罕见，荒原千里。傍晚黄昏，在异域的月光下，羊群归来，草和羊都笼罩在荒野风烟之中。苏武孤身只影，拄着汉使节杖，在风雪交加的北海，与羊群为伍，怀念祖国的心情丝毫没有动摇。晚上，他又将节杖抱在怀里，安然入睡。《汉书·苏武传》："杖汉节牧羊，卧起操持，节旄尽落。"元代张养浩《苏武》诗云："试看子卿持节处，雪花如席不知寒。"要完成出使匈奴任务的使命感和忠于汉朝的气节，始终支持着他一定要活着回到汉朝。

兵败投降匈奴的原汉臣李陵受单于指派，来劝苏武投降。李陵是汉朝李广将军的孙子，也是位骁勇善战的将军。他被俘投降匈奴之后，一直都不敢去拜见苏武。苏武高尚的人格，始终令他感到自责和羞耻。而这次受命于单于，他只好硬着头皮去见苏武，置酒设乐，劝苏武投降："武帝春秋已高，法令无常，无罪诛戮大臣，安危不可知，子卿还为谁呢？不如听陵言归降。人生如朝露，瞬息而过，何必自苦如此？""子卿，你回汉朝的路已经断了，何必徒然在这荒无人烟的地方受煎熬？你纵然有一片爱国之心，又有谁知道？"

苏武叹了一口气说道："我是汉朝人，那是生我养我的地方，我不能背叛它。我和父亲受封于朝廷，国家给了我们非常优厚的恩宠，朝廷的深恩大德是我报答不尽的。今天就算是赴汤蹈火，我都心甘情愿。你若一定要我投降，我只有死在你面前。"李陵尴尬万分，泣下沾衿，与苏武辞别。

李陵再度探望苏武时，告诉他汉武帝驾崩的消息。苏武听了向南方痛哭，以致呕血，如是者数月。

汉昭帝登位后，与匈奴和议，要求放回苏武，但单于诈称苏武已死。后来汉使臣知苏武没死，谎称昭帝打猎，射得一只大雁，雁足上系有苏武的信，上面写着：苏武还活着。单于听了，以为苏武的忠义感动了飞

下篇
外王：治国平天下论

鸟，连大雁也替他送消息呢。他只好向汉使道歉，不得不放了苏武。李陵流着泪，目送他消失在万里黄沙中。当年由一百多人组成的使团，现在只剩九个人，苏武怀着无尽的伤感，踏上了返乡的道路。

苏武坚贞不屈，在凄苦的岁月中挣扎、苦熬了十九年，终于在公元前81年，手持汉使节杖，回到了梦寐以求的京城长安。

苏武出使时，还当强壮之年，返回汉朝时，胡须头发已白，老母已逝，妻子已改嫁，儿子因被连坐而死。唐代杜牧诗云："何处吹笳薄暮天？塞垣高鸟没狼烟。游人一听头堪白，苏武争禁十九年。"元代杨维桢有诗云："寄书元有雁，食雪不离羊。旄尽风霜节，心悬日月光。"苏武回到了久别的都城长安，觐见了汉昭帝，此时已是白发苍苍，见到昭帝忍不住老泪纵横。汉昭帝下令为苏武准备了牛羊等祭品，让他到先帝庙拜见汉武帝的灵位，把那根光秃秃的使节交还到汉武帝灵前。孔子说"使于四方，不辱君命"，这正是苏武最真实的写照。

论到边功是美人

汉宣帝时期，北方匈奴贵族呼韩邪单于在部落战争中打了败仗，来长安与汉朝和好。汉宣帝以最高的礼遇，接待了这位第一个来到中原的匈奴单于。

公元前33年，呼韩邪单于再次到长安朝觐，请求同汉朝和亲，"愿为天朝之婿"，保证世世代代和汉朝友好下去。汉元帝同意了他的请求，决定物色才貌双全的宫女嫁给呼韩邪，并说："愿意到匈奴去的，皇上就把她当公主对待。"

正当皇帝和大臣们发愁的时候，有个叫王嫱的宫女志愿报名远嫁匈奴。王嫱又叫王昭君，是南郡秭归（今属湖北）人，长得非常美丽，如出水芙蓉，出身于小康家庭，幼年念过几年书，入宫后没见过皇帝。

这是怎么回事呢？原来后宫美女如云，数以千计，好色的汉元帝不可能同每个宫女见面，于是命画工毛延寿画像，看画像召幸。宫女的命运是很苦的，大多数人被冷落一旁。因此，她们都争着向毛延寿送钱帛财物，贿赂画工。

有一天，一个宫女对昭君说："画师毛延寿要为你画像。来，我帮你梳洗打扮一下。"昭君也盼着早日见到君王，能像故里先哲屈原大夫一样，为拯救百姓而苦谏皇上。

昭君走进画室，与毛延寿打了招呼，从容坐下，从袖筒内取出一卷《楚辞》帛书，打开后默看着。毛延寿给昭君画像时，向她"暗示"送钱物，可是昭君不愿巧言佞色，献媚邀宠，更不肯贿赂画工，反而讥讽了他。毛延寿是个贪婪的小人，故意涂改她的画像，在下巴上点了一颗难看的大瘩子，使元帝以为她样貌丑。王昭君只好无声无息地打发漫漫长夜和白昼。

王昭君听说匈奴和汉朝和亲，认为这是关系到匈奴和汉朝和好的大事，就算为此而牺牲了自己，也是值得的，于是毅然报名，志愿应召。

启程那天，王昭君浓妆艳抹，光彩绝伦，整个宫殿似乎被照亮一般。汉元帝方知其容貌美丽，而且善于应对，举止娴雅，深恨相见之晚，但不便失信于匈奴。呼韩邪单于没想到自己的妻子如此美丽，对汉元帝特别感激。王昭君面向未央宫拜别了天子，带着一种异样的感情，看了长安最后一眼，怀抱着琵琶上马而去。沿途万人争睹昭君风采，场面十分热闹。文武百官一直送他们到十里长亭。

传说汉元帝回到内宫，把失去王昭君的懊悔心理转化成对画工毛延

下篇
外王：治国平天下论

寿的愤怒，当即传令有司彻底追查，才知道是毛延寿索贿不成，滥用权力，故意将花容月貌的王昭君绘成如泥塑木雕般的平庸女人，于是将毛延寿以欺君之罪斩首。

就在王昭君抵达匈奴王廷三个月后，汉元帝在思念、懊恼和愧疚的情况下，怏怏不乐而崩逝。

昭君出塞后，深受呼韩邪单于宠爱，被称为"宁胡阏氏"（匈奴皇后），含义是昭君给匈奴民族带来了安定。她过着住穹庐、食乳酪的游牧生活，积极适应那里的环境，自觉遵从胡俗，通情达理，很好地落实了汉代的和亲政策，和匈奴人相处得很好。一年后她给呼韩邪单于生了个儿子，被封为右日逐王。婚后三年，老迈的呼韩邪单于去世，这年昭君二十四岁。遵从匈奴风俗，王昭君改嫁复株累若鞮单于（呼韩邪大阏氏长子），他对王昭君更加怜爱，夫妻十分恩爱甜蜜，接连生了两个女儿。

却令红粉为和戎。昭君把中原的文化传给匈奴，改变了一些游牧民族落后的风俗习惯，劝呼韩邪单于不要去发动战争。在她的影响下，蒙汉关系"三世无犬吠之警，黎庶（人民）无干戈之役"。匈奴和汉朝长期和睦相处，六十多年没有打仗。

王昭君在匈奴非常思念祖国和亲人，多次派使者到汉朝，向皇帝呈献匈奴的土特产，汉朝皇帝也回赠一些金银珠宝和绸缎。昭君年老的时候立下遗嘱，要求安葬在归化（今内蒙古呼和浩特市），坟墓要坐北朝南，让她能够遥望父母之邦。

昭君去世后，埋葬仪式按匈奴习俗进行，非常隆重。汉哀帝也差使臣前往吊唁。隆重的葬仪反映了匈奴对昭君的怀念和对汉匈和亲的肯定。

清代女诗人郭润玉赞扬了昭君和亲的历史功绩："漫道黄金误此身，

朔风吹散马头尘。琵琶一曲干戈靖，论到边功是美人。"

王昭君和屈原是同乡，饶有大家闺秀的风范，被誉为中国古代"四大美女"之一。"不把黄金买画工，进身羞与自媒同。"（清代吴雯）王昭君不愿用黄金去收买画工，是因为自我进身与无媒自嫁一样可羞。她性格耿直，倔强地鄙视画工。毛延寿贪心太过，挤对和瞒下王昭君，严重渎职。昭君保持着独立的人格，但陪伴她的是后宫深墙内一日长如年的冷寂。"谁耐掖庭丽质埋，国家也要依裙钗。"昭君请命远嫁，要去做匈奴的"胭脂"，这一自主的大胆决定，可以看出昭君才智过人。

汉朝在立国之初便与匈奴兵戎相见，烽烟蔽日，鼙鼓震天。自昭君和亲后，双方化干戈为玉帛，铸刀剑为犁锄，北方边陲出现了"剑戟归田尽，牛羊绕塞多"的和平景象。昭君出塞促进了祖国民族大家庭的融合和经济发展。她这种有理想、有见识、顾全大局、深明大义、自我牺牲的精神，受到后人的称赞。

从来嫔妃笑凄然，怎比昭君真情在。"汉恩自浅胡自深，人生乐在相知心。"王安石写的《明妃曲》共有两首，在当时产生了轰动效应。董必武在《谒昭君墓》一诗中写道："昭君自有千秋在，胡汉和亲识见高。"美女惊鸿王昭君，因大义和亲而名扬古今。王昭君是中国历史上民族和谐友好的使者。"至今尚有香溪水，常夜明妃照影来。"王昭君的故事成为诗歌、戏剧、小说、绘画的生动题材，经久不衰。有人统计，古代咏王昭君的诗达六百多首。

龙图笑比黄河清

古往今来，人们憎恨贪官，期盼青天。贪官贪赃枉法，百姓苦不堪

下篇
外王：治国平天下论

言。青天主持正义，百姓可以申冤。清官刚直不阿，为民仗义执言。尤其是包拯，执法严明，铁面无私，关心民生疾苦，为民请命，留下了说不完的故事和传说，曾被编成戏曲，广为流传。千百年来，包拯以其至忠至孝的高风亮节，一身正气，两袖清风，传承后世，"耿耿宇宙而不磨也"。

包拯生于宋真宗咸平二年（999），字希仁，北宋庐州合肥人。《宋史·包拯传》及《柳庄相法》记载包拯的相貌，铁面银牙，身莹如玉。包拯曾任天长县知县，人称"黑包公"，意指他严肃峭刻，执法如山，敢唱"黑脸"。民间曾流传一句话："关节不到，有阎罗老包。"意思是包拯和阎罗王一样，不讲情面，不受贿赂，什么关节也打不动他。他一脸正气，不苟言笑。有人开玩笑说，黄河变清才能使他一笑。

旧制规定，百姓告状不得直接到官衙庭下投诉，得先托人写状子，通过衙门小吏传递给知府。一些讼师恶棍趁机敲诈勒索。包公调往开封任府尹后，马上命令大开官衙正门，亲自倾听申诉，快速取证，多年的冤假错案被纠正，百姓高呼"包青天"。

包拯不畏权势，敢于碰硬，还表现在他对待地痞、流氓、无赖等一类"惹不起"的社会渣滓的态度上。在天长县时，包拯处理过一件偷牛案。有一次，一个无赖将一个农民家的牛的舌头割去，农民告到包拯那里。包拯思忖案情，吩咐说："你回去吧，先杀牛卖肉。"牛的主人走后，包拯命人去外面张榜：谁若抓到擅杀耕牛的人，官府赏钱。过了不久，那个无赖告到官府。包拯大怒："大胆！先割牛舌，又来告人杀牛，是何居心！"无赖惊惧之下，双腿一软跪了下来，招供求饶。

包拯执法不徇私情，任何人都难以从他那里打通关节。他在家乡庐州府任职时，他的堂舅父贪赃枉法，被人告发。包拯派人把堂舅父提到官府，亲自审讯，堂舅父向他求饶，一些亲戚也赶来说情。包公一概不听，板起铁面孔，冷冷地说："不是我没有情义，谁叫他犯法呢？"说完，命令差役将堂舅父重打四十大板。从此以后，他的亲戚朋友都不敢借他的权势地位为非作歹。

后来，包拯到京城里做官，在朝廷上刚正不阿，铁面无私，敢于对抗权贵，贵族大臣都惧他三分。有个大臣叫张尧佐，侄女是贵妃，凭这关系，他竟担任三司使（国家最高财政长官）和节度使等四个重要官职。包公两次上书弹劾这个既有权势又有靠山的贪官、庸官，恳请陛下另求贤才。他又和仁宗当面争辩，说得太激动，唾沫飞溅到皇帝的脸上，非要他收回成命不可。宋仁宗不得不免去了张尧佐两个官职，还做出外戚不得担任军政要职、干预国家大事的决定。

包夫人董氏是位有名的贤内助。包公晚上回家，想起朝堂上直谏的事，不免有些闷闷不乐。董氏看到后庄重地说："你是为国家说话，就是皇帝怪罪下来，我也和你一起接受惩罚。只希望你今后继续为国家、为百姓直言。"

荆湖南路主管财政的转运使叫王逵，此人是一个残害百姓、制造冤案的贪官酷吏。包拯七次上书弹劾王逵。他责问朝廷说："难道朝廷忍心让一方百姓听任王逵去残害百姓吗？"义正词严，铁证如山。宋仁宗只好彻底罢免了王逵。百姓得知王逵终于丢官，高兴得奔走相告，张灯结彩庆祝。一些惨遭王逵残害、被逼死了亲人的人家，还用木头刻成王逵像，加以鞭打泄恨。

包拯到了花甲之年，文武百官破例要为他庆寿。他吩咐儿子包贵接待来客，一律以白开水相待，寿礼一概拒收。可谁知，皇帝派六宫司礼太监第一个来送寿礼。包贵无奈，只好请老太监将送礼的缘由写在一张

下篇
外王：治国平天下论

纸上转呈父亲。老太监写道："德高望重一品卿，日夜操劳似魏徵。今日皇上把礼送，拒礼门外理不通。"包公在此诗下边添了四句："铁面无私丹心忠，做官最怕叨念功。操劳自是分内事，拒礼为开廉洁风。"六宫司礼太监看罢，半晌无语，只好带着礼物和那张纸回宫交差去了。

包公对子女管教严格。他留下的遗嘱说："后世子孙做了官，有犯赃者，不得放归本家；死了以后，不得葬在包家大茔中。"包氏子孙严守祖训，无一贪官。

包公的声名在世时就已尽人皆知。西羌的于龙呵在归顺宋朝时，对宋神宗说："我平生最仰慕包公，他是朝廷的忠臣。我现在既然已经归顺汉族朝廷，就请求陛下赐我姓包吧！"宋神宗很高兴，赐他姓名"包顺"。

冰心玉壶于成龙

于成龙勤政廉政的风范深得百姓爱戴和康熙帝赞誉，以"天下廉吏第一"蜚声朝野。于成龙（1617—1684），清山西永宁人，历任知县、知府、按察使、巡抚和总督、大学士等职。

清顺治十八年（1661），于成龙变卖部分家产，凑足一百两银子做旅费，告别妻子，到遥远的边荒之地广西罗城任知县，寄居于关帝庙中，以坚强的意志迈向了仕途生涯的第一步。七年间，他访贫问苦，减轻农民负担，创办学校，办案公正，当地的百姓尊称他为"阿爷"。

有一次，于成龙的儿子从山西老家来看他。当地百姓知道后，就凑些钱让他儿子拿回去以补贴家用。于成龙十分感动，但他无论如何也不收大家的银子。儿子临行时，于成龙将一只腌鸭割了一半让儿子带回

修齐治平札记

老家。

于成龙离开罗城时，连赴任的路资也没有，出现了百姓"遮道呼号：'公今去，我侪无天矣！'追送数十里，哭而还"的感人情景。

于成龙清正廉洁的事迹传开后，四川总督卢兴州等人就举荐他担任了四川合州的知州。在知州任上，他政绩卓著。

于成龙去往黄州府同知任四年。他多以微行的方式，扮作田夫、旅客或乞丐，到村落、田野调查盗情，坐镇治盗。他查清许多重大疑案、悬案、错案，因而被百姓称为"于青天"。清代文学家蒲松龄的《聊斋志异》中，有篇《于中丞》就叙述了他的故事。

有一天，于成龙路过城郊，看见两个人用床板抬着病人，枕上露长发，盖着大被，有三四名大汉跟在一旁，时而伸手掖被。不一会儿，换两人抬着赶路，上肩似很沉重，起步踉跄……于成龙心中起疑，派人秘密查访。后来派精壮捕役，破获了这起杀人抢劫案。

人们极为佩服于成龙料事如神。于成龙笑着说："我只是观察细致、连贯思索而已。你看，哪有少妇躺在床上，肯让别人把手伸进被里的？不时地换肩抬，表明抬的东西很重；不停地拉被遮掩，说明床上必有物品。病妇至一村舍，必有妇人倚门相迎，却是两个男人迎之而入，而且连一句话都不问……所以断定他们必是强盗。"于成龙心细如发至于如此地步。

于成龙任湖广下江陆道道员期间，以糠代粮，把节余口粮、薪俸救济灾民，因之百姓在歌谣中唱道："要得清廉分数足，唯学于公食糠粥。"清康熙十七年（1678），于成龙升任福建按察使离开湖北时，依然一捆行囊，两袖清风，沿途以萝卜为干粮。

于成龙在福建上任伊始，就做了一件为民所称颂的好事。当时清廷

下篇
外王：治国平天下论

为对付台湾郑氏的抗清势力，动辄以通海罪名兴起大狱，使许多沿海渔民罹难。于成龙在审阅案卷时，发现每案被拟极刑的就达数十或上百人之多，甚至殃及妇孺。在他的力争和主持下，先后使千余名百姓免遭屠戮而获释，贫困不能归者还发给路费。

不久，于成龙升任直隶巡抚、江南总督，成为管辖一方的封疆大吏，却仍然自奉简陋，廉洁如初。他在大堂上悬联一副以警诫自己，勉励下属："累万盈千，尽是朝廷正赋，倘有侵凌，谁替你披枷带锁；一丝半粒，无非百姓脂膏，不加珍惜，怎晓得男盗妇娼。"为遏制朝廷官员的腐败奢侈，他"躬先俭朴""屑糠杂米为粥，与同仆共吃"，终年不知肉味。在他任职期间，金陵阖城尽换布衣，致使布价上涨。

他在任内严禁贿赂、贪赃枉法。福建有不少外国商人，经常进献礼品，都被他一一谢绝，一律按章办事。

于成龙无论在天南地北，都只身天涯，不带家眷，结发之妻阔别二十年才得以相见，再见时青丝已变白发，夫妻相对，老泪纵横。

于成龙去世后，南京"士民男女无少老，皆巷哭罢市。持香楮至者日数万人"。

古代社会"贪官污吏遍布内外，剥削及于骨髓""三年清知府（郡长），十万雪花银"，一些清官都能变坏。清官尚且如此，贪官贪占多少，更是惊人。在这种风气下，清官永葆清廉非常艰难，然而于成龙真正做到了"出淤泥而不染"，执政为民，实在难能可贵。

清康熙二十年（1681），康熙帝召见于成龙，褒奖他为"天下第一廉吏"。于成龙病逝后，康熙帝破例亲为撰写碑文。

历史镜鉴 >>

闯王何以亡也忽

李闯王（即李自成）进京的教训在历史上是极为深刻的。李自成于清顺治二年（1645）九月去世，年仅三十九岁。人们说他打江山用了十八年（实际上是十六年），进城当了皇帝十八天。李自成是个平民英雄，意志坚强，领导农民起义军以星火燎原之势迅速发展到百万之师，建立了大顺政权，随后又指挥百万大军以摧枯拉朽之势，横扫大半个中国，推翻了腐朽的明王朝，确实让人惊叹。

然而令人痛心的是，他率兵攻入北京城后，支撑了一个多月即迅速败亡，由大胜转为大败。这种夺得了天下却又迅速失去政权的结局，在历史上极为罕见。究竟是哪些错误导致了他的惨痛失败呢？据说，李自成犯了字讳，"闯"字是"马"入"门"中，只是过客，不能做主人，所以李自成只能进北京，却不能主宰北京。其实，李自成不是犯了字讳，主要是因胜而骄，尽情享乐。

李自成在夺取政权之前待人处事，审时度势，各方面比较谨慎。然而，起义军推翻了明王朝后，李自成在巨大的成功面前，没有看到内忧外患，反而迅速滋长了骄傲自满、盲目乐观、麻痹轻敌、不思进取的思想和作风，犯了导致失败的严重错误。他没走出胜即骄傲、盲目喜悦、胜即变质的怪圈，在北京仅仅存在了四十二天，从开始搜缴民财那一天起，他的败亡就已经注定了。

李自成的首要政治任务是控制北京的政局，让国家机器运转起来，稳定社会秩序。首要的军事任务则是防范关外敌对的清军。但李自成未

下篇
外王：治国平天下论

能认清时局，分不清轻重缓急，对明朝旧官僚贵族不能有效地拉拢，为自己所用。李自成坐失稳定和控制全国的最佳时机，持续四十二天的大考显然是不及格的。

豪华尽出成功后，逸乐安知与祸双。胜利使义军的许多将士忘乎所以，缺乏忧患意识，很快变得骄奢淫逸、腐化堕落起来。以刘宗敏为代表的领导者就开始迅速被腐化，他们沉浸在纸醉金迷的生活中，完全忘记了自己的初衷。李自成原本不好酒色，也开始蓄养美女，沉迷声色，饮酒为乐。军中官兵从上到下花天酒地，贪图享乐。大堆的金银珠宝使他们眼花缭乱，革命精神迅速丧失，追赃变成了分赃，军纪败坏，掠夺民财，强占民女，竟然忘记了手握重兵的吴三桂，更忘记了在关外虎视眈眈的彪悍骁勇的清军。百姓认为大顺还不如大明，一股反对大顺政权的潮流迅速掀起。

大将刘宗敏所忙的是捞挟降官，搜刮赃款，严刑杀人。刘宗敏收拷的大小官僚有一两千人，其他将领收拷的官吏又不知有多少人。刘宗敏制造夹棍五千副散发各营，夹人无不骨碎。由于打击面过宽，促使更多的人反对新政权。起义亡明霸业红，骄奢淫逸弃前功。

军纪不严、军心涣散、令行不畅，是李自成兵败山海关、痛失大顺政权的又一重要原因。进京初，李自成曾下令不许扰民，但军队进城后很快失去控制，在四十多天里，几十万大军驻屯京城，烧杀抢掠，尽情享乐，往昔严明的军纪荡然无存，起义军的战斗力迅速丧失。

李自成令刘宗敏出兵，但刘宗敏等人竟因耽于声色，以诸般借口予以拒绝，在京城享乐了一个月才仓皇出征。李自成无视吴三桂的力量，是因为过于迷信自己军事上的强大。对完全可以笼络利用的吴三桂，不予理睬则罢，还逼他跳墙。这与他缺乏政治上的远见和不能珍惜人才有关。这样的政权怎能不失败呢？

一场大规模的农民起义经历了十六年，在胜利已经到手的情况下失败了，败得太快太惨。英雄末路，凄然如斯，令人扼腕长叹！

乾隆晚年荒于理政

"历览前贤国与家，成由勤俭破由奢。何须琥珀方为枕，岂得真珠始是车。"这是李商隐纵观古代君主治国的经验教训所得出的警示箴言，王朝往往因勤俭而成功，因奢侈而衰败。可以说，历代王朝的覆灭与当权者在生活上的奢侈腐化是分不开的。

奢侈淫逸的表现，既有高潮，也有低谷，呈现出周期规律。大致来说，一个王朝在建立之初，政治比较清明，君臣相对廉洁，有一批正直廉洁无私的官员，腐败问题并不严重；经过几代人之后，官场变得昏暗，腐败多多；到王朝行将崩溃之时，奸臣借机窃权，中正鲜少，腐败问题常态化，大到王公，小到吏卒，上贪下也贪，大贪小也贪，你贪我也贪，而且视为正常，不知羞耻，不可遏制，相互攀比，相互"借鉴"，相互勾结，相互倾轧，奢侈浮华，荒淫无道，弄得民怨沸腾、人心尽失之时，王朝末日就来临了。

康熙、雍正至乾隆三朝（1662—1795）历百余年。清王朝曾出现过"康乾盛世"，是指康熙中年经雍正至乾隆中年约七十年间社会稳定发展、臻于鼎盛时期。然而，当政者逐渐贪图享乐和留恋于声色犬马，奢侈必然导致贪婪，骄傲必然走向懈怠，最终因贪婪而腐化，因懈怠而落后，从18世纪中后期起走上衰落的穷途末路。

愈演愈烈的贪污腐败之风，刮得英勇无敌、剽悍善战的八旗子弟，倚仗自己享有的种种特权，日渐萎靡腐败，文恬武嬉，锐气尽消，很快

下篇
外王：治国平天下论

蜕变成一批只会提笼架鸟之人，成为挥金如土、战则必败的败家子；也使原来简洁高效的官场变得官无不贪，吏无不恶，文治武功俱废。清王朝因而衰败懈怠、落后挨打，最后在外国侵略和内部革命中彻底覆亡。

乾隆在位时间长达五十九年（1736—1795），他是一位志大才也大的皇帝，在文治和武功方面都有突出的功绩，对于统一的多民族国家形成，功不可没。乾隆后期，清朝政治脱离了康、雍以来的发展轨道，走上了下坡路。乾隆晚年好大喜功，追求虚名，荒于理政，是造成这种局面的重要原因。

晚年的乾隆昏聩怠倦，放弃了文治武功和积极的进取精神，因富而奢、因盛而骄，对各地官员进奏的公文奏折感到厌烦，朝政和各地事务都普遍废弛，大清的统治犹如江河日下，很快滑向衰落。

随着经济繁荣和财力充裕，奢靡腐败之风重新抬头并愈来愈甚。乾隆六巡江南，游山玩水，每次出巡的随员都在两千五百人左右，船队千余艘，沿途接驾送驾，每出入省境大规模赐宴、进贡上奉、大兴土木，豪华与排场空前，奢侈浪费已达到登峰造极的地步。

由于乾隆带了头，上行下效，大小官吏借接驾和其他机会，讲排场、比阔气、奢侈淫靡、摊捐派差、贪污受贿、敲诈勒索的歪风邪气愈演愈烈，国家岂有不衰之理？清乾隆四十九年（1784），乾隆帝喜得玄孙载锡，群臣纷纷祝贺五世同堂，乾隆赏赐、设宴，任意挥霍。

乾隆听不进劝阻他到处巡游的意见。他第四次南巡到达杭州，居然在深夜里换上便服登岸寻花问柳。皇后哭劝，被他遣回北京。

乾隆好虚荣，讲排场，和珅就陪伴乾隆巡幸江南、游览避暑山庄等胜地，且不惜重金大兴土木，扩建圆明园、避暑山庄。乾隆咳嗽之时，和珅还肉麻地捧上痰盂。据当年英国使者马噶尔尼观察的结论是，乾隆对自己儿子的爱护，远不如对和珅的宠信。

乾隆晚年追求享受，为和珅聚敛钱财提供可乘之机。他不加追究和珅贪腐营私的事情。他怠政的直接恶果是和珅专权。随之而来的便是吏治腐败、贪污成风。和珅欲壑难填，利用一切机会中饱私囊。政治的极端黑暗、腐败还带来了全国各地的冤狱不断，整个社会气氛处于恐怖之中，貌似强盛的清王朝潜伏着社会变乱和衰落覆亡的巨大危机。

进贡之风的兴起，是打开乾隆朝政治腐败大门的钥匙。享乐之门一旦打开，就注定只能越开越大。皇帝过度收受贡品，本身就是一种严重腐败行为。这些精美绝伦的礼品，每一件都由民众的膏血凝成。康熙、雍正含辛茹苦积累的"家底"很快被消耗殆尽。清乾隆六十年（1795），乾隆把宝座禅让给儿子嘉庆，丢给他一个烂摊子……中国历史上一个个王朝的覆灭，一顶顶王冠落地都与当时为政者奢侈淫逸、失去民心有很大关系。